新时代

中国营商环境评价体系研究

李志军　主编

中国商业出版社

图书在版编目（CIP）数据

新时代中国营商环境评价体系研究 ／ 李志军主编
. －－ 北京 ：中国商业出版社，2023.2（2025.6重印）
ISBN 978-7-5208-2431-6

Ⅰ．①新… Ⅱ．①李… Ⅲ．①投资环境－投资评价－
研究－中国 Ⅳ．① F832.48

中国国家版本馆 CIP 数据核字（2023）第 023308 号

责任编辑：吴　倩

中国商业出版社出版发行
（www.zgsycb.com　100053　北京广安门内报国寺 1 号）
总编室：010-63180647　　编辑室：010-83128926
发行部：010-83120835/8286
新华书店经销
北京七彩京通数码快印有限公司印刷
＊
710 毫米 ×1000 毫米　　16 开　　20.25 印张　　320 千字
2023 年 2 月第 1 版　　2025 年 6 月第 2 次印刷
定价：88.00 元
＊ ＊ ＊ ＊
（如有印装质量问题可更换）

本书编辑委员会

主　编：李志军

副主编：张世国

编　委：杜运周　李　璐　袁文融

　　　　刘　琪　李　蕊　周平录

　　　　陈晓易

前　言
Preface

　　2020 年，"新时代中国营商环境评价体系研究"获得国家社会科学基金重点项目立项，编号为 20AGL001。经过两年多的努力，本项研究完成并结题。本书是该国家社会科学基金重点项目的研究成果。

　　本项研究由李志军同志负责，参加研究的人员有张世国、杜运周、李璐、李蕊、刘琪、袁文融、周平录、陈晓易等同志。

　　本项研究和本书的出版，得到了有关领导、同事和朋友的关心、支持和帮助。中国商业出版社编辑同志认真负责，精益求精，保证了本书的高质量出版。谨此，一并表示衷心的感谢！

内容摘要
Summary

本书是国家社会科学基金重点项目"新时代中国营商环境评价体系研究"的研究成果。

本书的主要内容,包括以下六个方面。

一、营商环境的理论与政策研究

第一章围绕交易成本、生态系统等来阐释构建营商环境的理论基础。一方面,制度性交易成本是企业经营生产活动始终受到影响的因素,蕴含在企业开办工厂、纳税、市场交易等活动当中,若该交易成本过高,则会影响企业投资效率和抑制企业投资等,影响企业发展。另一方面,从生态系统的角度来看,营商环境可以看作企业在从事创业、创新、融资、投资等活动过程中面临的外部环境的综合生态系统,政治环境、经济环境、法治环境、创新环境等各种外部环境要素都会影响企业营商环境。营商环境是市场主体在准入、生产经营、退出等过程中涉及的政务环境、市场环境、法治环境、人文环境等有关外部因素和条件的总和,其构成要素并非孤立,而是联动发展的,在相互影响的过程中实现共同演化。本章将制度理论、交易成本等引入中国营商环境的理论框架,并构建相应的概念模型,将营商环境影响企业行为作一个系统的理论分析。

二、国内外营商环境理论研究

第二、第三章对国内外营商环境理论进行了比较系统深入的分析研究。世界银行于 2001 年组建营商环境评估小组，于 2003 年发布首份《全球营商环境报告》，同时发布了有关各国营商环境评价的分报告。经过十几年的发展，世界银行营商环境评价报告已覆盖世界 191 个经济体。基于该体系的评价项目持续至 2021 年，并于 2021 年调整为全新的宜商环境评价体系（Business Enabling Environment，BEE），以适应市场环境的变化，突出基于企业调查的事实评价。同时，国内许多研究机构与地方政府对标世界银行营商环境评价体系，构建了多套符合中国市场经济特色的省级、城市、县域等各层次营商环境评价体系。

三、中国营商环境分析

第四章分析了中国营商环境评价结果，营商环境对市场主体、经济发展的影响，探讨各地优化营商环境的经验和做法。

四、中国营商环境评价研究

这部分内容包括第五、第六、第七章。第五章提出中国营商环境评价的原则与指标设计，说明数据来源及评价方法。第六章对城市营商环境指数分布特征、营商环境指数分项指标进行探索，并对省（区）内城市营商环境评价结果进行了详细分析。第七章从六大城市群、南北区域出发，从不同角度对营商环境水平进行了比较。结果显示：（1）粤港澳大湾区城市群的营商环境水平处于遥遥领先的状态，但是该城市群内部营商环境水平方差较大。长三角城市群、京津冀城市群以及长江经济带城市群城市营商环境水平均领先于全国平均水平以及六大城市群的平均水平，且同样面临内部不同城市之间营商环境发展不平衡的问题。城市群内部发展差异小的黄河流域与东北地区的营商环境水平相比之下较为落后。（2）在南北区域营商环境水平方面，南方城市整体水平较高且内部城市之间差异较大，北方城市整体水平较低且内部城市之间差异较小。在营商环境分项指标方面，南方城市的各方面指数都处于领先状态，且除金融服务指数外，南方不同城市之间指数差异均大于北方城市。

五、营商环境对城市高质量发展影响研究

第八章以全要素生产率为切入点，在组态视角的基础上探索了营商环境生态对城市高质量发展的影响。在营商环境影响全要素生产率方面，得到如下结论：（1）单个营商环境要素并非产生高全要素生产率的必要条件，但是优化市场环境和提升人力资源水平对产生城市高全要素生产率水平发挥着更普适的作用；（2）有三种营商环境生态能够产生高全要素生产率水平，它们分别体现了不同城市基于自身环境通过技术效率型市场驱动、渐进创新型市场驱动、政府轻推的突破创新型市场驱动实现了城市高质量发展的多元路径；（3）对三种高质量营商环境生态的定性比较分析发现，它们在创新水平、政务和法治环境上存在差距，且创新水平高的城市，政务环境和法治环境也较优；（4）非高全要素生产率的两个组态反映出在市场环境和金融服务为核心条件，法治、人力和创新环境为边缘条件均不高的营商环境下，即便政府"重手"增加支出和公共服务，也会导致高质量发展不能实现，或若营商环境各方面都表现欠佳，市场主体活力自然不高，城市无法实现高质量发展。

六、研究总结、政策建议与未来研究展望

第九章对本项研究工作进行了总结，对优化营商环境评价指标体系进行

了阐释，提出了优化营商环境评价指标体系和优化我国营商环境的建议。关于优化我国营商环境的政策建议，包括：（1）建立统一大市场，系统地优化营商环境；（2）根据各地区资源禀赋，因地制宜探寻高质量发展道路；（3）着重发挥市场和人力资源的普遍作用；（4）深化"放管服"改革，优化政务环境；（5）促进地方创新环境改革，培育创新创业土壤；（6）重视政府市场良性耦合，驱动金融和创新的公共服务提升；（7）发挥核心城市引领作用，并逐渐延展至周边城市；（8）利用数字化优势，助推营商环境优化。同时，对未来营商环境方面的研究工作进行了展望，从城市营商环境评价，营商环境水平与企业创新、创业、全要素生产率等方面进行了分析。

目　　录
Contents

第二章　从营商环境到宜商环境

——世界银行营商环境评价体系

第三章　中国营商环境评价体系

第四章　中国营商环境分析

第五章　营商环境评价的原则与指标设计

第六章　城市营商环境评价结果

第七章　区域城市营商环境评价

第八章　优化营商环境与高质量发展

——基于全要素生产率视角

第九章 研究总结、政策建议与未来研究展望

附录 营商环境评价方法、组态理论与QCA方法介绍

导论　研究背景与意义

一、研究背景

营商环境是一个综合性的生态系统，它包括企业在准入、创业、生产经营、投融资、创新等活动中所面临的外部环境（李志军，2018；杜运周等，2020；"中国城市营商环境评价研究"课题组，2021）。李志军（2021）指出，营商环境的优化不仅能够促进中国经济发展、引进国外投资，还能够应对世界银行的考察评估，并进一步提高中国国际声誉。目前，我国正处于经济转型期，优化营商环境是激发市场主体活力，提升经济发展动力，实现治理体系与治理能力现代化的重要举措。

近年来，党中央、国务院高度重视优化营商环境工作，不断出台相关的政策文件，进一步优化了营商环境。2019 年 9 月 3 日国务院办公厅发布《国务院办公厅关于做好优化营商环境改革举措复制推广借鉴工作的通知》；同年 10 月，国务院第 66 次常务会议通过《优化营商环境条例》；2020 年 7 月 21 日，国务院办公厅发布《关于进一步优化营商环境更好服务市场主体的实施意见》；2021 年 11 月国务院发布《关于开展营商环境创新试点工作的意见》，决定在六大城市（上海、北京、广州、杭州、重庆、深圳）开展相关的创新试点工作。李志军（2021）认为该试点工作能够加快构建中国营商环境制度体系，促进市场化、法治化、国际化营商环境的持续优化，早日衔接国际通行规则。与此同时，各地都积极跟随党中央和国务院部署，相继出台了优化营商环境条例。这些政策条例进一步激发了市场活力，增强了内生增长动力，为持续优化营商环境提供了制度保障。

虽然营商环境得到政策实践广泛关注，中国营商环境世界排名稳步提升，但国内区域间营商环境与经济发展等存在一定差异，世界银行评价体系在研究国内区域营商环境时也遭遇了"水土不服"。因此，深入认识新时代中国营商环境，构建科学的、符合中国国情的营商环境评价体系，对于提升政府治理能力和治理水平，促进企业发展和创新创业具有重要作用。

二、研究意义

第一，理论意义。一是从交易成本和制度逻辑出发探讨营商环境的内涵，深入分析营商环境生态如何通过降低交易成本和制度认知影响企业行为。在制度逻辑视角下，营商环境是由多种制度要素构成的交互系统，每种制度要素有自己特定的逻辑。制度逻辑可以通过组织认知和注意力的作用对组织战略和行为产生影响。在复杂多元的制度环境下，多种制度逻辑互动共存并影响组织行为。因此，结合交易成本和制度逻辑视角为营商环境评价与企业行为表现提供了一个更全面的新视角。二是构建适应于新时代的中国营商环境评价体系。在中国区域之间发展不平衡不充分的现实情况下，地区之间发展基础相差较大。需要充分考虑这种制度背景，构建符合新时代中国国情的多层次营商环境评价体系，以更加深入理解制度环境、营商环境等对企业行为的影响。三是对于整体视角的营商生态理论与还原论方法不匹配的问题，采取组态视角可以将营商环境各要素的不同组合视为不同的环境生态，通过定性比较分析方法（Qualitative Comparative Analysis，QCA）探索不同营商环境组态对创业活跃度、全要素生产率的影响，探讨了哪些营商环境生态是促进创业活跃度、全要素生产率提升的可行路径（充分条件）。本项研究结合中国国情，丰富了制度理论，在此基础上，从整体分析营商环境生态，充分考虑营商环境要素之间相互依赖和聚合的特征，分析制度环境要素以及要素之间耦合对企业行为的影响。

第二，现实意义。营商环境是影响和制约市场主体行为动机和市场活力的决定性因素，也是激励和约束市场行为效率的关键性因素。基于本课题提出的营商环境评价指标体系，从定量的角度评估中国各省份或部分重点城市的营商环境，有利于降低市场运行成本和改变社会认知，促进中国经济的高质量发展。然后基于评价结果，针对各省份、城市营商环境中存在的问题进行分析，提出相应的具有可操作性的政策建议。

三、研究框架

本项研究的内容框架，包括五个部分。

一是中国营商环境的理论框架。围绕营商环境进行相关文献梳理与理论分析，突破以往研究视野，拓展了营商环境内涵；基于制度理论、交易成本等引入中国营商环境的理论框架，并构建相应的概念模型，对营商环境影响企业行为开展一个系统的理论分析。

二是中国营商环境评价体系。基于中国营商环境理论框架，确定营商环境指标体系和相应的指标，并通过相关数据收集检验修正评价指标体系。

三是区域营商环境评价。为了更加细致地评价中国营商环境的区域特征，本课题通过六大城市群营商环境比对、南北营商环境比对以及东北地区营商环境比对探究了中国营商环境的区域发展特征。

四是营商环境对全要素生产率的影响机制研究。作为要素之间相互依赖、高度互动的生态系统，城市营商环境优化能够助力实现生产要素的市场配置（杜运周等，2020；"中国城市营商环境评价研究"课题组，2021），对全面提高全要素生产率和实现高质量发展具有重要作用。

五是基于整体、局部以及微观企业层面的理论分析，立足我国实践，提出优化我国营商环境的具体政策建议，力争为政府决策提供切实可行的政策建议。

四、创新点

第一，理论方面。与目前营商环境研究大多采用的交易成本视角不同，本研究拟借鉴制度逻辑和认知理论的思想，全面构建新时代中国城市营商环境评价指标体系。从制度逻辑与认知角度出发，结合中国政府与市场逻辑共存的制度多元化背景，并从复杂系统观、交易成本等视角着重探讨了营商环境与全要素生产率之间关系的理论机制，进一步丰富了营商环境的理论基础。

第二，方法方面。目前多数研究虽将营商环境作为一个生态和整体，但只是单独分析每个营商环境要素对经济发展的单一影响，本课题采用了QCA方法。QCA方法根植于组态理论，摒弃了传统回归分析方法中的"净效应"分析方法，认为导致结果的前因条件之间是互相依赖的。所以，在QCA方法中，"要素"即为"条件"，而多要素间的相互作用则表现为多个条件间相互依赖、密不可分的组合关系。本研究中利用QCA方法探讨营商环境多生态要素对全要素生产率的影响，规避了传统计量经济学分析单因素对经济发展影响中存在的内生性等问题，从生态复杂系统角度研究营商环境。

第三，研究视角方面。本研究在营商环境评价的基础上，进一步探讨了中国营商环境六大城市群指数差异及原因、南北区域差异；并基于所构建的城市营商环境评价指数，利用QCA、NCA等方法探索了营商环境多生态要素逻辑对全要素生产率与经济发展的影响作用与机制，以整合营商环境多个并发要素的复杂前因组态，这样更接近营商环境的实际影响情景，从而有利于深入理解营商环境各构成要素之间的耦合关系和相互影响。

第一章　理论基础与政策分析

一、营商环境理论基础

（一）基于交易成本视角构建营商环境理论基础

交易成本是指达成交易的成本，也是指交易过程中花费的所有时间和金钱成本。包括信息传播、广告、与市场有关的运输以及谈判、协商、签约、合约执行监督等活动的费用。除了传统的生产成本外，新制度经济学首次将这一概念引入经济分析，其来源可以追溯至诺斯和科斯关于制度经济学的经典论述。在企业所处外部经营环境中，各种制度交叉混合，造成一定成本的产生即为交易成本（程波辉和陈玲，2020），按照产生原因还可分成准入类型成本和活动类型成本（王丛虎等，2020）。制度性交易成本对于企业的经营生产活动和选择均会产生影响（苏小方和张方方，2020），如交易成本过高，企业就会重新选择产品生产或销售，或重新选择销售对象，这会降低企业投资效率和抑制企业创新等，影响企业经营绩效和高质量发展（朱光顺等，2020）。厘清交易成本产生机制和探索其下降路径对于理解政府与市场互动逻辑、推动市场发展尤为重要。

已有文献表明，良好的营商环境与交易成本密切相关。就世界银行营商环境指标来看，市场微观主体经营生产手续的简化以及供水供电等基础设施的改善本质上都能为企业节省费用和开支，降低交易成本（康金红和戴翔，2021）。进一步地，按照中国营商环境指标进行划分，已有文献发现政府服务质量、相关经济政策、法治环境、公共服务、市场环境的完善都能对交易成本产生一定抑制作用。合理完善的行政审批制度体系和"放管服"改革对于降低制度性交易成本具有明显作用，具体表现为行政审批中心的"一站式"审批流程为各部门协同工作和政策沟通提供了操作平台，有助于缩短审批时间，提高政府部门的审批效率，从而减少企业在办理手续过程中的时间；行政审批中心的设立还有助于节约人力资源和管理费用，以上都会对交易成本产生一定抑制作用（王磊等，2022）。除了政府服务质量外，货币和财政政策宽松时，贷款、准入审批审核较为宽松，各方向的门槛也相应有所降低，企业交易成本降低；完善的法律制度会提高交易效率，缩短交易时间；较好的基础设施建设会降低运输时间、运输成本（金环等，2021）；市场发展水平会促进市场资源配置效率、降低信息不对称程度，降低市场交易成本；市场发展程度越高，内部企业个体数量越多，交易双方能较好地选择合适的合作伙伴，提高资源配置效率，降低交易成本；同时，市场信息越透明，传播信息、广告等带来的收益越明显（完成某种任务所使用的广告费用更少），直接降低了交易成本（夏后学等，2019）。廖福崇（2021）基于制度性交易成本的组态分析框架，采用组态比较的方法，发现营商环境优化存在全面均衡型、改革驱动型和要素驱动型三种组态，呈现出多重并发和因果不对称的组态分布。制度性交易成本的降低是"放管服"改革优化营商环境的关键机制。因此，基于交易成本理论，可以更为全面地界定营商环境的内涵，这也为本书构建中国城市营商环境评价体系提供了一定理论依据。

（二）基于生态系统视角构建营商环境理论基础

在交易成本视角基础上，学术界进一步从生态系统视角来探讨营商环境。生态系统起源于生物学领域（Tansley，1935）。1993 年，Moore 将生态系统引入了企业管理领域，并提出了商业生态系统，并将其定义为"基于组织互动的经济联合体"；在商业生态系统的基础上，学者们又相继提出了创业生态系统、创新生态系统等（Cohen，2006；Adner 和 Kapoor，2010）。生态系统强调了环境要素对企业创新创业的影响，因此，从生态系统的角度来看，营商环境可以看作企业在从事创业、创新、融资、投资等活动过程中面临的外部环境的综合生态系统（李志军，2018；杜运周等，2020），政治环境、经济环境、法治环境、创新环境等各种外部环境要素都可能影响企业营商环境。生态系统视角更强调宏观外部环境因素的影响以及各种因素之间的耦合关系对企业生产经营的影响（杨传开、蒋程虹，2019；杜运周等，2020；杜运周等，2022）。作为一种生态系统，营商环境包括政府、企业、银行、事业单位、大学等；企业作为生态系统的主体之一，无疑会受到生态系统中其他主体的影响。因此，基于生态系统理论，可以更为全面、准确地界定城市营商环境的内涵，这也为本书构建中国城市营商环境评价体系提供了理论依据（李志军，2020，2021d，2022）。

二、营商环境政策分析

进入新时代，党中央、国务院高度重视优化营商环境工作。自 2013 年 11 月习近平总书记在党的十八届三中全会首次正式提出"营商环境"概念以来，党中央、国务院出台了大量政策，深入转变政府职能，持续优化营商环境。通过商事制度改革、"放管服"改革等一系列改革措施转变政府职能，优化行政监管机制，为企业松绑。《优化营商环境条例》更是为优化企业营商环境提供了整体思路与实现路径。党的二十大报告[1] 中"构建全国统一大市场""优化营商环境""全面营造市场化、法治化、国际化一流营商环境"的要求，为推动营商环境建设进入新阶段提出了新的要求。

（一）顶层设计明确优化营商环境总体目标

2013 年 11 月，习近平总书记在党的十八届三中全会首次正式提出"营商环境"概念，并在《中共中央关于全面深化改革若干重大问题的决定》[2] 中明确了"推进国内贸易流通体制改革，建设法治化营商环境"的总体目标。

---

[1] 习近平：高举中国特色社会主义伟大旗帜为全面建设社会主义现代化国家而团结奋斗——在中国共产党第二十次全国代表大会上的报告，2022，http://www.gov.cn/xinwen/2022-10/25/content_5721685.htm.

[2] 中共中央关于全面深化改革若干重大问题的决定，2013，http://www.gov.cn/jrzg/2013-11/15/content_2528179.htm.

《中华人民共和国国民经济和社会发展第十三个五年规划纲要》①中提出"完善法治化、国际化、便利化的营商环境，健全有利于合作共赢、同国际投资贸易规则相适应的体制机制"。《中华人民共和国国民经济和社会发展第十四个五年规划和2035年远景目标纲要》②中进一步强化顶层设计，提出"构建一流营商环境"的目标，并明确指出通过深化简政放权、放管结合、优化服务改革，全面实行政府权责清单制度，持续优化市场化、法治化、国际化营商环境。

2022年10月，习近平总书记在党的二十大报告③中，再次提及政府"放管服"改革，明确指出"支持中小微企业发展。深化简政放权、放管结合、优化服务改革。构建全国统一大市场，深化要素市场化改革，建设高标准市场体系。完善产权保护、市场准入、公平竞争、社会信用等市场经济基础制度，优化营商环境"，并再次强调"全面营造市场化、法治化、国际化一流营商环境"，为继续优化营商环境提出了新的要求，为推动营商环境建设进入新阶段指明了方向。

（二）"放管服"与商事制度改革转变政府职能

2014年2月，国务院印发《注册资本登记制度改革方案》④，确立了商事制度改革总体设计，提出放宽工商登记条件，加强对市场主体、市场活动监督管理。2015年5月，国务院召开全国推进简政放权放管结合职能转变工作电视电话会议，首次提出"放管服"改革的概念⑤。党的十八大以来，"放管服"改革以"简政放权""放管结合""优化服务"为主要抓手，为市场主体松绑减负。各部门各地方纷纷开展"放管服"改革工作，推出多项"放管服"改革措施，对行政监

①中华人民共和国国民经济和社会发展第十三个五年规划纲要，2016，http://www.gov.cn/xinwen/2016-03/17/content_5054992.htm.

②"十四五"规划和2035年远景目标纲要全文，2021，http://www.kepu.gov.cn/www/article/dtxw/9f-4d5e0858a744cd81130d6992f957d8.

③习近平：高举中国特色社会主义伟大旗帜为全面建设社会主义现代化国家而团结奋斗——在中国共产党第二十次全国代表大会上的报告，2022，http://www.gov.cn/xinwen/2022-10/25/content_5721685.htm.

④国务院关于印发注册资本登记制度改革方案的通知，2014，http://www.gov.cn/zhengce/content/2014-02/18/content_8642.htm.

⑤李克强在全国推进简政放权放管结合职能转变工作电视电话会议上的讲话，http://www.gov.cn/guowuyuan/2015-05/15/content_2862198.htm.

管机制不断优化创新。2020 年 9 月，《国务院办公厅关于深化商事制度改革进一步为企业松绑减负激发企业活力的通知》[1]，针对市场中存在的"准入不准营"现象，提出强化宽进严管、协同共治能力，更好统筹推进新冠疫情防控和经济社会发展，加快打造市场化、法治化、国际化营商环境。通过推进企业开办全程网上办理，注册登记制度改革，简化经营审批，加强事前事后监管，充分释放社会创业创新潜力、激发企业活力。2021 年 7 月，《全国深化"放管服"改革着力培育和激发市场主体活力电视电话会议重点任务分工方案》[2]，明确了统筹推进"放管服"改革和优化营商环境工作的牵头部门，及各部门职责分工，通过加强对地方的指导支持，推动改革落实，形成改革合力。同时，提出将行之有效的经验做法上升为制度规范，推动改革取得更大实效。2022 年 8 月 29 日，李克强总理在第十次全国深化"放管服"改革电视电话会议上发表重要讲话[3]，部署持续深化"放管服"改革，推进政府职能深刻转变，加快打造市场化、法治化、国际化营商环境，着力培育壮大市场主体，稳住宏观经济大盘，推动经济运行保持在合理区间。同时，为确保"放管服"改革重点任务落到实处，提出了具体分工方案。

（三）《优化营商环境条例》全方位规划一流营商环境

2020 年 1 月，为持续优化营商环境，不断解放和发展社会生产力，加快建设现代化经济体系，推动高质量发展，开始施行《优化营商环境条例》[4]（以下简称《条例》），为各地优化营商环境进一步提供了思路与详细的政策目标清单。在《条例》指导下，各省市相继制定符合当地发展特点的优化营商环境条例，并通过营商环境评价，推动营商环境改革，全面优化营商环境。2021 年 11 月，《国

---

①国务院办公厅关于深化商事制度改革进一步为企业松绑减负激发企业活力的通知，2020，http://www.gov.cn/zhengce/content/2020-09/10/content_5542282.htm.

②国务院办公厅关于印发全国深化"放管服"改革着力培育和激发市场主体活力电视电话会议重点任务分工方案的通知，2021，http://www.gov.cn/zhengce/content/2021-07/20/content_5626165.htm?ivk_sa=1023197a.

③李克强：持续深化"放管服"改革不断打造市场化法治化国际化营商环境，https://baijiahao.baidu.com/s?id=1742512744808950710&wfr=spider&for=pc.

④优化营商环境条例，2020，http://www.gov.cn/zhengce/content/2019-10/23/content_5443963.htm.

务院关于开展营商环境创新试点工作的意见》[①]鼓励部分地区创新营商环境优化举措，开展创新试点工作，将营商环境优化政策落地。2022 年 11 月，《国务院办公厅关于复制推广营商环境创新试点改革举措的通知》[②]对成功试点进行梳理，并在各地进行推广，进一步助推营商环境改革落地。

此外，2022 年 3 月，《中共中央　国务院关于加快建设全国统一大市场的意见》中进一步强调"加快营造稳定公平透明可预期的营商环境"，对市场主体需求、市场交易成本、国际竞争合作等方面均提出了具体要求。2022 年 9 月，《国务院办公厅关于进一步优化营商环境降低市场主体制度性交易成本的意见》中关注经济运行面临的突出矛盾和问题，特别是中小微企业、个体工商户生产经营面临的困难，提出积极运用改革创新办法，帮助市场主体解难题、渡难关、复元气、增活力，降低制度性交易成本，提振市场主体信心，助力市场主体发展。国务院出台的《促进个体工商户发展条例》[③]，更加明确了个体工商户的法律地位，优化营商环境，将"放管服"改革成果制度化、规范化，从而促进个体工商户持续健康发展，见表 1-1。

表 1-1　　　　　　　　　　　营商环境相关政策梳理

重要时间节点与相关政策	政策要点
2013 年 11 月，《中共中央关于全面深化改革若干重大问题的决定》	首次正式提出"营商环境"概念；明确"建设法治化营商环境"的总体目标
2014 年 2 月，《注册资本登记制度改革方案》	提出商事制度改革
2015 年 5 月，《简政放权放管结合优化服务深化行政体制改革切实转变政府职能——李克强在全国推进简政放权放管结合职能转变工作电视电话会议上的讲话》	提出"放管服"改革
2016 年 3 月，《中华人民共和国国民经济和社会发展第十三个五年规划纲要》	法治化、国际化、便利化营商环境
2019 年 10 月通过，2020 年 1 月开始施行，《优化营商环境条例》	全面优化营商环境的思路与政策目标清单

①国务院关于开展营商环境创新试点工作的意见，2021，http://www.gov.cn/zhengce/content/2021-11/25/content_5653257.htm.

②国务院办公厅关于复制推广营商环境创新试点改革举措的通知，2022，http://www.gov.cn/zhengce/zhengceku/2022-10/31/content_5722748.htm.

③促进个体工商户发展条例，2022，http://www.gov.cn/zhengce/content/2022-10/25/content_5721592.htm.

重要时间节点与相关政策	政策要点
2020 年 9 月,《国务院办公厅关于深化商事制度改革进一步为企业松绑减负激发企业活力的通知》	持续深化"放管服"改革,推进政府职能深刻转变
2021 年 3 月,《中华人民共和国国民经济和社会发展第十四个五年规划和 2035 年远景目标纲要》	市场化、法治化、国际化一流营商环境
2021 年 7 月,《全国深化"放管服"改革着力培育和激发市场主体活力电视电话会议重点任务分工方案》	明确统筹推进"放管服"改革和优化营商环境工作的牵头部门及各部门职责分工
2021 年 11 月,《国务院关于开展营商环境创新试点工作的意见》	发挥部分地区优化营商环境的示范带动作用
2022 年 3 月,《中共中央 国务院关于加快建设全国统一大市场的意见》	加快营造稳定公平透明可预期的营商环境
2022 年 9 月,《国务院办公厅关于进一步优化营商环境降低市场主体制度性交易成本的意见》	降低市场主体特别是中小微企业、个体工商户制度性交易成本
2022 年 9 月,《国务院办公厅关于复制推广营商环境创新试点改革举措的通知》	助推营商环境改革落地
2022 年 10 月,《国务院办公厅关于印发第十次全国深化"放管服"改革电视电话会议重点任务分工方案的通知》	部署持续深化"放管服"改革,提出具体分工方案
2022 年 10 月,《高举中国特色社会主义伟大旗帜为全面建设社会主义现代化国家而团结奋斗 —— 在中国共产党第二十次全国代表大会上的报告》	营造市场化、法治化、国际化一流营商环境
2022 年 11 月,《促进个体工商户发展条例》	明确个体工商户的法律地位,促进个体工商户持续健康发展

我国营商环境建设与改革方向和世界银行宜商环境项目所倡导的公平市场环境、可持续发展以及推动数字技术应用等方向是一致的,部分政策已经走在国际前列。在深化"放管服"改革与《优化营商环境条例》的指导下,各地政府因地制宜,同时以世界银行营商环境评估及国内营商环境评价体系为指引,采取多样化措施共同改善营商环境,推动市场主体发展,各区域营商环境均有不同程度的改善。根据国家发改委组织编写的《中国营商环境报告 2021》,2020 年我国营商环境建设在市场化改革、法治化建设等五个方面进行了大量优化和改革。

第二章　从营商环境到宜商环境

——世界银行营商环境评价体系

一、世界银行营商环境评价体系（DB）

（一）世界银行营商环境评价的背景与意义

世界银行《全球营商环境报告》（*Doing Business*，DB）自 2001 年启动以来，已成为营商环境评价领域传播最为广泛的一项研究（李志军，2018）。该体系基于"重商主义制度"，旨在通过降低覆盖企业整个生命周期的重要领域的制度性交易成本，为企业发展提供公平市场机会，推动全球经济体发展。世界银行评价体系致力于树立制度变革的国家标杆推动全球经济体变革，为改革设计提供参考，并推动各国注重发展实效（*Doing Business*，2004）。

世界银行营商环境评价体系建立在"经济活动得益于明确的规则"这一原则之上，因此《全球营商环境报告》的数据聚焦于政府政策在国内中小型企业日常运营中的作用，其目的是鼓励政府高效、透明和易于实施的监管，以使企业蓬勃发展。《全球营商环境报告》的数据集中于影响各国最大商业城市的中小企业的12 个监管领域，使用标准化的案例研究形成定量衡量标准。

世界银行于2001 年组建营商环境评估小组，于2003 年发布首份《全球营商环境报告》，并同时发布有关各国营商环境评价的分报告。经过十几年的发展，世界银行营商环境评价报告已覆盖世界191 个经济体。基于该体系的评价项目持续至2021 年，并于2021 年调整为全新的宜商环境评价体系（Business Enabling Environment，BEE），以适应市场环境的变化，突出基于企业调查的事实评价。20年来，世界银行营商环境评价体系为改善各国营商环境，推动各经济体市场制度变革，特别是在改善发展中国家的经济制度、营商政策等领域发挥了重要作用。

（二）世界银行营商环境评价指标体系设计

世界银行营商环境评价体系由最初涉及 6 个一级指标，逐渐调整为涉及 12 个商业监管领域，涵盖各国私营企业从开办到破产各个阶段的多个指标。其中，开办企业、办理施工许可、获得电力、产权登记、获得信贷、保护少数投资者、纳税、跨境贸易、合同执行、破产办理等 10 个领域的数据被用于营商环境评价的最终排名，而政府采购与劳动力市场监管 2 个观察指标不计入营商环境评价综合得分与排名，仅用于呈现各经济体营商环境总体情况，见表 2-1。

表 2-1　　　　　　　　世界银行营商环境评价指标体系

一级指标	二级指标	
开办企业	办理程序	办理时间
	费用	开办有限责任公司所需最低注册资本金
办理施工许可	房屋建筑前开工前所有手续办理程序	房屋建筑前开工前所有手续办理时间
	房屋建筑前开工前所有手续办理费用	建筑质量控制指数
获得电力	办理接入电网手续所需程序	办理接入电网手续所需时间
	办理接入电网手续所需费用	供电稳定性和收费透明度指数
产权登记	产权转移登记所需程序	产权转移登记所需时间
	产权转移登记所需费用	用地管控系统质量
获得信贷	动产抵押法律指数	信用信息系统指数
保护少数投资者	信息披露指数	董事责任指数
	股东诉讼便利指数	股东权利保护指数
	所有权和控制权保护指数	公司透明度指数
纳税	公司缴纳次数	公司纳税所需时间
	总税率	税后实务流程指数
跨境贸易	出口报关单审查时间	出口通关时间
	出口报关单审查费用	出口通关费用
	进口报关单审查时间	进口通关时间
	进口报关单审查费用	进口通关费用
合同执行	解决商业纠纷的时间	解决商业纠纷的成本
	司法程序的质量指数	
破产办理	回收率	破产法律框架的保护指数

一级指标	二级指标	
劳动力市场监管	就业监管灵活性	工作质量控制方面的灵活性
政府采购	参与政府采购工程合同的程序	获得政府采购工程合同的程序
	参与政府采购工程合同的时间	获得政府采购工程合同的时间

资料来源：《2020中国城市营商环境评价》；世界银行《全球营商环境报告（2020）》。

（三）世界银行营商环境评价数据来源

世界银行营商环境评价体系旨在形成一种易于复制的方法，用以衡量政府相关政策以及私营企业的政策体验，通过问卷形式，收集各经济体营商环境的状况评估，由来自各经济体的专业人士协助提供各项指标数据。以《全球营商环境报告（2020）》为例，来自191个经济体的48000多名专业人员参与协助提供各项指标的数据。

为了确保全球经济体数据间的可比性，世界银行营商环境评价体系采取标准化案例场景设定，即选取各经济体中最大的商业城市中的特定企业进行调查，并定义标准化案例情景。这种做法虽然在一定程度上影响了评价结果的普适性，但保证了不同经济体间的可比性。由于一个国家内部的商业法规及执行情况可能有所不同，特别是大型经济体内部差异较大，因此，选择标准化企业的做法保证了各经济体中同类企业间可相互比较。此外，自2015年起，世界银行营商环境评价体系将评价覆盖范围扩大到人口超过1亿的经济体第二大城市，即最终每个经济体只选取最大的一个或两个城市进行数据收集，并根据选取城市的人口数加权平均，得到各经济体的得分，例如，世界银行营商环境评价体系在中国调查上海、北京两个城市的企业情况。由于指标体系评价范围广泛、复杂，因此在调研中采取标准化案例场景，针对私人有限责任公司进行调查，以此体现多数国家中最普遍的商业形式以及对扩大创业机会的关注。

世界银行营商环境评价体系在数据收集中采取问卷调研法，即给每个经济体的"专家"发放问卷，通过"假设"一个企业，考察在各种各样的经营中遇到的"真实"环境（具体的法律条文证明，或真实的交易证据）。《全球营商环境报告》指标主要基于法律法规，其中约三分之二的数据源自对法律的解读。除了填写问卷外，受访者还需提交相关法律、法规和费用的证明资料。世界银行营商环境评价团队收集相关法律法规的文本，并检查问卷答复的准确性。原则上讲，参与调查的"专家"主要发挥咨询作用，帮助《全球营商环境报告》团队找到并理解法律法规。对于基于实际做法而非政策文本的指标，由于需要受访者对实际做法的判断，因此，研究团队对多个受访者进行广泛调查，以尽量减少数据的测量误差，当出现不一致的回答时，选取多个答复的中值作为该指标的测量结果。但该方法的实施需要一个前提，即企业家了解并遵守相关法规。在实践中，企业家可能不完全了解相关法规，有可能浪费大量时间寻找答案，或故意规避某些法规。

（四）世界银行营商环境评价方法

世界银行营商环境评价体系（以下简称 DB 体系）使用简单平均的方法对各指标进行计算，得出各经济体的综合得分与排名。基于评价结果形成的《全球营商环境报告》既提供综合衡量指标的数据，也提供单个指标的数据。对于综合衡量指标，《全球营商环境报告》提供各经济体营商环境得分与营商环境排名，以帮助各经济体评估营商环境监管绩效的绝对水平以及变化趋势。此外，通过计算各个指标的最高得分，得到最佳监管实践，并报告各经济体与最佳实践之间的差距。

（五）世界银行营商环境评价报告的影响

1. 推动各国营商制度改革，优化营商政策环境

世界银行营商环境评价体系对改善发展中国家的经济环境，优化营商环境做出了重要贡献，为构建良好的营商环境树立了标杆，在全球范围内推动了各国经济体制的众多改革。

在世界银行营商环境评价体系的推动下，我国营商环境逐年优化。各地以

DB 体系指标为参照，不断推进"放管服"改革，激发企业活力，改革效果明显。伴随各项改革措施的出台、落地，我国的营商环境评价排名也由 2013 年的第 91 位上升至 2019 年的第 31 位，为营商环境改善最快国家之一。根据世界银行 2020 年发布的《全球营商环境报告》，我国自 2013 年商事制度改革以来，在营商环境十大领域进行了多项改革，营商环境得到了大幅改善，见表 2-2。

表 2-2 　　　　　　　　　　　中国营商环境改革清单

报告年份	改革领域	具体改革措施
2020	开办企业	一站式审核
	办理施工许可	简化低风险建筑项目要求
		缩短供水、排水连接时间
		严格技术检查与审核人员的资格要求
		提高建筑质量安全监督标准
	获得电力	简化申请流程
		提高电价透明度
	保护少数投资者	限定控股方不公平关联交易
		明确所有权与股权结构
	纳税	对小企业实行税收优惠
		加强电子申报和支付系统
	跨境贸易	提前货物报关
		升级港口基础设施
		优化海关管理
		公布收费表
	合同执行	规定可延期的最大数量
		将延期限制在不可预见和特殊情况下
	破产办理	启动后信贷优先权
		增加债权人在破产程序中的参与
2019	开办企业	在线公司注册
		简化社会保障注册
	办理施工许可	简化获得建筑许可证、竣工证书和在房地产登记处登记新建筑的程序
		严格建筑业专业人员的资格要求
		改善公众获取信息途径
	获得电力	扩大电网容量
		公用事业单位免费完成160千瓦或以下直接连接低压电网工程
		推出新的移动应用程序，缩短获得电力连接的时间

续表

报告年份	改革领域	具体改革措施
2019	产权登记	简化行政程序
		提高土地管理系统的可靠性和透明度
	保护少数投资者	增加股东在重大公司决策中的权利和作用
		明确所有权和控制结构
		要求偿还股东产生的法律费用
	纳税	取消营业税
		允许联合申报和支付所有印花税
		实施多项行政改革缩短合规时间
		降低雇主支付的住房公积金利率，降低纳税成本
	跨境贸易	实施单一窗口
		取消行政收费
		提高透明度
		鼓励竞争
		减少进出口的时间和成本
2018	开办企业	简化注册程序
	纳税	采取多项措施放松合规性
2017	开办企业	引入单一表格获得营业执照、组织机构代码和税务证明
	获得信贷	报告公共部门的支付记录
		向银行和金融机构提供信用评分
	合同执行	建立允许律师以电子方式管理案件的在线平台
2016	纳税	降低社会保障缴费率，降低纳税成本
2015	开办企业	取消最低资本要求
		取消从审计公司获得验资报告的要求
	纳税	加强电子报税和纳税系统
		在纳税人服务中采用新的沟通渠道
		降低社会保障缴费率，降低企业的纳税成本
2014	获得信贷	完善信贷信息行业法规，保障借款人查询数据的权利
	执行合同	修改民事诉讼法，简化和加快所有法院程序
2013	开办企业	免除微型和小型企业多项行政费用
	办理施工许可	简化和集中施工前审批
2011	纳税	企业所得税法统一国内外企业税制，明确企业所得税应纳税所得额的计算
2010	跨境贸易	放宽贸易信贷限制

报告年份	改革领域	具体改革措施
2009	获得信贷	通过新的财产法加强担保交易体系，扩大可抵押品的资产范围，包含应收账款与资产池
	纳税	统一减税标准和会计方法
	合同执行	加强合同执行制度，收紧判决执行规则，限制债务人隐藏资产与逃避执行行为
2008	办理施工许可	引入建筑许可证电子申请，允许在线申请安全证书
	获得信贷	通过新法律加强担保交易制度，赋予有担保债权人优先支付权
	破产办理	通过新的企业破产法，引入重组程序
		允许成立债权人委员会
		向有担保债权人赋权
		确立专业破产管理人员角色

资料来源：世界银行《全球营商环境报告（2020）》。

2. 促进经济发展，助力企业创新

DB 体系在推动各国政府优化营商政策环境的同时，也给经济发展、生产力、企业创新等方面带来了积极的效果。大量实证研究基于该体系研究营商环境各个方面对经济发展及企业产生的影响（*Doing Business*，2020）。自 2003 年以来，近 4000 篇文章使用了《全球营商环境报告》数据，并在学术期刊上发表。

总体而言，良好的营商环境有助于减少贫困人口的数量（Djankov 等，2018）。具体到各方面政策，开办企业方面，政策优化有助于增加企业的规模与数量，同时促进了行业内竞争（Fernandes 等，2018），有利于企业提高生产率与经营绩效（Alfaro 和 Chari，2014；Demenet 等，2016）。产权登记方面，土地产权保护措施被证实可以推动个人的投资决策（Karas 等，2015）。Goldstein 等人（2018）通过研究土地划界与投资之间的联系，发现土地所有权改善会增加长期投资意愿。此外，还会使家庭倾向于将其投资决策从自给自足转变为常年经济作物。获得电力方面的表现也被证实会对国家经济发展产生显著影响，电力短缺与停电会减少企业收入（Allcott 等，2016），并降低制造业生产率（Moyo，

2013）。跨境贸易方面，海关延误会减少企业出口（Martincus 等，2015）。法院效率在经济发展过程中同样发挥着重要作用，有助于提高生产力（Chemin，2018）以及公司销售额（Chakraborty，2016）。此外，司法质量同样有助于改善金融市场（Ponticelli 和 Alencar，2016），保护债权人权益的规定，能够大幅增加企业投资与产出。

3. 评价指标存在的潜在问题

世界银行 2020 年《全球营商环境报告》发布后，世界银行营商环境评价体系受到一定的质疑，一些专家指出评价体系中的某些指标（如税收、解决破产、保护少数股东等）需要优化。此外，基于评价体系的《全球营商环境报告》，其资料收集过程以及所得数据被认为存在造假的可能。与此同时，基于各国营商环境综合得分进行排名的做法也同样受到质疑，被认为可能对各国营商政策环境的改善产生负面影响。因此，2021 年 9 月 16 日，世界银行决定终止《全球营商环境报告》，并采用新的评价方法 ——BEE。

具体而言，第一，DB 体系中关注法律监管，难以反映企业的实际情况，并且通过假设性案例的方法收集资料，无法体现国家内部不同类型企业与部门的多样性。第二，DB 体系忽略了政府提供的众多公共产品的情况，如运输和通信设施、人力资本等，而这些公共服务对商业环境同样至关重要。第三，DB 体系更多关注国内企业，而对于国际贸易与跨国投资企业的关注不够。第四，DB 体系中包含不同系列的指标，计算这些指标的综合指数，并对国家综合指数进行排名的做法，无法反映营商环境不同方面的具体情况，减少了全球政策对话，并可能引发外部干预与利益冲突。

二、世界银行宜商环境评价体系（BEE）

（一）由营商环境评价到宜商环境评价

宜商环境评价体系在世界银行营商环境体系基础上进行改良，延续 DB 体系为"市场主体发展"提供量化的营商环境评估的主旨，并充分听取世界银行集团专家及外部专家、从业人员的建议，旨在通过定量评估产生更加"精细的数据"。为了实现上述目标，数据收集和报告过程将依据现有最高标准进行质量管理，包括：完整的数据收集过程、健全的数据安全保护措施、清晰的审批流程、透明和公开的精细数据以及评估结果的可复现性。

（二）世界银行宜商环境评价指标体系设计

世界银行宜商环境[1] 按照企业从开办到退出的全生命周期构建评估体系，围绕创办、经营与退出三大阶段设有 10 项评估指标，并设有数字技术应用与环境可持续性 2 项跨领域的评价指标。开办企业阶段包括企业准入、经营地点 2 项一级指标；企业经营阶段包括市政公共服务接入、劳动力、金融服务、国际贸易、纳税、争端解决、市场竞争共 7 项一级指标；企业退出阶段包括破产办理 1 项一级指标。

世界银行宜商环境评价指标体系（以下简称 BEE 体系）包含监管框架、公共服务、总体成效等三大支柱。同时，评价中既关注法规制度方面的信息，也关注反映法规制度的实际实施情况。因此，针对每个一级指标，世界银行宜商环境都将评价三方面的信息：其一为监管框架，主要评估监管质量，从透明度、准确度、可预测性和相关性等角度衡量最佳做法以及国际公认的最佳做法；其二为公共服务，评估政府的机构设置、基础设施和项目等政府直接或间接（通过私人公

---

[1]此版本为世界银行宜商环境（BEE）评价指标征求意见稿，虽已于2022年3月15日完成意见征询，但尚未最终确定。

司）影响市场运作的因素；其三为总体成效，根据市场主体的体验（通过企业调研或专家调研），衡量监管与公共服务在实践中实现各指标的效率，见表2-3。

表 2-3　　　　世界银行宜商环境（BEE）评价指标体系

企业阶段	一级指标	二级指标
开办企业	企业准入	企业准入监管质量
		开办企业数字化公共服务和信息透明度
		开办企业流程效率
	经营地点	不动产租赁、产权和城市规划法规的质量
		公共服务的质量和信息的透明度
		关键服务在获得营业选址方面的效率
企业经营	市政公共服务接入	公共事业监管质量——电、水、互联网
		公共事业绩效和公共事业服务的透明度
		公共事业和服务监管实施效率
	劳动力	劳动法规质量
		劳动力市场公共服务的充分性
		雇佣劳动力的难易程度
	金融服务	担保交易（一致）、电子支付和绿色融资（监管支柱）监管的质量
		信贷报告框架的质量
		接受金融服务的便利性
	国际贸易	国际货物贸易、电子商务和环境可持续贸易的监管质量
		促进国际货物贸易便利化的公共服务质量
		进口商品、出口商品和从事电子商务的效率
	纳税	税收法规的质量
		税务部门提供的服务
		税收负担和税收系统的效率
	争端解决	商业争议解决监管的质量
		商业诉讼中公共服务的充分性
		解决商业纠纷的难易程度
	市场竞争	促进市场竞争的监管质量
		促进竞争的公共服务的充分性
		实施促进市场竞争的关键服务的效率
企业退出	破产办理	破产法规的质量
		破产配套制度的质量
		破产程序的便捷性

资料来源：世界银行BEE项目，2022，https://www.worldbank.org/en/programs/business-enabling-environment。

（三）世界银行宜商环境评价数据来源

世界银行宜商环境评价体系改变了营商环境评价体系针对某个样本企业进行评价的做法，不仅收集法律法规信息，还收集实际执行情况的信息。

不同于以往 DB 体系在各经济体中仅评估最大商业城市的做法，BEE 体系将尽可能广地覆盖经济体和经济体内部不同类型的市场主体，在各经济体内选取代表性企业收集数据。在具体数据收集方面，BEE 体系主要使用两种方式，即专家咨询和企业调查。专家咨询方面，主要针对涉及相关法律、公共服务的专家收集数据；企业调查方面，从实际办理业务的具有代表性企业中收集数据。除上述两种方式外，还使用案头研究与官方数据两种佐证方式来验证通讨专家咨询方式收集的数据。相比之下，BEE 体系没有严格的案例研究限制，可以更全面地呈现相关指标领域的发展水平。

（四）世界银行宜商环境评价方法

目前，世界银行宜商环境评价体系的打分和排名方式尚未确定，按照项目规划，BEE 体系会根据可量化指标评估各经济体的表现，但现阶段对如何进行指标打分尚无明确说明。此外，在专家征询意见环节，各主要经济体均提出对宜商环境得分排名及围绕排名进行炒作的担忧。

为了延续商业环境评价在学术研究中的应用，在正式宜商环境评价报告完成前，将在一段时间内使用追溯性替代指标构建前 10 ～ 20 年的 BEE 指标，以便为用户提供一致的数据序列，避免 BEE 体系指标变动对营商环境研究的干扰。

（五）营商环境与宜商环境评价体系对比

从世界银行营商环境到宜商环境评价体系，其差别主要体现在评估视角、指标体系、数据收集方式、评估范围以及评价结果的应用几个方面。

在评估视角方面，由单一企业视角向私营经济整体环境转变。世界银行宜商环境评价体系由 DB 体系各经济体最大商业城市中单个企业开展业务的便利性，转变为对各经济体私营部门经济发展环境的整体评价，增加对不同性质和规模市场主体的关注。BEE 体系期望平衡企业个体与社会整体的利益关系，推动更有益的商业环境，促进公平市场环境，确保经济长期可持续增长。

在指标体系方面，涵盖内容更为全面，且体现数字技术发展特征。世界银行宜商环境评价体系增加公共服务在评估中的比重，由 DB 体系聚焦商业法规政策转变为同时关注商业法规政策与公共服务质量等支柱，不仅关注政策文本信息，也关注政策法规与公共服务在私营部门运营中的实际表现，通过同时评价监管框架、公共服务及成效指标，获得多重评价，由评估商业政策转而评价企业从开办到退出的全流程实践。具体指标方面，BEE 体系取消"保护少数投资者"指标，保留和改进"纳税"指标，将"劳动力"纳入综合指标，并修订了"市场竞争"指标。此外，纳入"数字技术应用"与"环境可持续性"贯穿企业发展全过程、跨指标评价的项目，以更为全面地衡量商业环境以及与之相关的公共服务情况，适应时代发展需要。

在数据收集方式方面，数据来源更为多样。DB 体系注重收集政策监管信息，以发放问卷的方式进行专家咨询，并在调查中结合法律法规文本与企业运营中的资料得到最终数据。BEE 体系不仅收集法律法规的信息，还收集政策实际执行情况的信息，具体数据收集过程中，使用专家咨询和企业调查两种方式进行收集，以此获取专家掌握的相关法律、公共服务情况以及企业实际办理业务的情况，并使用案头研究与官方数据佐证通过专家咨询方式收集的数据。两个项目的数据收集方式均能体现出相应指标体系下的实际情况，但由于 BEE 体系没有严格的案例研究限制，可以更全面地呈现相关指标领域的发展水平。

在评估范围方面，参与企业范围更加广泛。DB 体系为了保证不同经济体的可比性，选取 191 个经济体中最大城市的样本企业进行调研，而 BEE 体系为了更为全面地了解企业商业环境，将扩大样本城市范围，并针对不同类型的企业开展企业调研，力求在"经济体间的可比性"与"特定经济体样本代表性"间寻求平衡，但寻求具有代表性的多企业参与调查，调查难度有所增加。

在评价结果的应用方面，DB 体系通过营商环境便利度分数确定各经济体营商环境分数和排名，通过总体排名来提高公众关注度，最大限度地驱动经济体改革。而 BEE 体系的打分和排名方式尚未确定，评价结果将基于可量化指标评估经济体的表现，但是如何进行指标打分以及是否根据综合指标得分评价经济体表现目前尚不确定。各经济体在意见征询中不同程度地表达对排名带来影响的担忧，可以预见的是，BEE 体系对评价结果的处理将更为谨慎，并避免围绕排名进行的炒作。

三、世界银行营商环境与宜商环境评价体系分析与评价

（一）对世界银行营商环境与宜商环境项目的评价

世界银行营商环境评价项目开展以来，为各经济体树立了有利于企业发展运行的政策标杆，对有效推动各经济体政策改革发挥了重要作用。为顺应数字经济发展趋势，更为全面地评价商业环境及政策实效，解决 DB 体系运行中出现的问题，世界银行推出了宜商环境评价项目。该项目完善了 DB 体系，更为全面地涵盖企业运行全流程，从政策条文与公共服务双重视角进行评价，并且同时关注政策与公共服务的实际效果。但项目对于评价质量与代表性的高要求也带来一些现实问题，需要在评价过程中予以解决。

具体而言，BEE 体系关注私营部门整体市场情况，但在全面评估商业法规的同时，无法对只影响个别企业或某类别企业的商业法规进行评估。此外，虽然项目致力于对宜商环境的全面评估，但无法包含所有可能影响市场主体发展的因素，如宏观环境的经济状况、腐败等因素，因此，BEE 体系将以补充材料的形式为相关个人或机构提供信息资源。评估体系中的具体评价指标，涵盖与企业运

行发展的各方面最为相关的重要问题，但评价中无法做到事无巨细，指标体系仍需在后续实践中不断完善修订。评价中减少使用标准化的假设案例，在使数据更具代表性的同时，可能影响不同经济体间的可比性，有必要借助其他信息加以佐证。调查主体更多针对已有存续企业，对市场进入和退出等主体需要以专家咨询的方式加以补充，见表2-4。

表 2-4　　　　　　　　　世界银行宜商环境（BEE）项目评价

BEE特点	优势	劣势	解决方法
关注私营部门（整体市场）	全面整体地评估影响市场主体发展相关的商业法规	未评估只影响个别/部分企业的商业法规	由于商业法规（例如，特定税收条件规定）可能会增加个别公司面临的制度性成本，但可能对整体市场和经济发展产生积极影响，BEE将在计分方法中尝试解决该问题
"宜商环境"界定的有限范围	在设定的领域获取具有价值的一手原始数据	无法了解可能影响市场主体发展的所有方面，如宏观环境的经济状况、腐败等	以补充资料的形式对未覆盖的可能影响市场主体发展的因素提供成熟的国际信息资源，供感兴趣的人士和机构"一站式"获取
指标是"代理"	指标聚焦与主体相关的监管框架和公共服务，涵盖商业环境中最相关的领域和重要问题	无法做到事无巨细地评估相关主体的每个方面	阐明每个指标的范围和原理。如有必要，将使用更恰当的指标修订原有指标体系
减少使用标准化的假设案例	使相关数据在一个经济体的不同公司和行业中更具代表性	可能会限制指标数据在不同经济体间的可比性	结合专家调研和企业调查。此外，BEE还会根据特殊情况增加一些参数以确保数据的可比性（如公共设施的类型分类）
新设立企业与存续企业	对于与经营过程相关的主体，BEE主要依据专家访谈和对存续企业的调查结果	更为关注目前在市场上运营的存续企业，可能会潜在地忽略/低估进入和退出市场的壁垒	通过专家咨询的方式收集数据

资料来源：世界银行（2022），Pre-Concept Note Business Enabling Environment（BEE）。

（二）世界银行营商环境与宜商环境评价对中国的启示

世界银行营商环境与宜商环境评价项目对我国营商环境评价具有一定的借鉴意义，尤其是宜商环境评价项目中对于企业从开办到退出的全流程考量，对政策规定、公共服务及其实效的综合评价以及将案头研究、企业调查、专家咨询相结合的数据收集方式。此外，贯穿企业发展全过程的数字技术应用与环境可持续性指标也为营商环境评价体系的设计提供了有益参考。但同时，世界银行评价体系虽然关注商业环境中的公共服务情况，却忽视了政治保障、社会安全、宏观经济稳定性等众多重要领域（李志军，2021）。此外，世界银行营商环境与宜商环境评价体系针对国家层面开展调查，无法体现各国内部复杂多样的市场类型与政策环境。

我国营商环境评价研究虽然起步较晚，但在研究层面已形成省级、城市、县域等不同层级的多种评价体系，我国现有营商环境评价体系在借鉴世界银行评价体系的基础上，增加对宏观市场环境的评价，并结合我国建设市场化、法治化、国际化一流营商环境的目标，形成了具有我国特色与新时代特征的营商环境评价体系（张三保等，2020；李志军，2021；张婉洺、杨广钊，2022）。在实践层面，我国《中共中央　国务院关于加快建设全国统一大市场的意见》《促进个体工商户发展条例》等多项意见条例的内容也同世界银行 BEE 体系所倡导的方向完全一致，具有很高的国际化水平。未来我国营商环境评价体系可在已有不同层面评价体系的基础上进一步体现市场化、法治化、国际化目标；同时，关注市场主体的客观运行情况，并结合新时代中国商业环境数字化、生态化特点进行适当修订。

第三章　中国营商环境评价体系

一、中国营商环境评价研究

党的十八大以来，党中央、国务院高度重视优化营商环境工作。营商环境是企业生存发展的土壤，法治是最好的营商环境，要加快转变政府职能，培育市场化、法治化、国际化营商环境。过去十年，政府每一年都在深化"放管服"改革上有新突破，在优化营商环境上有新进展（国务院发展研究中心课题组，2022）。2019 年我国在世界银行营商环境评价报告中居全球第 31 位。

在国内优化营商环境政策与实践不断推进的同时，国内营商环境评价研究紧密围绕党的十八大以来开展的深化"放管服"改革、优化营商环境工作，取得了丰硕的成果。

一是在营商环境评价指标体系建设方面，众多研究机构与地方政府对标世界银行营商环境评价体系，构建了多套符合中国市场经济特色的省级、城市、县域等各层次营商环境评价体系。

在省级评价体系方面，由国民经济研究所和中国企业家调查系统合作完成的"中国分省企业经营环境指数"，是较早开展的营商环境评价项目。项目通过对各省（自治区、直辖市）的众多企业进行调查，对企业经营环境状况进行评价和比较分析（王小鲁等，2013）。张三保等（2020）依据"国际可比、对标世行、中国特色"的评价原则，结合《优化营商环境条例》，从市场环境、政务环境、法律政策环境、人文环境四个方面建立省级层面的营商环境评价体系，进而得到各省份营商环境评价结果。中山大学"深化商事制度改革研究"课题组通过实地走访政务办事大厅，随机访谈前来办理业务的市场主体的方式，从市场主体获得感的视角，考察全国营商环境需求侧建设取得的新进展、面临的新问题（徐现祥等，2022）。张婉洺、杨广钊（2022）从政商关系视角出发，从识别企业诉求和政府服务供给效能两个维度，构建从法治化、市场化、国际化三方面评价省级层面企业营商环境的指标体系，并对营商环境的不同方面对企业竞争力的影响进行了系统分析。但省级评价体系涵盖范围过广，无法体现城市间的巨大差异，且脱离企业的具体经营环境（李志军等，2021）。

在城市层面，众多研究机构构建了营商环境评价体系。其中，中央广播电视总台编撰的《中国城市营商环境年度报告》是第一份由国家主流媒体发布的第三方营商环境权威报告。报告在对标世界银行营商环境评价体系标准、参照国际同行的评价指标，同时兼顾中国特色的原则上，重点围绕与市场主体密切相关的硬环境及软环境指标维度构建起中国城市营商环境的评价体系。国家发展改革委按照《优化营商环境条例》有关要求，牵头构建了中国营商环境评价体系，连续三年组织开展了 6 批次中国营商环境评价。指标体系方面，以市场主体和社会公众满意度为导向，紧扣营造稳定公平透明、可预期营商环境的要求，紧扣投资吸引力和城市高质量发展，从衡量企业全生命周期、反映投资吸引力、体现监管与服务 3 个维度，综合反映各地营商环境情况。评价方法方面，通过深入基层一线获取实际案例和数据。全国工商联组织开展的"万家民营企业评营商环境"调查，由民营企业直接填报问卷，覆盖全国 31 个省（自治区、直辖市）各行业的大中小微民营企业。通过发放调查问卷的方式，调查民营企业对营商环境的满意度以及所在城市法治环境、政务环境、要素环境、创新环境与市场环境"五大环境"的评价。《管理世界》经济研究院与首都经济贸易大学中国产业经济研究院合作成立的"中国城市营商环境评价研究"课题组（2021）参考世界银行营商环境评价体系，在国内外多份营商环境评价报告的基础上建立了中国城市营商环境评价体系，围绕公共服务、人力资源、市场环境、创新环境、金融服务、法治环境、政务环境等 7 个维度，利用各大年鉴与"中国城市数据库"等数据对 4 个直辖市、5 个计划单列市、27 个省会城市及其他 253 个地级市的营商环境进行评价并进行了排名（李志军，2019a、2019b）。中国战略文化促进会、中国经济传媒协会、万博新经济研究院和第一财经研究院联合构建万博中国营商环境评价指标体系，并在评价基础上发布《中国城市营商环境指数评价报告》，通过对经济总量排名前 100 城市的硬环境与软环境进行综合评价，评估各城市的营商环境综合指数。其中，硬环境占营商环境指数的权重为 40%，具体包括自然环境和基础设施环境 2 个二级指标，软环境指数占营商环境指数的权重为 60%，具体包括技术创新环境、人才环境、金融环境、文化环境和生活环境等 5 个二级指标。广东粤港澳大湾区研究院和 21 世纪经济研究院测评了 296 个地级以及地级以上城市的营商环境。评价体系涉及软环境、基础设施、社会服务、市场总量、商务成本、生态环境等 6 个维度。测评使用各类统计年鉴数据和行政记录以及启信宝等多个大数据公司数据，通过在线监测数据、企业满意度调查和实地调研结合的方式，创立了营商环境测评时间短、数据真、测评准的独特方法。

在县域层面，2019 年，《小康》杂志社与国家信息中心牵头成立了"中国县域营商环境研究"课题组，构建了首个"中国县域营商环境调查评价指标体系"，并根据该指标体系对全国 2800 多个县市营商环境进行监测评价。中华国际科学交流基金会、中科营商大数据科技（北京）有限公司联合编著《中国营商环境指数蓝皮书（2022）》，从公共服务、市场环境、政务环境、融资环境、普惠创新等 5 项内容对营商环境进行评价。

除构建省级、城市、县域营商环境评价体系外，中国国际贸易促进委员会《中国营商环境研究报告》运用企业调查开展营商环境评价，从而得到不同类型、规模、行业、地区企业营商环境的差异。

二是在建立营商环境评价指标体系的基础上，上述研究对我国总体营商环境与各区域发展状况进行了充分的评价与分析。

基于不同营商环境评价体系的研究均发现，我国营商环境总体状况逐年改善，企业营商的硬件、软件环境均得到大幅提升，特别是涉及企业的行政审批、政务服务在数字技术的推动下，便利度得到明显改善，法治环境建设也初见成效。但基于不同评价体系的评估结果均显示，当前营商环境存在地域发展不平衡问题（李志军等，2020、2021b、2022；张三保等，2020），特别是东西部差异、南北差异明显。张三保等（2020）基于省级营商环境评价指标，发现中国省份营商环境呈现出层次化特征，子环境发展均衡度存在差异，七大区域营商环境差异明显。

三是众多学者分析了我国营商环境的不同方面对作为市场主体的企业产生的实际影响。

　　营商环境的改善被证实会对企业的竞争力、民营企业活力、民营企业价值链位置（张婉洺、杨广钊，2022）、企业投资（牛鹏等，2021）、企业创新能力（杜运周等，2022）、劳动生产率（谢繁宝、樊瑶，2022）等众多方面产生影响。张婉洺、杨广钊（2022）在从法治化、市场化、国际化三个方面评价省级营商环境的基础上，结合企业市场表现数据，发现营商环境优化有助于打破寻租机制，有助于提高市场化民营企业的活力与竞争力，并显著提高民营企业在价值链上的位置。

　　国内现有营商环境评价体系，从多层次、多角度，利用多种方法与数据来源对不同范围的营商环境进行了评价，为了解不同地区营商环境提供了有力参考。但同时，评价体系多样化也导致评价结果不一致，营商环境评价体系应对标世界银行评价体系，突出中国特色，对当前同一层级的各指标体系进行适当综合，以实现全面评价。

二、国内主要营商环境评价体系

（一）国民经济研究所—中国企业家调查系统"中国分省企业经营环境指数"

　　"中国分省企业经营环境指数"由国民经济研究所和中国企业家调查系统合作完成，是较早开展的营商环境评价项目。项目通过对各省（自治区、直辖市）的众多企业进行调查，基于企业主要负责人对当地经营环境各方面因素的评价，对企业经营环境状况进行评价和比较分析。2017年，该体系的评价指标包含八个方面的内容，分别为政府行政管理、企业经营的法治环境、企业的税费负担、金融服务、人力资源供应、基础设施条件、中介组织和技术及营销服务、企业经营的诚信社会环境等，注重企业运行的外部环境特征对企业运行的影响（王小鲁等，2018）。在2020年报告中，评价指标在之前基础上进行微调，共包括30个分项指数（或称基础指数）。在"企业的税费负担"方面指数中，用"社保缴费"和"其他缴费"2个分项指数代替了原来的"税外收费"分项指数，见表3-1。

表 3-1　　　中国分省企业经营环境指数指标体系（2020 年）

一级指标	二级指标
政策公开、公平、公正	政策规章制度公开透明（政策公开透明）
	政策执行和行政执法公正（行政执法公正）
	对不同企业一视同仁
	对企业销售和其他经营活动的不合理地方保护（地方保护）
行政干预和政府廉洁效率	政府在行政审批、行政执法、行业准入、投资和其他方面的过多干预（政府干预）
	与政府打交道占工作时间比例（与政府打交道时间比例）
	审批手续简便易行
	当地党政官员廉洁守法（官员廉洁守法）
企业经营的法治环境	公检法机关公平有效执法保护企业合法权益（司法公正和效率）
	企业合同正常履行
	经营者财产和人身安全保障
	知识产权、技术和品牌保护（知识产权保护）
企业的税费负担	法定税负的合理性（法定税负）
	政府依法征税（依法征税）
	社保缴费占销售额比例（社保缴费）
	其他缴费占销售额比例（其他缴费）
金融服务和融资成本	获得银行贷款难易度（银行贷款）
	获得其他正规或民间渠道融资难易度（其他融资）
	银行贷款利率（贷款利率）
	其他融资利率
人力资源供应	技术人员
	管理人员
	熟练工人
基础设施条件	电水气供应条件
	铁路公路运输条件
	其他基础设施条件
市场环境和中介服务	市场需求旺盛度（市场需求）
	过度竞争压力（过度竞争）
	中介组织服务条件（中介组织服务）
	行业协会服务条件（行业协会服务）中介组织

资料来源：王小鲁等，《中国分省企业经营环境指数2020年报告》。

企业经营环境指数的基础数据来自对全国各地各类企业的问卷调查，每项基础指数来自企业问卷的一个问题。2017 年中国分省企业经营环境指数报告中样本企业的地域分布包括中国大陆的 29 个省（自治区、直辖市）。由于西藏和青海的样本企业数量过少，代表性不足，因此在分省分析中未包括在内。此外，报告也不包括中国台湾、中国香港和中国澳门地区。2020 年调查的有效样本企业总数为 1891 户，由样本企业经营者（企业董事长、总经理或 CEO）对当地某一特定领域企业经营环境进行评价或提供信息。

调查数据采用从 1 到 5 的赋值评价某一方面的企业经营环境。其中 5 表示"很好"，3 表示"一般"，1 表示"很差"。个别数据采用了定量指标。基于该体系的评价结果被用于了解整体企业经营环境，并通过分析不同方面、不同地区、不同行业的评价结果，了解企业经营环境的差异，有针对性地加以改善。

（二）北京大学—武汉大学《中国省份营商环境研究报告》

按照"国际可比、对标世行、中国特色"的原则，《中国省份营商环境研究报告》将"十三五"规划纲要关于营商环境建设的四个方面，即市场环境、政务环境、法律政策环境、人文环境，确定为中国省份营商环境评价指标体系的一级指标，分别以公平竞争、高效廉洁、公正透明、开放包容为效果目标。在吸纳世界银行营商环境评价体系（2019）、经济学人智库（2014）、中国城市营商环境（2021）等主要评价指标体系的同时，从《优化营商环境条例》条款中提炼相关指标，最终获得 16 个二级指标。

《中国省份营商环境研究报告》通过对《优化营商环境条例》内容进行文本分析，依据评价内容在条例中的体现频率为二级指标赋权，一级指标权重为对应二级指标权重之和。指标计算采取效用值法对原始数据加以处理，最终按照权重与得分，分别计算各省一级指标得分与营商环境总分，见表 3-2。

表 3-2　　　　　　　　中国省份营商环境评价指标体系

一级指标及其权重	目标	二级指标及其权重	三级指标	测量方法	数据来源
市场环境 20.62%	公平竞争	融资2.06%	融资水平	省份社会融资规模增量/GDP	中国人民银行
		创新2.06%	高技术产业产出	高技术产业利润总额/GDP	《中国科技统计年鉴》
			专利数量	专利申请授权量/人口数	国家统计局
			研发投入	R&D投入（规模以上工业企业）	《中国知识产权年鉴》
		公平竞争 8.25%	企业品牌设立	商标注册数/人口数	《中国知识产权年鉴》
			创业企业数量	新增企业数量	大眼查
			非公有经济比重	私营企业法人单位数/企业法人单位数	《中国统计年鉴》
		资源获取 3.09%	水价	非居民自来水单价	中国水网
			电力供应	各省电力消费量/人口数	国家统计局
			地价	商业营业用房平均销售价格	国家统计局
			人力资本	高等院校在校生数量	《中国统计年鉴》
			网络	互联网宽带接入户数/人口数	国家统计局
			交通服务	货运量和客运量	国家统计局
		市场中介 5.15%	注册会计师	注册会计师人数/企业数	中国注册会计师协会
			租赁及商业服务业	租赁及商业服务业从业人数/总人口	《中国第三产业统计年鉴》

续表

一级指标及其权重	目标	二级指标及其权重	三级指标	测量方法	数据来源
政务环境 52.58%	高效廉洁	政府关怀 9.28%	政府关怀度	政府关心指数	《中国政商关系报告》
		政府效率 18.56%	政府规模	一般公共预算支出/GDP	EPS数据库
			电子政务水平	电子服务能力指数	《中国省市政府电子服务能力指数报告》
		政府廉洁 10.31%	政府廉洁度	政府廉洁指数	《中国政商关系报告》
		政府透明 14.43%	政府透明度	政府透明度指数	《中国政府透明度指数报告》
法律政策环境 21.65%	公正透明	司法公正 10.31%	司法质量	司法文明指数	《中国司法文明指数报告》
		产权保护 3.09%	专利纠纷行政裁决	专利侵权纠纷行政裁决数/专利数	国家知识产权局
		社会治安 2.06%	万人刑事案件	刑事案件/人口数	中国裁判文书网
		司法服务 2.06%	律师	律师数量/企业数	各省统计年鉴
		司法公开 4.12%	司法信息公开度	司法信息公开度指数	《中国司法透明度指数报告》
人文环境 5.15%	开放包容	对外开放 1.03%	贸易依存度	海关进出口金额/GDP	《中国贸易外经统计年鉴》
			外资企业比	外资直接投资企业数/企业数	《中国贸易外经统计年鉴》
			对外投资度	对外非金融投资额/GDP	《中国对外直接投资统计公报》
		社会信用 4.12%	企业信用	商业纠纷/企业数	中国裁判文书网

资料来源：《中国省份营商环境研究报告》。

（三）中山大学"深化商事制度改革研究"课题组 《中国营商环境调查报告》

中山大学"深化商事制度改革研究"课题组聚焦"放管服"改革的成效与数字政府建设的进展，通过实地走访政务办事大厅，随机访谈前来办理业务的市场主体的方式，从市场主体获得感的视角，考察全国营商环境需求侧建设取得的新进展、面临的新问题。实地调研过程中，调查员从市场准入、信用监管、"互联网+"政务、服务效率等维度，随机访谈前来办理业务的市场主体，分析第一手数据资料和舆情反馈。2022 年评价报告将评价内容拓展到市场准入、市场监管、线下政务服务、数字政府建设、市场主体获得感、市场主体成长、公平竞争环境等七个方面。《中国营商环境调查报告》是"深化商事制度改革研究"课题组的年度调查报告，2020 年，课题组在 2018 年、2019 年两次全国实地调研基础上，对 28 省 67 市 245 个区开展调研，见表 3-3。

表 3-3　　　　中国营商环境调查指标体系（2020 年）

一级指标	二级指标
市场准入	完成登记注册所需时间（天）
	完成登记注册所需窗口数量（个）
	认为办理营业执照更快捷的市场主体占比（%）
	办理许可证的数量（个）
	办理许可证所需最长时间（天）
	认为办理许可证数量减少的市场主体占比（%）
数字政府	网上办事大厅和移动端办事系统使用率（%）
	网上办事大厅和移动端办事系统知晓率（%）
	网上办事大厅和移动端办事系统使用率（%）
	政务一体机数量（个）
	政务一体机上进驻部门数量（个）
线下服务	进驻部门数量（个）
	窗口开放率（%）
	"最多跑一次"的市场主体占比（%）
	"一窗办理"的市场主体占比（%）

一级指标	二级指标
市场监管	国家企业信用信息公示系统使用率（%）
	被上门检查的市场主体占比（%）
	被上门检查次数增多的市场主体占比（%）
	被上门检查部门数量增多的市场主体占比（%）
经济绩效	过去半年员工增加的市场主体占比（%）
	过去半年进行创新的市场主体占比（%）
	过去半年业绩变好的市场主体占比（%）
主观感受	认为与政府打交道时间降低的市场主体占比（%）
	认为与政府打交道费用降低的市场主体占比（%）
	认为商事制度改革对经营有积极影响的占比（%）

资料来源：《中国营商环境调查报告2021》。

（四）中央广播电视总台《中国城市营商环境年度报告》

中央广播电视总台编撰的《中国城市营商环境年度报告》，是第一份由国家主流媒体发布的第三方营商环境权威报告。报告在对标世界银行营商环境评价体系标准、参照国际同行的评价指标，同时兼顾中国特色的基础上，重点围绕与市场主体密切相关的硬环境及软环境指标维度构建起中国城市营商环境的评价体系。

《2019中国城市营商环境报告》按照"要素＋环境"的理论框架，设计了5个维度的评价体系，包括基础设施、人力资源、金融服务、政务环境、普惠创新。评价对象为4个直辖市、27个省会城市和自治区首府、5个计划单列市以及经济总量位居前100的活跃城市。报告除发布总体评价排名外，同时发布5个维度的分项排名，覆盖制度、市场、资源、技术、人才、资金等影响企业经营发展的关键环节，全方位评价了各城市营商环境状态水平，见表3-4。

表3-4　中央广播电视总台《2019中国城市营商环境报告》评价指标

一级指标	二级指标
基础设施	基础建设
	公共服务

一级指标	二级指标
人力资源	人力指数
	人才指数
	人力资本吸引指数
金融服务	金融效率
	融资潜力
	金融业发展
政务环境	政务公开
	行政效率
	政府干预
	司法结案
	权益保障
	治安环境
普惠创新	创新氛围
	创业氛围
	社会诚信
	社会参与

资料来源:《2019中国城市营商环境报告》。

2022 年 2 月,中央广播电视总台发布《2021 城市营商环境创新报告》。该报告立足主流媒体第三方视角,以创新为核心构建了综合分析框架,覆盖了国务院《关于开展营商环境创新试点工作的意见》中的 10 个方面重点任务、101 项具体改革事项,对城市营商环境创新的基本面和最新情况进行了梳理。该报告以直辖市、省会城市和自治区首府城市、计划单列市以及 5 个 GDP 超过万亿元的经济活跃城市作为主要观测对象,对这些城市的营商环境创新实践进行梳理总结,从而为中国营商环境整体创新提供方向。

(五)国家发展改革委《中国营商环境报告》

国家发展改革委按照《优化营商环境条例》有关要求,构建中国营商环境评价体系,开展年度中国营商环境评价。中国营商环境评价指标体系落实新发展理念,立足中国国情,拓宽国际视野,按照国际可比、对标世行、中国特色原则,以市场主体和社会公众满意度为导向，以深刻转变政府职能、创新行政方式、提高行政效能、激发各类市场主体活力为评价重点，对标党中央、国务院出台的政策文件，从企业全生命周期链条和城市高质量发展视角，从衡量企业全生命周期、反映投资吸引力、体现监管与服务 3 个维度，构建包含 18 个一级指标和 87 个二级指标的营商环境评价指标体系，综合反映各地营商环境建设成效。

企业全生命周期链条视角包含 15 个指标，完整反映企业从开办到注销的全生命周期链条，从市场准入、投资建设、融资信贷、生产运营、退出市场五阶段，衡量中小企业获得感和办事便利度，具体包括开办企业，劳动力市场监管，办理建筑许可，政府采购，招标投标，获得电力，获得用水用气，登记财产，获得信贷，保护中小投资者，知识产权创造、保护和运用，跨境贸易，纳税，执行合同，办理破产等 15 项，重点评价"放管服"改革等举措的落实情况，综合评估市场主体满意度与获得感。城市高质量发展视角包含 3 个指标，分别为市场监管、政务服务、包容普惠创新，综合评估市场主体对各地实行公共监管、加强社会信用体系建设、推行"互联网＋政务服务"、鼓励要素自由流动、增强创新创业创造活力、扩大市场开放、创建宜业宜居宜新环境等方面的满意度与获得感。

评价方法方面，由国家发展改革委牵头、第三方评价团队具体实施。国家发展改革委负责牵头，调动部门、地方、第三方机构共同参与营商环境评价工作。评价团队由评价机构、律师事务所、会计师事务所等联合组成，负责问卷填报、企业调查、数据分析、结果核验、实地调研等具体评价工作。通过部门深度参评与企业满意度测评的方式，开展实地调研、问卷调查，并对数据抽查，以全面获取营商环境数据信息，多角度、多层次、全方位评价各领域的营商环境。参评城市地方政府从事"放管服"改革、优化营商环境的工作人员填报部门问卷，第三方评价团队随机抽取参评城市中的部分企业进行问卷调查，收取企业视角的数据，此外，结合实地调研的结果，对不同来源的信息进行交叉比对，使之相互印证、互相补充，客观反映环节、视角、成本的实际情况。

2018 年，组织在东部、中部、西部和东北地区 22 个城市开展两批次试评价。2019 年，组织 41 个城市开展营商环境评价，在东北地区 21 个城市开展试评价。2020 年，参评城市范围扩展至 80 个城市和 18 个国家级新区。以 2020 年为例，中国营商环境评价发放企业问卷 36 万余份，电话采访企业 1900 余家，深度对接企业 200 余家，拨打调查核验电话 2 万余通，暗访政务大厅超过 320 家，深入听取和了解市场主体和社会公众的感受和意见，真实评估各地营商环境情况。

《中国营商环境报告》在对各地营商环境进行全面评价的同时，重点展示各地优化营商环境改革创新举措和典型案例，带动全国范围对标先进，聚焦市场主体反映的突出问题，推出针对性强、获得感高的改革举措。

经过多批次评价实践与调适完善，中国营商环境评价以"制度＋指标＋报告"的创新形式，为各地优化营商环境工作提供了标准与支撑。国家《优化营商环境条例》与各地配套法规政策构成"制度 1+N"，由中国评价指标体系与地方结合实际增加的 N 项指标构成"指标 1+N"，由中国营商环境报告与地方自评报告构成"报告 1+N"，共同激发地方改革的积极性与主动性，推动营商环境持续优化。

（六）全国工商联"万家民营企业评营商环境"

全国工商联组织开展的"万家民营企业评营商环境"调查，由民营企业直接填报问卷，覆盖全国 31 个省（自治区、直辖市）各行业的大中小微民营企业。以 2022 年调查为例，共有 89000 多家大中小微民营企业参与调查，评价对象包括全国 31 个省（自治区、直辖市）和新疆生产建设兵团。

"万家民营企业评营商环境"调查民营企业对营商环境的满意度，对所在城市法治环境、政务环境、要素环境、市场环境与创新环境等五大环境进行百分制评分。在法治环境方面，调查企业对公检法司机关的满意度，如对公安部门优化治安环境、打击诈骗等违法犯罪行为工作的满意度，对检察院维护涉案企业正常经营秩序、监督涉企经济犯罪侦查等工作的满意度，对法院审判公正性、法官服务能力等事项的满意度，对司法局、仲裁机构、律师事务所的服务的满意度等。政务环境方面，评价企业对政务服务水平、线上办事便利度及效率、政府工作人员服务态度及业务能力的满意度等，涉及税费缴纳、开办企业、不动产登记等多个事项。要素环境方面，评价企业对公共要素配置情况的满意度，如企业对要素保障的满意度、对保供稳价政策的获得感、对水电气网保障及成本的满意度、获得银行贷款的成本与周期等。市场环境方面，关注市场监管规范化程度，评价企业对市场监管标准和规则的稳定性、"双随机一公开"执行情况的满意度等。同时，关注企业对市场环境的主观评价，如企业对民间投资准入门槛的评价等。创新环境方面，关注企业对创新支持政策落实效果的满意度以及对创新氛围的评价。如创新政策落实效果方面，调查企业对财税支持政策、专精特新企业扶持政策等的满意度。同时，关注企业对创新平台与服务体系、新兴产业的创新生态、宽容创新失败的氛围的满意度等。

（七）"中国城市营商环境评价研究"课题组 《中国城市营商环境评价》

"中国城市营商环境评价研究"课题组参考世界银行营商环境评价体系，在国内外多份营商环境评价报告的基础上建立了我国城市营商环境评价体系，围绕公共服务、人力资源、市场环境、创新环境、金融服务、法治环境、政务环境等7个维度，利用各大年鉴与"中国城市数据库"等数据对4个直辖市、5个计划单列市、27个省会城市及其他253个地级市的营商环境进行评价，并基于评价结果进行排名，见表3-5。

表 3-5　　　　　　　　　中国城市营商环境评价指标体系

一级指标	二级指标	三级指标	数据来源
公共服务 （0.15）	天然气供应（0.25）	供气能力（万吨）	中国城乡建设数据库
	水力供应（0.25）	公共供水能力（万立方米）	
	电力供应（0.25）	工业供电能力（万千瓦时）	中国城市数据库
	医疗情况（0.25）	医疗卫生服务（张/万人）	
人力资源 （0.15）	人力资源储备 （0.7）	高等院校在校人数（0.4）	中国城市数据库
		年末单位从业人员（0.3）	中国城市数据库
		人口净流入（0.3）	各城市统计公报
	劳动力成本（0.3）	平均工资水平	中国城市数据库

续表

一级指标	二级指标	三级指标	数据来源
市场环境（0.15）	经济指标（0.4）	地区人均生产总值（0.6）	中国城市数据库
		固定资产投资总额（0.4）	
	进出口（0.3）	当年实际使用外资金额（0.6）	中国城市数据库
		当年新签项目（合同）个数（0.4）	
	企业机构（0.3）	规模以上工业企业数	中国城市数据库
创新环境（0.15）	创新投入（0.5）	科学支出	中国城市数据库
	创新产出（0.5）	发明专利授权量	中国城市统计年鉴
金融服务（0.15）	从业规模（0.5）	金融从业人员	中国城市数据库
	融资服务（0.5）	总体融资效率（0.5）	中国城市数据库
		民间融资效率（0.5）	中国城市数据库
法治环境（0.1）	社会治安（0.3）	万人刑事案件数	中国裁判文书网
	司法服务（0.4）	律师事务所数量	天眼查+网络查找
	司法信息公开度（0.3）	司法信息公开度指数	各城市司法局/中级人民法院官网
政务环境（0.15）	政府支出（0.5）	一般预算内支出	中国城市数据库
	政商关系（0.5）	政商关系	中国城市政商关系排行榜

资料来源：《2020中国城市营商环境评价》。

评价数据主要来源于"中国城市数据库""中国城乡建设数据库"，对各指标采取无量纲化处理，后经变异系数法进行加权，分层逐级汇总得到各城市营商环境指数。

（八）中国战略文化促进会、中国经济传媒协会、万博新经济研究院和第一财经研究院《中国城市营商环境指数评价报告》

万博中国营商环境评价指标体系是在中国经济转型与发展的时代背景下，综合评估各地营商环境所进行的探索和尝试，致力于以全面客观的营商环境指标评价推动全社会对营商环境的高度重视，助力中国营商环境持续改善，推动经济的高质量发展。基于该体系，中国战略文化促进会、中国经济传媒协会、万博新经济研究院和第一财经研究院联合发布《2019 中国城市营商环境指数评价报告》。万博中国营商环境评价体系的一级指标分为硬环境指数和软环境指数。其中，硬环境指数占营商环境指数的权重为 40%，具体包括自然环境和基础设施环境 2 个二级指标，11 个三级指标；软环境指数占营商环境指数的权重为 60%，具体包括技术创新环境、人才环境、金融环境、文化环境和生活环境等 5 个二级指标，24 个三级指标[①]，见表 3-6。

表 3-6　　　　　　　　万博中国营商环境评价指标体系

一级指标	二级指标	三级指标	
硬环境指数 （40%）	自然环境	地理环境	气候环境
		空气质量	森林覆盖率
	基础设施环境	人均道路密度	公共汽车密度
		公路物流和交通物流的承载能力	生活垃圾和城市污水的处理率
		清洁能源的普及度	市政设施完善度
		城市排水管道密度	
软环境指数 （60%）	技术创新环境	政府研发投入力度	企业研发能力
		技术成果储备	专利数量
	金融环境	直接融资	间接融资
		外资吸引力	金融机构资产规模
	人才环境	高端人才供给	政府文教投入力度
		本地人才供给	大学数量
		新兴产业研发团队	高等学校毕业生数量
	文化环境	民营企业活跃度	学术文化
		文化场馆建设	
	生活环境	消费市场规模	服务市场规模
		就学便利度	就医便利度
		城市绿化覆盖率	

资料来源：《2019中国城市营商环境指数评价报告》。

城市硬环境指数中自然环境包括城市的地理环境、气候环境、空气质量等指

[①]　资料来源：《2019中国城市营商环境指数评价报告》，新浪网，http://finance.sina.com.cn/hy/hyjz/2019-05-14/doc-ihvhiqax8558284.shtml。受资料来源的限制，本书只收集到22个三级指标，参见表3-6。

标。基础设施环境包括人均道路密度、公共汽车密度、公路物流和交通物流的承载能力等传统基础设施建设以及清洁能源的普及度、生活垃圾和城市污水的处理率、市政设施完善度等生态和民生基础设施等。

软环境指数考察技术创新环境、金融环境、人才环境等创新企业发展的要素条件以及文化环境和生活环境，以反映对投资创业、企业经营、吸引人才的综合支持程度。软环境指数从政府研发投入力度、企业研发能力和技术成果储备等维度评估技术创新环境，从直接融资、间接融资和外资吸引力等维度评估金融环境，从高端人才供给、政府文教投入力度、本地人才供给、大学数量等维度评估人才环境，从民营企业活跃度、学术文化、文化场馆建设等维度评估文化环境，从消费市场规模、服务市场规模、就学便利度、就医便利度等维度评估生活环境等。

营商环境指数评价体系重点考虑了数据和指标的客观性、全面性和可比性，评价体系所有指标的数据均来源于各城市的公开统计数据，采取等差数列评估方法，排除主观分档的干扰，不人为干预分级结果。指标具有鲜明的矢量特征。评价体系涉及的所有三级指标，分为正向指标、中值指标和反向指标三类。此外，评价指标兼顾不同规模城市的可比性，以相对量指标为主，在指标设计上，对三级指标的原始数据，通过人均、密度等相对化处理，淡化人口或面积不同的影响。在评估方法方面，采取相对得分法，及时反映不同城市营商环境的相对变化，对同一城市可以回溯其历史年份，便于纵向比较研究。

报告对国家统计局最新公布的经济总量排名前 100 城市的营商环境进行研究和分析，覆盖北京、上海、天津、重庆等 4 个直辖市以及广东、江苏、河北、浙江、云南、新疆、四川、陕西、山西、山东、辽宁、内蒙古、江西、吉林、湖南、湖北、黑龙江、河南、贵州、广西、甘肃、福建、安徽等 23 个省和自治区的重要大中城市。

（九）广东粤港澳大湾区研究院和21世纪经济研究院《中国城市营商环境报告》

广东粤港澳大湾区研究院和 21 世纪经济研究院测评了 296 个地级以及地级以上城市的营商环境。测评使用各类统计年鉴数据和行政记录以及启信宝等多个大数据公司数据，通过在线监测数据、企业满意度调查和实地调研结合的方式，创立了营商环境测评时间短、数据真、测评准的独特方法。

指标体系涉及企业全生命周期、投资吸引力和高质量发展的在线指标，包括开办企业、市场监管、创新创业活跃度、生态环境、科技创新等指标。营商环境总水平涉及 6 个一级指标，其中软环境指数权重最大，占 25%，市场容量和生态环境各占 20%，社会服务、基础设施分别占 15% 的权重，商务成本占 10% 的权重，实际纳入测算的三级指标达 50 多个。具体评价指标中，既有正向指标（如每万人的市场主体数），也有逆向指标（如细颗粒物浓度）。同一个指标，在不同条件下，可能作为正向指标，也可能作为逆向指标，如工资作为科技人力资源激励指标时，是正向指标，而作为加工工业的劳动工资成本时，是逆向指标，见表 3-7。

表 3-7　　　　　《中国城市营商环境报告》评价指标体系

一级指标	二级指标	三级指标
软环境	人才吸引力	常住人口增速
		人口增量
		年度工资额
	投资吸引力	利用外资额
	创新活跃度	每万人创立市场主体数
		每万人创立企业数
	市场监管	吊销企业指数
		注销企业指数

一级指标	二级指标	三级指标
基础设施	路网密度	建成区路网密度
		人均道路面积
	互联网水平	移动互联网手机数
		宽带户数
	公路货运量	
	水路货运量	
	民航运输量	
	供气	
	供水	
	地铁长度	
	出租车数量	
生态环境	空气	细颗粒物年均浓度
	水	地表水的水质
		单位面积工业废水排放量
		单位面积水资源量
	绿地	建成区绿地覆盖率
市场容量	常住人口	
	地区生产总值	
	社会消费品零售总额	
	一般预算收入	
	进出口额	
	贷款额	
	人均可支配收入	
商务成本	水电气成本指数	
	工资成本	
	土地成本测算	房价收入比
社会服务	融资	上市公司数量
	科技	
	医疗	每万人医疗床位数
	养老	
	教育	
	人才	每千人大学生数量
	研发服务	每万人专利申请数
		每万人专利授权数

资料来源：《2020年中国296个城市营商环境报告》。

单个指标测算指数时，采用"前沿距离法"，最高阈值和最低阈值分别选取296个城市该指标的最大值和最小值。实际测算时，若数据是负值，用0代替，以避免数据出现异常，但不影响排名。单个正指标用前沿距离法的计算公式为：某市分值（指数）＝（该市指标值－最小值）÷（最大值－最小值）。单项逆指标的计算公式为：某市分值＝（最大值－该市指标值）÷（最大值－最小值）。各类指标的分值（指数）：在计算单个指标的分值（指数）的基础上，采用已确定的小类、中类、大类的权数，逐级加权计算小类、中类、大类的分值（指数），直到某市的总得分（总指数）。

（十）《小康》杂志社与国家信息中心"中国县域营商环境研究"课题组"中国县域营商环境调查评价指标体系"

在县域层面，2019年，《小康》杂志社与国家信息中心牵头成立了"中国县域营商环境研究"课题组，构建了首个"中国县域营商环境调查评价指标体系"，并根据该指标体系对全国2800个县市营商环境进行监测评价。指标体系基于中国特色和县域经济发展实际，以市场主体视角，构建包含基础设施与要素供给、市场环境与公共服务、政务环境、社会环境、现有企业县域营商环境满意度调查评价等5个维度的三级县域营商环境调查评价指标体系，其中客观性指标35个，主观性指标25个。评价体系突出反映县域投资吸引力、市场活力和可持续发展能力，体系设计应用层次分析法，构造县域营商环境调查评价指标体系层次分析结构模型，指标体系的逻辑结构，为我国县域营商环境调查评价指标体系优化设计提供了新的视角。

"2020中国县域营商环境调查评价指标体系"是在2019年中国县域营商环境调查评价指标体系基础上，重点增加了疫情应对和网络测评相关指标，以期用更科学、更全面的手段，开启县域营商环境优化发展新征程，为决胜全面小康助力。此外，在评价体系中增加网络的测评评估。借助大数据手段，进行网络指标体系的测评，以技术手段弥补调查问卷的不足，见表3-8。

表 3-8   中国县域营商环境调查评价指标体系（2020 年）

一级指标	二级指标	三级指标
基础设施与要素供给	交通区位优势度	高速公路
		高速铁路
		机场
		铁路
		港口
	基本要素供给	土地供给
		用水
		用电
		用气（热）
		网络
市场环境与公共服务	市场活力	每万人拥有市场主体数增长率
		每万元GDP金融机构贷款余额总量增长率
		每万人商标注册申请量增长率
	科技创新环境	每万人发明专利拥有量增长率
		新增高新技术企业
		新增工程技术研究中心
	基本公共服务水平	每万人卫生技术人员
		每万人中小学专任教师
政务环境	"互联网+政务服务"水平	线上联通的线上线下政府服务平台
		推进政府服务"一窗办理、一网通办"
	商事制度	证照分离、多证合一
		开办企业效率承诺
		简化注销登记
	规范审批中介服务事项	减免证明材料、减轻企业经济负担方面
		规范中介机构
	双随机、一公开	一单、两库、一细则
		覆盖率
社会环境	信用建设	政务诚信
		商务诚信
		社会诚信
		司法公信
	生态环境建设	生态文明建设示范县（市、区）
	平安建设	平安建设先进县（市、区）
	公共文明建设	文明县城

一级指标	二级指标	三级指标
社会环境	卫生健康	卫生县城
现有企业县域营商环境满意度调查评价	现有企业满意度调查评价	
	网络大数据分析评价	

资料来源：《小康》杂志社，中国小康网。

（十一）中华国际科学交流基金会、中科营商大数据科技（北京）有限公司《中国营商环境指数蓝皮书》

中华国际科学交流基金会、中科营商大数据科技（北京）有限公司联合编著《中国营商环境指数蓝皮书（2022）》，从省级、城市、县级、国家级经开区、国家级高新区五个层级出发，构建营商环境评价体系。根据评价层级不同，评价指标划分为不同类别。其中省级、城市、县级为一类，一级指标相同，二级、三级指标略有不同。一级指标包括公共服务、市场环境、政务环境、融资环境、普惠创新等五个方面。公共服务包括立体交通、基础教育、生活环境等二级指标。市场环境包括要素成本、经济实力、企业活力、开放环境、信用环境等二级指标。政务环境主要从政商关系、司法文明、电子政务水平三个方面进行综合考量。融资环境考察投资机构的融资事件数量、融资事件融资总额以及年末金融机构人民币各项贷款余额。普惠创新主要衡量研发投入、知识产权创造、人力资源等方面情况，见表3-9。

表3-9　《中国营商环境指数蓝皮书》省级、城市、县级营商环境评价指标

一级指标	省级二级指标	城市二级指标	县级二级指标	三级指标
公共服务	立体交通	立体交通	立体交通	公路网总密度
				高铁日班次
				机场交通便捷度
	基础教育	基础教育	基础教育	小学师生比
				中学师生比
	生活环境	生活环境	生活环境	空气质量指数（AQI）
				每万人医院、卫生院床位数
				四星级以上酒店数量

一级指标	省级二级指标	城市二级指标	县级二级指标	三级指标
市场环境	要素成本	要素成本	要素成本	工业用地土地成本
				劳动力成本
				房价收入比
	经济实力	经济实力	经济实力	GDP
				GDP增速
	企业活力	企业活力	企业活力	规模以上工业企业数量
				规模以上工业企业数量增长率
	开放环境	开放环境	开放环境	外贸依存度
	信用环境	信用环境	信用环境	城市信用
政务环境	政商关系	政商关系	政商关系	中国城市政商关系排行榜
	司法文明	司法文明	司法文明	中国司法文明指数体系
	电子政务水平			在线服务成效度
				在线办理成熟度
				服务方式完备度
				服务事项覆盖度
				办事指南准确度
融资环境	金融服务	金融服务	金融服务	融资事件数量
				融资事件融资总额
				年末金融机构人民币各项贷款余额
普惠创新	研发投入	研发投入	科技创新	研发经费投入强度
	知识产权创造	知识产权创造		每万人专利授权量
	人力资源	人力资源	人力资源	年末单位从业人员数
				常住人口增速

资料来源：《中国营商环境指数蓝皮书（2021）》。

国家级经开区指标体系主要包括产业基础、要素成本、政务环境、开放程度、人才教育、基础设施6项一级指标，见表3-10。

表3-10　《中国营商环境指数蓝皮书》国家级经开区营商环境评价指标

一级指标	二级指标
产业基础	GDP
	工业企业增加值
	财政收入

续表

一级指标	二级指标
要素成本	工业用地成本
	劳动力成本
	房价收入比
	城市信用
政务环境	政商关系健康指数
	司法文明指数
开放程度	实际利用外资金额
	进出口总额
人才教育	高等院校数量
	高等院校在校生人数
基础设施	公路网总密度
	高铁日班次
	机场旅客吞吐量
	每万人医院床位数
	四星级以上酒店数量
	空气质量指数

资料来源：《中国营商环境指数蓝皮书（2021）》。

国家级高新区指标体系主要包括产业基础、要素成本、政务环境、科技创新、人才教育、基础设施 6 项指标，更加突出科技创新方面的内容，见表 3-11。

表 3-11　　中国营商环境指数蓝皮书国家级高新区营商环境评价指标

一级指标	二级指标
产业基础	出口总额
	年末资产
	入统企业数
	营业收入
要素成本	工业用地土地成本
	劳动力成本
	房价收入比
	企业注册数
	年末从业人员增速
	城市信用
政务环境	政商关系
	司法文明

一级指标	二级指标
科技创新	研发经费支出占营业收入比重
	研发人员数量
	研发人员全时当量
	高新技术企业数量
	新增高新技术企业数量
人才教育	留学归国人员
	高等学校数量
	高等院校在校生人数
	外籍常住人员数
	大专以上人员数量
基础设施	高铁日班次
	机场旅客吞吐量
	四星级以上酒店数量
	空气质量指数
	公路网总密度
	每万人医院床位数

资料来源：《中国营商环境指数蓝皮书（2021）》。

在评价方法方面，对标世界银行评价体系，采用前沿距离指标计算方法。《中国营商环境指数蓝皮书（2022）》的评价范围涵盖全国 31 个省级行政区、333 个地级行政区、1879 个县级行政区、168 个国家级高新区、217 个国家级经开区。

（十二）中国国际贸易促进委员会《中国营商环境研究报告》

中国国际贸易促进委员会贸易投资促进部、贸促会研究院自 2016 年起连续开展大规模营商环境调查，密切跟踪、深入分析中国营商环境变化，全面客观反映营商环境建设成就及存在的问题，助力营商环境优化，进而激发企业创造力与市场活力，促进经济社会稳定健康发展。

评估综合运用问卷调查、实地调研、企业座谈、对比分析及文献分析等方法。以 2021 年为例，问卷调查方面，联合多地贸促会和行业分会及中国贸促会自贸试验区服务中心，组织开展 2021 年度中国营商环境企业问卷调查工作，共回收问卷 4630 份，其中线上收集 2291 份，线下收集 2339 份。通过企业问卷调查，获取不同地区、行业及所有制企业的相关数据，为开展全国营商环境分析与评价提供客观数据支撑。实地调研方面，课题调研组分赴云南、广西、黑龙江、江西、江苏等多个省（自治区、直辖市）调研，实地走访江苏自贸区等近 20 个园区，与 270 余家企业开展座谈。通过与园区管委会成员以及企业代表面对面深入交流，从不同角度了解各地营商环境现状、成就及问题，与企业调查问卷信息相互印证、相互补充，为全面、客观评价中国营商环境奠定了基础。企业座谈方面，为积极做好稳外资、稳外贸工作，进一步加强外商投资促进与保护，推动优化外商投资环境，与山东、黑龙江、海南联合举办优化营商环境政企对话会，搭建政企沟通交流平台。各相关部门负责同志、驻华使领馆代表、部分外国商协会代表以及企业代表参会就当前经济形势、营商环境建设以及外资外贸企业遇到的问题、政策诉求进行研讨和互动交流。此外，调研组联合山东贸促会于 2021 年 7 月在山东 15 个地市举行线上营商环境调研，与近 160 家企业进行座谈，获取丰富的一手资料。

指标体系方面，在借鉴世界银行营商环境评价指标的基础上，广泛征求专家意见，结合年度实际情况，完善营商环境评价指标体系及相应的企业调查问卷。

经过反复论证分析，课题组将营商环境评价指标设计为 12 个一级指标和 48 个二级指标。各一级指标由二级指标加权平均得出，综合评价由企业直接打分，取算术平均。12 个一级指标包括基础设施环境、生活服务环境、政策政务环境、社会信用环境、公平竞争环境、社会法治环境、科技创新环境、人力资源环境、金融服务环境、财税服务环境、海关服务环境以及企业设立和退出环境，见表 3-12。

表 3-12　　中国国际贸易促进委员会中国营商环境评价指标体系

一级指标	二级指标		
基础设施环境	交通运输	网络通信	环保设施
	水电气供应	城市规划和建设	
生活服务环境	居住条件	医疗卫生	文体设施
	教育水平	环境保护	社会治安

一级指标	二级指标		
政策政务环境	政策公平性	政府服务效率	政策执行力度
	官员廉洁程度	可预见性	
社会信用环境	失信惩戒、守信奖励机制建设	社会信用度	征信体系建设
公平竞争环境	市场监管	行政垄断治理	政府采购
	市场准入		
社会法治环境	人大立法与法律监督	政府依法行政	法院按期审结案件
	法院判决与仲裁裁决执行	仲裁院按期审结案件	知识产权保护
科技创新环境	研发抵扣政策实施	知识产权抵押	产学研结合
	创业孵化服务	公共服务平台建设	
人力资源环境	熟练劳动力的可获得性	中高层管理人员的可获得性	社会专业化人才的可获得性
	创新创业人才的可获得性		
金融服务环境	融资便利性	融资渠道多元化	
财税服务环境	财税执法规范性	申退税办理时间	
海关服务环境	货物通关	检验检疫	人员出入境
企业设立和退出环境	土地获取	环保手续	破产手续办理

资料来源:《2021年度中国营商环境研究报告》。

指标计算方面,每个指标取值范围为 1 ～ 5 分。为了便于在量化基础上进行定性分析,课题组将得分按如下标准转换为等级进行评价:4.5 ～ 5 分为非常满意(优秀)水平,3.5 ～ 4.5 分(不含 4.5 分)为较满意(良好)水平,2.5 ～ 3.5 分(不含 3.5 分)为一般水平,1.5 ～ 2.5 分(不含 2.5 分)为较差水平,1.5 分(不含 1.5 分)及以下为很差水平。

三、国内营商环境评价体系分析与评价

已有评价体系对标对表世界银行营商环境评价体系，同时，结合中国特色社会主义市场经济特色，特别是党的十八大以来，围绕构建市场化、法治化、国际化营商环境的总体目标，从公共服务、政策法规、企业实践、市场要素等多个方面对营商环境进行了不同侧重点的评估，评估主体涵盖作为市场主体的企业、相关领域专家、第三方评估机构、政府部门工作人员等。在评价方法方面，结合政策文本分析、企业调查、统计年鉴数据以及市场监测数据、实地调研等多种方式全方位收集数据，形成了多样化多角度的评价体系。

（一）指标体系涵盖内容全面，对标世界银行体系，突出中国特色

指标体系方面，涵盖对营商环境政策法规（如中华国际科学交流基金会、中科营商大数据科技（北京）有限公司《中国营商环境指数蓝皮书》），要素市场状况（如中央广播电视总台《中国城市营商环境年度报告》、中国战略文化促进会等《中国城市营商环境指数评价报告》），公共服务供给状况的评价（"中国城市营商环境评价研究"课题组《中国城市营商环境评价》），企业对营商环境满意度的评价（如工商联"万家民营企业评营商环境"、国家发展改革委《中国营商环境报告》）以及企业营商全流程的便利性（如中山大学《中国营商环境调查报告》）等多个方面，见表3-13。

表 3-13 国内营商环境评价体系比较

评价层次	评价机构	评价体系	评价一级指标	评价重点	评价主体	数据来源	评价范围
	国民经济研究所—中国企业家调查系统	中国分省企业经营环境指数	政策公开、公平、公正，行政干预和政府廉洁效率，企业的税费负担，人力资源和融资成本，金融服务供应，基础设施条件，市场环境和中介服务	企业运行的外部环境特征对企业运行的影响	企业	对企业负责人进行调查	中国大陆除西藏、青海以外的29个省、自治区和直辖市
省级	北京大学—武汉大学	中国省份营商环境研究报告	市场环境、政务环境、法律政策环境、人文环境	"十三五"规划纲要关于营商环境建设的四个方面	客观数据	既有统计数据分析	中国大陆31个省、自治区和直辖市
	中山大学"深化商事制度改革研究"课题组	中国营商环境调查报告	市场准入、数字政府、线下服务、市场监管、经济绩效、主观感受	"放管服"改革的成效与数字政府改革建设的进展，从市场主体获得感的视角，考察全国营商环境建设取得的新进展、面临的新问题	市场主体访谈	实地走访政务办事大厅，随机访谈前来办理业务的市场主体	24省（110市、281个区）
城市	中央广播电视总台	中国城市营商环境年度报告	基础设施、人力资源、金融服务、营商环境、普惠创新	与市场主体密切相关的硬环境及软环境，"要素+环境"新为核心，2021年以创新《关于开展营商环境创新试点工作的意见》中的10个方面重点任务、101项具体改革事项	客观数据	既有统计数据；政策法规文本	4个直辖市、27个省会城市和自治区首府、5个计划单列市以及经济总量位居前100的活跃城市

续表

评价层次	评价机构	评价体系	评价一级指标	评价重点	评价主体	数据来源	评价范围
城市	国家发展改革委	中国营商环境报告	企业全生命周期、反映投资吸引力、体现监管与服务3个维度；企业全生命周期链条视角，包含开办企业，劳动力市场监管，办理建筑许可，政府采购，招标投标，获得电力，获得用水用气，获得信贷，保护中小投资者，知识产权创造、保护和运用，纳税，跨境贸易，登记财产，执行合同，办理破产等15项指标，城市高质量发展视角，包含市场监管，政务服务、包容普惠创新等3项指标	中小企业获得感和办事便利度，重点评价"放管服"改革等举措的落实情况，综合评估行公共监管对各地实行社会信用体系建设、加强事中事后监管，推行"互联网+政务服务"，鼓励创新创业、扩大市场开放，创造活力、创建宜居宜业新环境等方面的满意度与获得感	参评城市地方政府从事"放管服"改革、优化营商环境的工作人员填问卷，门户随机抽取参评城市中的部分企业进行问卷调查	实地调查、电话采访、暗访政务大厅	2019年，组织41个城市开展营商环境评价，在东北地区21个城市开展试评价。2020年，参评范围扩展至80个城市及其他18个国家级新区
	全国工商联	万家民营企业评营商环境	法治环境、政务环境、要素环境、创新环境与市场环境	民营企业对营商环境的满意度	各行业的大中小微民营企业	89000多家大中小微营企业调查	中国大陆31个省、自治区和直辖市
	"中国城市营商环境评价研究"课题组	中国城市营商环境评价	公共服务、人力资源、市场环境、创新环境、金融服务、法治环境、政务环境	公共服务环境、要素环境、其他外部环境	客观数据	各大年鉴与"中国城市数据库"	4个直辖市、5个计划单列市、27个省会城市及其他253个地级市

续表

评价层次	评价机构	评价体系	评价一级指标	评价重点	评价主体	数据来源	评价范围
城市	中国战略文化促进会、中国经济传媒协会、万博新经济研究院和第一财经研究院	中国城市营商环境指数评价报告	硬环境（自然环境和基础设施环境）、软环境（技术创新环境、人才环境、金融环境、文化环境和生活环境）	硬环境与软环境	客观数据	各城市的公开统计数据	国家统计局最新公布的经济总量排名前100城市，覆盖北京、上海、天津、重庆等4个直辖市以及广东、江苏、河北、浙江等23个省和自治区的重要大中城市
	广东粤港澳大湾区研究院和21世纪经济研究院	中国城市营商环境报告	软环境、市场容量、生态、商务社会服务、基础设施、成本	企业全生命周期，投资吸引力和高质量发展的在线指标，包括开办企业、市场监管、创新创业活跃度、生态环境、科技创新等指标	客观数据；企业调查	各类统计年鉴数据和行政记录以及启信宝等多个大数据公司数据，通过在线监测数据、企业满意度调查和实地调研结合	296个城市

续表

评价层次	评价机构	评价体系	评价一级指标	评价重点	评价主体	数据来源	评价范围
县级	《小康》杂志社与国家信息中心"中国县域营商环境调查评价研究"课题组	中国县域营商环境调查评价指标体系	基础设施与要素供给、市场环境、社会环境、政务环境、现有企业调查评价;"2020中国县域营商环境评价指标体系"在2019年评价指标体系基础上,增加疫情应对和网络测评	突出反映县域投资吸引力、市场活力和可持续发展能力	客观性指标35个,主观性指标25个(市场主体)	大数据手段,进行网络指标体系的测评;调查问卷;已有数据库	全国2800多个县市
省级、城市、县级市、国家级经济开发区、国家级高新区	中华国际科学交流基金会、中科营商大数据科技(北京)有限公司	中国营商环境指数蓝皮书	公共服务、市场环境、政务环境、融资环境、普惠创新	外部环境、市场要素,并突出创新环境	客观数据	城市案例;监测数据信息	全国31个省级行政区、333个地级行政区、1879个县级行政区、168个国家级高新区、217个国家级开发区
企业	中国国际贸易促进委员会	中国营商环境研究报告	基础设施环境、生活服务环境、政策政务环境、社会信用环境、公平竞争环境、法治环境、人力资源环境、科技创新环境、金融服务环境、财税服务环境、海关服务环境以及企业设立和退出环境	全面客观反映营商环境建设成就及存在的问题	市场主体(企业)	问卷调查、实地调研、企业座谈、对比分析及文献分析	不同地区、行业及所有制企业4630家;云南、广西、黑龙江、江西、江苏等多个省(自治区、直辖市)

随着世界银行营商环境评价体系的改变，我国营商环境评价一方面继续对标对表世界标准，全力提升营商环境的国际表现，另一方面需要结合我国市场特点，开发具有中国特色的营商环境评价指标体系，突出政府在市场稳定性等方面的贡献。如张婉洺和杨广钊（2022）根据市场化、法治化、国际化的营商环境建设要求，从识别企业诉求和政府服务供给效能两方面，利用既有数据构建对营商环境市场化、法治化、国际化进行评估的指标体系。

此外，数字化发展是当前全世界商业环境的重要特征，成为修订后的世界银行宜商环境评价体系（BEE）中的跨指标评价项。而随着电子商务与数字贸易的不断兴起，数字营商环境引发学界与业界广泛关注。当前我国多个营商环境评价体系中已包含多项数字政府、公共服务相关评价指标，并引导当地政府以评价指标为指引，推动各地数字政府建设，优化营商环境的数字便利性。面对数字化快速发展，张道涵和马述忠（2022）构建了专门用于评估数字营商环境的评估指标体系，针对数字设施技术环境、数字市场运营环境、数字政策政务环境、数字司法治理环境4个一级指标进行评价。可持续发展是全人类所追求的发展目标，世界银行评价体系中增设可持续发展方面的跨领域评价指标，与"绿水青山"环境可持续生态发展理念不谋而合。未来在指标体系中应在注重营商环境企业便利性、降低运营成本的同时，关注营商环境建设的绿色生态指标，并在指标体系中增加相应的跨指标评价指标。

（二）评价主体与数据来源多样，评价视角全面，数据相互佐证

在评价主体与数据收集方面，国内现有营商环境评价体系多采用多样化的方式收集企业营商环境的实际数据，从多层次、多角度，利用多种方法与数据来源对不同范围的营商环境进行评价，为了解不同地区营商环境提供了有力参考。基于政策法规与企业实际证据的案头分析、专家调查方式（如中央广播电视总台《中国城市营商环境年度报告》）以及来自其他数据库的既有统计数据（如北京大学—武汉大学《中国省份营商环境研究报告》、"中国城市营商环境评价研

究"课题组《中国城市营商环境评价》）为营商环境评价提供了客观、权威的信息。实地走访政务中心（如中山大学"深化商事制度改革研究"课题组《中国营商环境调查报告》）、企业（如国家发展改革委《中国营商环境报告》），为营商环境评价，特别是公共服务领域的政务环境"放管服"改革等内容的评价提供了真实、深入的信息与案例。针对政务工作人员的问卷（如国家发展改革委《中国营商环境报告》），提供了评价政务服务的多角度信息。企业调查问卷（如国民经济研究所—中国企业家调查系统"中国分省企业经营环境指数"，全国工商联"万家民营企业评营商环境"）为全面了解企业面临的营商环境以及企业对当前营商环境的评价提供了有效依据。同时，借助数字化发展优势，部分评价体系在营商环境评价中增加大数据监测信息（如《小康》杂志社与国家信息中心"中国县域营商环境研究"课题组"中国县域营商环境调查评价指标体系"，中华国际科学交流基金会、中科营商大数据科技（北京）有限公司《中国营商环境指数蓝皮书》更为全面、即时呈现营商环境。

（三）分析层次丰富，评价范围广泛

当前我国营商环境评价体系覆盖省级、市级、县域等不同层次的营商环境评估，评价范围涉及中国大陆全部省（自治区、直辖市）。不同层次的营商环境评价为全面了解我国营商环境提供了不同粒度的信息，同时也为不同层面政府相关政策法规的制定，提供了有针对性的参考依据。省级层面的营商环境评价结果，为全面了解我国营商环境整体分布情况与地域差异提供了有效参考，对于分析我国营商环境问题、制定优化政策，进而缩小省际发展差距，具有重要的现实意义（张三保等，2020）。但省级评价体系涵盖范围过广，无法体现城市间的巨大差异。相比之下，城市层面的营商环境分析更接近企业的具体经营环境（李志军等，2021），对于优化企业营商的真正环境更具针对性。因而，基于对城市层面的营商环境进行有效评估，有助于各地出台个性化政策，有效推动企业营商环境建设，激发企业活力，提升企业对营商环境的满意度。县域营商环境评价在省级、市级评价的基础上，提供了更为精准的营商环境状况分析。已有县域营商环境评价更为注重县域营商环境的投资吸引力、市场活力与可持续发展能力，在全面评价营商环境的基础上突出各县域营商环境的特色之处。值得注意的是，县域营商环境离不开省级、市级营商环境与政策法规的系统性影响。与省级、市级营商环境评价注重地域间差异与可比性有所不同，县域营商环境评价的意义主要体现在充分利用当地资源禀赋，在参考县域营商环境建设先进典型做法的基础上，建设优化营商环境，形成当地特色，从而吸引企业，推动县域经济发展。

随着不同层次的营商环境评价指标体系日益完善，各指标体系的评价范围也逐年扩大。现有省份营商环境评价已覆盖大陆全部省（自治区、直辖市），城市营商环境评价覆盖全国所有地级以及地级以上城市，县域营商环境评价覆盖全国2800多个县市。除此之外，通过企业调查的方式进行营商环境评估，提供了更为灵活的评价方式，为分析不同行业、不同地域、不同层级的企业营商环境提供了可能。

第四章　中国营商环境分析

本章分析了中国营商环境评价结果，营商环境对市场主体、经济发展的影响，探讨各地优化营商环境的经验和做法。

一、营商环境评价结果分析

中国营商环境评价研究在建立营商环境评价指标体系的基础上，对不同层次的营商环境与区域间营商环境进行了充分的评价与分析。基于不同营商环境评价体系的研究均发现，在"放管服"改革背景下以及《优化营商环境条例》指引下，中国营商环境总体状况逐年改善，企业营商的硬件、软件环境均得到大幅提升，特别是涉及企业的行政审批、政务服务在数字技术的推动下，便利度得到明显改善，法治环境建设也初见成效。但基于不同评价体系的评估结果均显示，当前营商环境存在地域发展不平衡问题（如张三保等，2020；李志军等，2021），特别是东西部差异、南北区域差异明显。张三保等（2020）基于省级营商环境评价指标，发现中国省份营商环境呈现出层次化特征，子环境发展均衡度存在差异，七大区域营商环境差异明显。

（一）营商环境总体逐年改善

不同评价体系下的营商环境评价结果均显示，中国营商环境总体逐年改善。在省级层面，国民经济研究所—中国企业家调查系统联合发布的"中国分省企业经营环境指数"显示，近年来，中国的企业经营环境总体而言发生了积极的变化，全国各省（自治区、直辖市）的企业经营环境总体评分大体呈上升趋势（王小鲁等，2018）。这些变化，与宏观刺激政策力度下降、反腐倡廉、简政放权等政策变化有直接关系，有助于市场公平竞争，改善企业经营环境。在城市层面，国家发展改革委《中国营商环境报告》结果显示，各地区和参评城市对照《优化营商环境条例》、中国营商环境评价指标体系和《中国营商环境报告》，制定工作台账，持续优化地方营商环境政策措施，在政策带动下，全国营商环境持续优化改善。此外，中央广播电视总台《2019中国城市营商环境报告》以市场主体和社会公众满意度为导向，对城市营商环境进行评估，发现中国营商环境"跨越式进步"，众多城市发力推动营商环境"最大改善幅度"。全国工商联"万家民营企业评营商环境"连续四年的调查结果显示，民营企业对营商环境改善的满意度持续增加，评价总得分逐年环比提升，要素、政务、市场、法治、创新"五大环境"得分也明显上升。县域层面，"中国县域营商环境研究"调查发现，当前县市优化营商环境工作取得了较大进展，企业普遍感觉营商环境明显改善。企业层面，中国国际贸易促进委员会《中国营商环境研究报告》评价结果显示，2021年企业对中国营商环境整体评价良好，2021年全国营商环境评分与2020年相比有所提高，营商环境持续优化。

1. 营商环境政策法规相继出台，法治、政策环境明显改善

《优化营商环境条例》的施行，为打造公平开放透明的市场规则和法治化营商环境提供了制度保障。各地区以贯彻落实条例为契机，加快重点领域法规建设进程，各省（自治区、直辖市）已制定优化营商环境地方性法规或政府规章。在多个评价体系中，政策法规相关指标改善效果明显。国民经济研究所—中国企业家调查系统联合发布的"中国分省企业经营环境指数"显示，政策公开公平公正、企业经营的法治环境、基础设施条件、企业税费负担、人力资源供应方面改善比较明显，对总指数的评分上升贡献较大（王小鲁等，2018）。全国工商联"万家民营企业评营商环境"的结果同样显示，营商环境各项指标中，得分最高的为法治环境。中国国际贸易促进委员会《中国营商环境研究报告》评价结果显示，2021年企业对中国营商环境中财税服务环境评价最高，其次是海关服务环境、社会法治环境和社会信用环境。

2. 政务服务效率提升明显，企业满意程度较高

中山大学"深化商事制度改革研究"课题组进行的中国营商环境调查发现，当前我国"放管服"改革进展显著。2022年报告显示，数字政府的使用率增至约60%，进入大规模使用阶段，市场主体"最多跑一次"的比例首次超过50%，市场主体认可"放管服"改革省时的比例超过90%。全国工商联"万家民营企业评营商环境"结果显示，营商环境各项指标中，得分次高的为政务环境。

3. 标杆城市发挥引领作用，推动高质量发展

中央广播电视总台《中国城市营商环境年度报告》指出，核心城市在推动营商环境优化中发挥引领作用，通过全面优化营商环境推动高质量发展。活跃城市因地制宜，发挥优势，争创标杆范例。此外，各地将优化营商环境纳入法治化轨道，标志着我国营商环境由"实践探索"向"立法规范"升级。国家发展改革委《中国营商环境报告》在评价调研过程推出营商环境标杆城市，对各地营商环境改善与政策调整提供典型示范，呈现各指标领域的改革方案、路线图、最佳实践以及快速提升的有效做法，促进各地区相互借鉴学习，带动更多地方打造市场化、法治化、国际化、便利化一流营商环境。

4. 优化营商环境更加突出创新导向

中央广播电视总台《2021城市营商环境创新报告》以创新为核心构建了综合分析框架，在调查基础上发现，《优化营商环境条例》实施以来，我国各城市遵循中央精神，对标国际标准，不断采取措施推动改革创新，取得了众多新成效。报告中重点展示了2021年度各城市围绕优化营商环境这一目标推动的创新实践，包括：在通关、跨境贸易、外商投资等方面提升服务效能，全方位优化企业跨境交易体验，进一步释放市场主体的创新驱动力；通过提升政务服务水平、打破区域行政壁垒、完善市场准入退出机制等方式，推动有效市场和有为政府更好结合，夯实市场化基础；不断深化"放管服"，围绕市场主体关切领域持续发力，在政策制定、市场监督、企业纾困等方面探索建立优化营商环境的各类长效

机制，探寻法治化新方向。

5.要素环境持续优化，企业抱有更多期待

全国工商联"万家民营企业评营商环境"调查结果显示，民营企业对营商环境的持续优化满怀期待。要素环境方面，企业期待更多的融资支持与科技人才服务等；政务环境方面，企业期待进一步减税降费，以及优化政务大厅办事流程等；市场环境方面，企业希望产业支持政策更加精准、进一步降低市场准入门槛；法治环境方面，企业期待健全完善企业维权统一服务平台、进一步提高涉企案件办理效率；创新环境方面，企业期待高端人才引进、科技金融有更多支持。此外，调查显示，企业对助企纾困举措较为满意，并对未来发展表示乐观。中国国际贸易促进委员会《中国营商环境研究报告》评价结果显示，2021年企业对中国营商环境中人力资源服务环境、金融服务环境评价相对较低，期待进一步优化。

（二）营商环境地域差异较为明显

不同评价指标体系下，营商环境评价结果均显示当前我国营商环境存在地域发展不平衡问题，营商环境南北差距与东西差距明显，沿海地区、长三角、珠三角营商环境普遍具有优势，且这一趋势在省级、城市、县域层面营商环境评价中均有体现。于卓熙等（2022）通过熵权 TOPSIS 法测算我国营商环境发展水平综合指数，运用核密度估计、Dagum 基尼系数、σ 收敛和 β 收敛方法实证检验我国营商环境发展现状与空间差异，结果发现，我国营商环境发展水平总体呈缓慢上升趋势，但区域发展不均衡。全国营商环境发展水平绝对差异呈扩大趋势，相对差异逐渐缩小。营商环境区域内差异，东部地区在波动中呈缩小趋势，中西部则呈微弱的扩张趋势，区域内非均衡现象在东部地区最为突出。区域间差异由大到小排序，依次为东部—西部、东部—中部、中部—西部。

北京大学—武汉大学《2020中国省份营商环境研究报告》显示，各省营商环境处于不同层次，且子环境的均衡度存在较大差异。华东地区遥遥领先，西

南、华北、华南跟随其后，华中、东北和西北则低于全国均值，处于中等和落后的省份数量占一半以上，东北三省营商环境亟待改善。经济发展水平并不等同于营商环境水平，一些省份的营商环境未体现其地理禀赋或行政级别，部分省份"子环境均衡度"与"整体营商环境"严重倒挂。评价结果显示，全国营商环境指数排名前十的省份为北京、上海、广东、四川、江苏、重庆、浙江、安徽、山东、贵州。依据2022年度"万家民营企业评营商环境"调查结果，位列前十的省份是：浙江、广东、江苏、上海、北京、山东、湖南、安徽、四川、福建。虽然不同指标体系下，个别省份排名存在差异，但整体趋势类似。

"中国城市营商环境评价研究"课题组通过对各城市营商环境进行评价，发现我国各城市营商环境已得到大幅度优化，但各区域间和各区域内城市营商环境水平仍存在较大差异。区域间对比结果显示，东部地区营商环境排名前100的城市比例远超其他区域，与城市经济发展水平正相关。但通过对比2019年和2020年的排名发现，前100名中的中、西部地区地级市数量有所增加，中、西部地区中得分上升的城市数多于得分下降的城市数，由此可见，中、西部地区部分地级市的营商环境近两年有所改善，且城市整体营商环境改善较明显。南北区域对比结果显示，南方整体水平较高且内部城市之间差异较大，北方整体水平较低且内部城市之间差异较小。此外，通过对比6个重点城市群，发现粤港澳大湾区城市群营商环境水平遥遥领先，但城市群内部营商环境水平差异较大。长三角城市群、京津冀城市群以及长江经济带城市群城市营商环境水平均领先于全国平均水平以及6个城市群的平均水平，且同样存在内部不同城市间营商环境发展不平衡的问题。城市群内部发展平衡、差异小的黄河流域与东北地区流域的营商环境水平相比之下较为落后。

与之类似，根据粤港澳大湾区研究院、21世纪经济研究院联合发布的2020年中国296个城市营商环境报告，2020年四大一线城市营商环境居全国前4位，重庆、成都、杭州、南京、长沙、武汉居第5名至第10名。评价报告结果显示，长三角、珠三角城市营商环境最好。一些明星城市短板明显，需要加快营商改革步伐。南北方城市差距大，南方营商环境普遍优于北方，但南方城市有硬伤，北方城市也有独特的优势。

依据 2022 年度"万家民营企业评营商环境"调查结果，位列前 10 名的城市（不含直辖市）为：杭州、温州、广州、深圳、宁波、长沙、南京、苏州、青岛、合肥。根据万博 2019 中国城市营商环境指数评价结果，位列前 10 名的城市为上海、北京、深圳、广州、南京、武汉、杭州、天津、成都、西安。在地域差异方面，珠三角城市群、长三角城市群营商环境指数排名最高。

《中国营商环境指数蓝皮书（2022）》显示，从区域分布来看，沿海地区有 72.5% 的县市进入前 200 强，长三角地区有 48% 的县市进入前 200 强，长江经济带地区有 64.5% 的县市进入前 200 强。可见，前 200 强县市主要集中在以长江经济带为横轴、以沿海地区为纵轴的"十字架"地区，尤其是两轴交叉的长三角地区较为集中，县市营商环境整体呈现出"东多西少、南多北少、强省强县、相对集中"的特点。

县域营商环境层面，与县域经济实力的区域差异类似，东西部差距同样明显。依据"中国县域营商环境调查评价指标体系"测评结果，"2019 年度中国营商环境百佳示范县市"前 10 名悉数位于东部地区，且东部地区占比近七成。中部地区占 14 席，西部地区占 18 席，东北地区仅占 1 席。同时，高水平营商环境县域呈现连片分布态势，长三角和珠三角为主要聚集地。其中，浙江、广东、江苏表现尤其亮眼，三省入榜县域总和占比近半。

中国国际贸易促进委员会《中国营商环境研究报告》评价结果显示，2021年企业对中国营商环境整体评价良好，东部地区、中外合资合作企业及传统制造业评价较高；而西部地区、其他所有制企业、资源行业和服务行业对营商环境整体评价下降。

此外，营商环境地域差异既体现在营商环境整体评价中，也体现在各子环境中，但子环境地区差异与总体营商环境有所不同，硬环境差异有所缩小，软环境差距较大，如人才、技术创新、文化、金融环境等。2022 年度"万家民营企业评营商环境"调查结果显示，企业评价的营商环境二级指标均与经济规模成正相关关系，其中金融环境相关性最高，人才环境、技术创新环境和文化环境次之，自然环境相关性最低。软环境改善对优化营商环境作用更为明显，城市间硬环境差异缩小，软环境差距较大，主要体现在人才环境、金融环境、技术创新环境和文化环境。丁鼎等（2022）的研究也证实了这一点，在构建城市营商环境评价指标体系基础上，采用熵权法对2014—2019年31个省会（首府）城市、直辖市及5个计划单列市进行实证研究。研究结果显示，我国城市营商环境空间差异较大，分化显著，具体表现在我国营商环境呈现政务服务质量持续优化、公共环境服务水平不断提升，然而作为金融环境的融资效率提升动力不足、人力资源作用有限、创新环境发展失衡、市场环境逐渐分化。

二、营商环境对市场主体、经济发展的影响分析

众多学者在营商环境评价的基础上，分析了我国营商环境的不同方面对作为市场主体的企业产生的实际影响。营商环境的改善被证实会对企业的竞争力、民营企业活力、民营企业价值链位置（张婉洺、杨广钊，2022）、企业投资（牛鹏等，2021）、企业创新能力（杜运周等，2022）、劳动生产率（谢繁宝、樊瑶，2022）、创业活跃度、全要素生产率水平等众多方面产生积极影响。

良好的营商环境是企业高质量发展的重要推动力。谢繁宝和樊瑶（2022）利用2018年中国企业综合调查（CEGS）数据，通过最小二乘法（OLS）分析发现，营商环境对企业劳动生产率有显著的正向影响，营商环境能够通过提振企业信心、增加创新活动和专注内部管理三个渠道对企业劳动生产率产生影响。这一结论通过了采用倾向得分匹配模型和替换变量法的稳健性检验。张婉洺、杨广钊（2022）在从市场化、法治化、国际化三个方面评价省级营商环境的基础上，结合企业市场表现数据，发现营商环境优化打破寻租机制，有助于提高市场化民营企业的活力与竞争力，并显著提高民营企业在价值链上的位置。杜运周等（2022）基于复杂系统观，结合QCA、NCA和DEA方法，从组态视角分析我国城市营商环境生态与全要素生产率的复杂关系。研究发现，单个营商环境要素并

非高全要素生产率的必要条件，但优化市场环境、提升人力资源水平对城市高全要素生产率具有普适作用，通过发挥市场机制和人力资本知识溢出效应，有助于促进城市高质量发展。技术效率型市场驱动、渐进创新型市场驱动、政府轻推的突破创新型市场驱动等三类营商环境生态可以产生城市高全要素生产率，特别是在法治环境健全的营商环境下，政府以"轻推之手"有效激发市场主体活力，产生创新驱动的高质量发展。反之，若营商环境各要素均表现不佳，或市场环境和市场活力不足，即使政府加大公共服务支出，"重手"推动经济，也无法实现城市高质量发展。

营商环境优化同样有助于提升企业创新活力。李园园等（2022）以民营上市公司为研究对象，运用模糊集定性比较分析方法（fsQCA），探索组态思维下民营企业创新活力的提升路径。研究发现激发民营企业高创新活力的营商环境组合有四条路径，分别为政府主导逻辑下依托公共服务的金融驱动模式、政府助力逻辑下依托人力和法治的金融驱动模式、政府与市场双元逻辑下依托公共服务的创新驱动模式以及市场逻辑主导下的创新驱动模式。杜运周等（2020）基于制度组态框架，结合 NCA 和 QCA 两种新兴方法，分析我国城市营商环境生态与创业活跃度的关系。研究发现提升政府效率对高创业活跃度发挥普适作用，可以产生高创业活跃度的四种营商环境生态包括政府主导逻辑下人力资源驱动型（掠夺竞争型共栖或主导）、政府主导逻辑下资源与创新驱动型（部分互利型共栖）、政府助力下依托公共服务的金融与创新驱动型（部分互利型共栖）、政府与市场双元逻辑下依托公共服务的金融与创新驱动型（完全互利型共栖或共生）。政府与市场完全互利型共栖或共生型城市最多，表明促进城市创业活跃度要重视发挥政府与市场"互惠之手"而非替代关系。

改善营商环境对缩小收入差距具有显著意义。赖先进（2021）基于2009—2015 年 62 个国家（30 个 OECD 国家和 32 个非 OECD 国家）的面板数据，进行实证研究发现，改善营商环境与收入差距具有显著的负相关关系。具体到各项改善营商环境的措施，开办企业、保护少数投资者、办理施工许可、获得电力能够显著缩小收入差距，且开办企业的影响有效性程度最高。

三、各地方政府开展的营商环境评价

进入新时代，党中央、国务院高度重视营商环境建设，多次强调持续打造市场化、法治化、国际化一流营商环境。在党中央、国务院的高位推动和统一部署下，各级地方政府分别开展符合当地实际情况的营商环境评价工作，并以此为契机持续优化当地营商环境，发挥了以评促改、以评促优的积极作用。目前，国内各地方开展的营商环境评价大致可分为两类。第一类是基于世界银行营商环境评价体系开展的评估，包含 10 个评价指标和 2 个观察指标，以北京、上海、重庆、广州、深圳、杭州等参选城市或候选城市为主开展，大多委托世界银行营商环境课题组咨询团队或第三方机构开展，并基于评价结果优化营商环境。此外，上海等城市在此评价体系基础上，开展营商环境评价。第二类是国家发展改革委委托第三方机构组织开展的中国营商环境评价，俗称"国评"（这一提法来自地方），在世界银行 DB 体系基础上，进一步扩展和丰富了指标体系，共包含 18 个指标，覆盖全国 31 个省（自治区、直辖市）。自 2019 年国家发展改革委启动"国评"项目以来，不少地区在省内组织开展地级市营商环境评价，如广东、贵州、山东等。部分地区甚至与工作绩效"挂钩"，对促进本地区、本部门的优化营商环境工作产生了积极作用。总体上看，国内营商环境评价工作与党的十八大以来开展的深化"放管服"改革、优化营商环境工作紧密相关。以下以上海市、广州市、北京市、广东省、贵州省、山东省为例，说明各地方政府开展营商环境评价的具体实践。

（一）上海市营商环境评价

上海市政府在营商环境评价工作方面，对标世界银行营商环境评价体系，评价营商环境各方面的表现，并基于评价结果有针对性地优化营商环境。例如，在世界银行《2020年全球营商环境报告》中，上海在开办企业、办理施工许可、获得电力、获得信贷、合同执行等体现投资便利度、经营要素成本和法治环境的指标上表现优异，而办理破产、纳税和跨境贸易等领域落后于其他先进经济体，在建筑许可、开办企业和登记财产方面也有进一步改善的空间 [1]。

除此之外，由上海立信会计金融学院与上海市人大财经委、上海市发展改革委共建的研究平台——上海营商环境研究中心（智库），通过对企业发放问卷，构建基于大样本企业调研的营商环境评价指标体系，从市场主体角度对营商环境进行评价，并发布《上海营商环境蓝皮书》。

上海市人民政府发展研究中心和上海发展战略研究所课题组，突出全球可比性国际化特点，遵照系统性、特色性、可比性、实用性原则，构建全球城市营商环境指标体系，对全球城市营商环境进行评价（2021）。全球城市营商环境国际化的营商环境测评指标重点考虑全球范围内的评估可行性。立足于全球范围内的经济发展程度较高城市的特点，选取市场发展、产业配套、基础设施、政府服务、要素供给、宜居品质和法律保障7个一级指标、21个二级指标、39个三级指标，构成能够进行全球评估的城市营商环境指标体系。7个一级指标的权重分别为：市场发展（15%权重）、产业配套（20%权重）、基础设施（15%权重）、政府服务（10%权重）、要素供给（10%权重）、宜居品质（10%权重）、法律保障（20%权重），见表4-1。

根据这套指标体系，课题组对包括上海、北京、深圳、香港等城市在内的20个全球城市的营商环境进行了量化评估。

---

[1]上海优化营商环境的国际对标分析，https://www.ndrc.gov.cn/fggz/fgfg/dfxx/202107/t20210703_1285383.html?code=&state=123.

表 4-1 　　　　　　　　　　　全球城市营商环境指标体系

一级指标	二级指标	三级指标	单位	数据主要来源
市场发展（15%）	市场潜力度（40%）	地区生产总值（50%）	百万美元	各城市网站、统计年鉴和新闻报道
		地区生产总值复合增长率（50%）	%	各城市网站、统计年鉴和新闻报道
	市场开放和国际参与（35%）	外商直接投资限制（20%）	0~1	OECD 8年的"外商直接投资监管限制指数"
		对外贸易的全球占比（45%）	%	WTO及相关城市网站，统计年鉴和新闻报道
		国际会议数量（35%）	场	ICCA《国际会议数据分析报告2018》
	市场信用（25%）	获取信贷（100%）	0~100	世界银行《2020年全球营商环境报告》
产业配套（20%）	高端服务发展（60%）	全球领先金融机构数量（50%）	个	2019年《福布斯》"2000强"
		"四大"办公室数量	个	企业官网
	制造业规模与能级（40%）	全球领先制造企业数量	个	2019年《福布斯》"2000强"
		制造业竞争力（60%）	10~100	德勤和美国竞争力委员会《2016全球制造业竞争力指数》
基础设施（15%）	港口实力（30%）	国际航运中心发展指数（100%）	1~100	《新华—波罗的海国际航运中心发展指数报告（2019）》
	机场的枢纽性（25%）	全球最大航空枢纽连接度指数（100%）	0~333	OAG的2018年"全球航空枢纽连接度指数"（Global Manufacturing Competitiveness Index）
	市内交通便捷度（20%）	地铁里程（60%）	千米	metrobits.org
		通勤时间（20%）	分钟	生活统计类网站Numbeo
		拥堵指数（20%）	%	TomTom全球交通指数2018（Traffic Index 2018）
	信息设施保障度（25%）	网络速度（40%）	Mbps	Speedtest
		网络安全（40%）	1~10	EasyPark智慧城市指数2019（Smart Cities Index 2019）
		网络限制（20%）	0~100	可持续发展全球系统（Global System for Sustainable Development）网站

续表

一级指标	二级指标	三级指标	单位	数据主要来源
政府服务（10%）	政府服务效率（70%）	开办企业所需时间（45%）	天	世界银行《2020年全球营商环境报告》
		进出口审核时间（35%）	小时	世界银行《2020年全球营商环境报告》
		电子政务发展指数（20%）	0~1	联合国2018年"电子政务发展指数"（E-Government Development Index）
	政府激励（30%）	税收吸引力指数（100%）	0~1	http://www.tax-index.org
要素供给（10%）	人力资源（30%）	全球人才竞争力指数（40%）	1~100	德科集团2019年《全球人才竞争力指数报告》（The Global Talent Competitiveness Index）
		QS大学数量（30%）	个	2020年QS世界大学排名
		劳动力成本（30%）	美元	世界城市文化论坛2018
	办公空间（20%）	甲级写字楼办公空间存量（100%）	千平方米	戴德梁行官网统计
	资本融通（25%）	货币自由度（35%）	0~100	美国智库传统基金会《2019年经济自由度指数》（2019 Index of Economic Freedom）
		股市市值（65%）	十亿美元	世界交易所联合会
	创新能力（25%）	城市创新指数（100%）	0~100	2thinknow的"2018年全球创新城市指数"
宜居品质（10%）	社会公共服务（30%）	医疗卫生指数（45%）	1~100	生活统计类网站Numbeo
		中小学学校数量（40%）	个	各城市官网及统计年鉴
		文化设施数量（15%）	个	《世界城市文化报告2018》、统计年鉴和相关报道
	生态宜居环境（40%）	绿色空间面积占比（40%）	%	《世界城市文化报告2018》、统计年鉴和相关报道
		污染指数（60%）	0~100	生活统计类网站Numbeo

一级指标	二级指标	三级指标	单位	数据主要来源
宜居品质（10%）	城市安全环境（30%）	自然灾害的经济损失风险（50%）	百万美元	2018年《劳合社城市风险指数报告》和联合国大学2019年《全球风险指数报告》
		犯罪指数（50%）	0～100	生活统计类网站Numbeo
法律保障（20%）	知识产权保护（40%）	知识产权保护力度（100%）	1～30	普华永道《机遇之都7》
	合同执行（30%）	合同执行（100%）	0～100	世界银行《2020年全球营商环境报告》
	破产办理（30%）	破产办理（100%）	0～100	世界银行《2020年全球营商环境报告》

资料来源：《上海优化全球城市营商环境研究》。

上海市营商环境评价工作围绕建设国际化城市目标，对标对表世界银行营商环境评价指标体系构建评估体系，以评促优，为进一步建立符合全球化城市发展的营商环境提供了参考与工作重点，同时，突出了上海在全球城市国际化营商环境建设中的标杆作用。

（二）广州市营商环境评价

广州作为我国超大城市和一线城市，近年来十分重视优化营商环境。《广州营商环境报告》参照世界银行和国家发展改革委的营商环境评价指标体系，构建包含企业全生命周期、企业投资环境、监管与服务水平三大维度的评价体系。此外，通过调查市场主体，了解企业对企业全生命周期维度各项指标的直观感受，见表4-2。

表4-2　　　　　　　　广州营商环境指标体系

维度	一级指标	二级指标	
企业全生命周期	1. 开办企业	手续	费用
		时间	最低实缴资本
	2. 办理建筑许可	手续	费用
		时间	建筑质量控制指数
	3. 获得电力	手续	费用
		时间	电力供应可靠性和电费透明度

续表

维度	一级指标	二级指标	
企业全生命周期	4. 登记财产	手续	费用
		时间	土地管控系统质量
	5. 获得信贷	动产抵押法律指数	信用信息指数
	6. 纳税	纳税次数	纳税时间
		总税率和社会缴纳费率	税后事项指数
	7. 跨境贸易	出口耗时（边界合规）	出口耗时（单证合规）
		进口耗时（边界合规）	进口耗时（单证合规）
		进口所耗费用（边界合规）	进口所耗费用（单证合规）
	8. 保护中小投资者	披露程度	董事责任程度
		股东诉讼便利度	股东权益程度
		所有权和控制权程度	公司透明度
	9. 执行合同	解决商业纠纷的时间	解决商业纠纷的成本
		司法程序质量指数	
	10. 办理破产	时间	成本
		回收率	破产法律保护框架
	11. 政府采购	在线访问信息和服务的可访问性和透明度	履行合同义务后获得付款时间
		政府采购市场上中小企业参与度	质疑后供应商作出处理的时间
		投诉后审查机构作出裁决的时间	投诉后招投标的暂停时间
	12. 劳动力市场监管	雇用	工时
		解雇规则	解雇成本
企业投资环境	13. 市场开放程度	市场准入开放度	市场竞争开放度
	14. 信用环境	守信激励和失信治理	信用制度和基础建设
		诚信文化和诚信建设	信用服务和信用创新
监管与服务水平	15. 知识产权保护	法律政策的衔接配套水平	执法能力
		管理与服务能力	宣传教育水平
		总体评价和意见建议	商标使用监管力度
		专利使用监管力度	专利代理机构规范水平
	16. 包容普惠创新	创新创业活跃度	人才流动便利度
		市场开放度	基本公共服务群众满意度
		蓝天碧水净土森林覆盖指数	综合立体交通指数

资料来源：《广州营商环境报告》。

　　广州市营商环境评价工作对标对表世界银行营商环境评价体系与国家发展改

革委营商环境评价指标体系，开展体现企业营商便利性的营商环境评价，为进一步优化广州营商环境提供参考。

（三）北京市营商环境评价

北京市为全面、系统、有针对性地了解"放管服"改革背景下营商环境的改革和发展成效，了解各区优化营商环境相关工作的落实情况，企业对本区营商环境的满意度评价以及营商环境存在的问题和短板等，由市商务局委托第三方开展对北京市 16 个区及北京经济技术开发区营商环境的企业满意度调查。调查内容为企业对各区营商环境的满意度评价及营商环境存在的主要问题，主要包括开办企业、办理建筑许可、获得电力、获得用水、获得用气、财产登记、缴纳税费、跨境贸易、政府采购和招标投标、注销企业、获得信贷、楼宇宽带接入、劳动力市场监管、知识产权、法律环境、政务服务、市场监管、包容普惠创新、政策宣传落实等方面。

（四）广东省营商环境评价

广东省按照《优化营商环境条例》、《广东省人民代表大会常务委员会关于大力推进法治化营商环境建设的决定》（2019 年第 40 号公告）和《国务院办公厅关于规范营商环境评价有关工作的通知》（国办函〔2021〕59 号）的要求，由省发展改革委委托第三方评估机构开展 2022 年全省营商环境评价工作①。

按照"国际可比、对标国评、广东特色"的原则，参照世界银行和中国营商环境评价指标体系，并结合广东实际与广东省优化营商环境的各项工作部署，构建具有广东特色的营商环境评价指标体系和评价方法。对全省 21 个地级以上市进行营商环境评价。2022 年广东省营商环境评价指标体系包含 19 个一级指标、75 个二级指标。开办企业、办理建筑许可、获得电力、获得用水用气、登记财产、获得信贷、保护少数投资者、纳税、跨境贸易、执行合同、办理破产、政府

---

① 2022年广东省营商环境评价工作方案，http://drc.gd.gov.cn/gkmlpt/content/3/3757/mmpost_3757251.html#877.

采购、招标投标、市场监管、知识产权创造运用和保护、政务服务、劳动力市场监管、包容普惠创新为中国营商环境评价指标；市场主体满意度为广东特色指标，以市场主体实际感受作为评价依据，见表4-3。

评价过程综合使用公开政策文件、工作流程图、办事指南等案头信息，结合统计数据、问卷调查、现场评估等方式开展评估。政策评估方面，若已出台相关政策但在网上无法查询，不作为评价依据。部分无法公开获取的统计类数据，请省有关部门配合提供各市数据。办理建筑许可、纳税指标涉及专业机构问卷调查。办理破产指标由各市提供符合条件破产案件信息，统计债权人收回债务的具体情况。现场评估用于了解政府服务办事流程，听取市场主体意见与建议。

表 4-3　　　　　　　　　2022 年广东省营商环境评价指标体系

一级指标	二级指标	指标要点
1. 开办企业	1.1 开办企业环节	评价企业从设立到具备一般性经营条件，所涉及的政府审批和外部机构办事流程
	1.2 开办企业时间	评价企业完成上述开办流程所耗费的时间
	1.3 开办企业成本	评价企业完成上述开办流程所花费的成本
	1.4 开办企业便利度	评价申请人新办企业的便利程度，包括电子营业执照推进情况、新增市场主体数量及增速等方面
2. 办理建筑许可	2.1 办理建筑许可环节	评价企业投资建设普通工业项目，从立项审批到竣工验收、不动产初始登记截止，所涉及的政府审批和外部机构办事流程
	2.2 办理建筑许可时间	评价企业投资建设普通工业项目所耗费的时间
	2.3 办理建筑许可成本	评价企业投资建设普通工业项目所花费的成本，包括行政审批成本、技术审查及第三方行为产生的费用
	2.4 办理建筑许可便利度	评价企业办理建筑相关许可的便利程度，主要考察工程建设项目审批制度改革工作落实情况，包括"一网通办"情况、审批数据共享情况、审批逾期情况、并联审批落实情况、"一张蓝图"、区域评估、联合验收等方面内容
3. 获得电力	3.1 获得电力环节	评价企业首次获得永久性用电，所涉及的政府审批和外部机构办事流程
	3.2 获得电力时间	评价低压报装、高压报装的系统平均办理时间、供电企业承诺时间及行政审批承诺时间
	3.3 获得电力成本	评价企业首次获得电力的办理成本，及供电企业投资界面政策

一级指标	二级指标	指标要点
3. 获得电力	3.4 获得电力便利度	评价企业首次获得电力的便利程度，包括外线行政审批政策落实情况、政企数据共享、政企联动、规范转供电环节价格和收费行为等方面内容
	3.5 供电可靠性和电费透明度指数	主要评价供电可靠性以及电费是否透明易获知
4. 获得用水用气	4.1 获得用水用气环节	评价企业首次获得供水、供气，所涉及的政府审批及外部机构办事流程
	4.2 获得用水用气时间	评价企业首次获得供水、供气所耗费的时间
	4.3 获得用水用气成本	评价企业首次获得供水、供气所花费的办理成本，及供水企业投资界面延伸政策、清理规范供水供气行业收费等方面内容
	4.4 获得用水用气便利度	评价企业首次获得供水、供气的便利程度，包括信息公开、服务渠道、外线行政审批政策落实情况、政企数据共享等方面内容
5. 登记财产	5.1 登记财产环节	评价企业间转让不动产，所涉及的政府审批及外部办事流程
	5.2 登记财产时间	评价企业间转让不动产所耗费的时间
	5.3 登记财产成本	评价企业间转让不动产过程中按照政府规定必须缴纳的税收和行政事业性收费
	5.4 登记财产便利度	评价各城市企业间转让不动产的便利程度，包括跨区通办、不动产登记存量数据整改情况和上链情况、信息公开、不动产信息应用、"不动产＋民生""不动产＋法院""交房即发证"等方面内容
6. 获得信贷	6.1 企业信贷获得率	评价各城市普惠小微贷款、中小企业信用贷款、中小企业融资担保贷款、知识产权质押贷款、绿色信贷、首贷户数量、银税互动信贷规模等方面情况
	6.2 企业融资便利度	评价各城市金融机构发展情况、直接融资状况、政策性融资担保机制、为促进企业融资推出的政策创新举措和改革落实等方面情况
7. 保护少数投资者 *	7.1 诉讼便利度 *	评价各城市中小投资者在利益冲突情况下受到保护的情况，包括银行、证券期货、保险类纠纷案件诉讼便利度，多元化纠纷解决便利度，上市公司监管，投资者保护宣传教育等方面情况
	7.2 多元化纠纷解决便利度 *	
	7.3 上市公司监管 *	
	7.4 投资者保护宣传教育 *	

一级指标	二级指标	指标要点
8.纳税	8.1纳税次数	评价企业支付所有税费的次数、实际税费种申报便利化推进情况等方面内容
	8.2纳税时间	评价企业准备、申报、缴纳税费所需的时间以及各地在压缩纳税时间方面的政策举措等方面内容
	8.3报税后流程指数	评价增值税留抵退税的申请、获得时间；企业所得税更正申报时间、获得企业所得税汇算清缴退税所需时间等方面内容
	8.4纳税缴费便利化	评价各城市电子税务局后台审核响应时间、增值税专用发票增量增版审批、简易处罚事项网上办理、税收优惠政策落实、社会保险费退费等方面内容
9.跨境贸易	9.1进出口单证合规时间、成本*	评价企业开展进出口贸易所涉及的政府审批和外部办事流程的办理时间费用
	9.2进出口边境合规时间、成本*	
	9.3跨境贸易便利度	评价各城市商务、海关、交通、市场监管等相关管理部门为提升跨境贸易便利程度的具体做法，包括推进口岸收费规范化、物流枢纽建设、优化通关流程、提升查验效率、物流单证电子化等方面情况
10.执行合同	10.1立案便利度	评价各城市立案服务信息化、规范化、精细化改革情况，包括诉讼服务中心建设、网上立案等方面
	10.2审判质效	评价各城市优化司法资源配置，提升审判质效的改革推进情况，包括审判周期、繁简分流、多元解纷、速裁快审、审判质量、司法公开等方面
	10.3执行质效	评价各城市执行工作质效，包括执行立案、执行时间、执行工作机制改革、执行方式创新等方面
11.办理破产	11.1破产债权保护	评价各城市办理破产案件的具体情况以及债权人收回债务的时间、成本、回收率
	11.2破产制度规范化建设指数	评价各城市在企业破产制度、机制、专业化及信息化建设上对企业再生和企业清算的保障能力，包括提升案件办理质效、规范司法程序、保障管理人依法履职等方面内容

一级指标	二级指标	指标要点
12.政府采购	12.1电子采购平台*	评价广东政府采购智慧云平台、深圳政府采购电子平台的功能
	12.2采购流程	评价采购流程规范性，包括开标、评标、投标保证金收取情况、合同标准文本制定等方面内容
	12.3采购监督管理	评价监督管理制度建设情况，包括政府采购负面清单制定情况、质疑和投诉机制落实情况、信用体系建设等方面内容
	12.4拓展政府采购政策功能	评价政府采购发挥扶持中小企业发展等政策功能，包括面向中小企业预留采购份额和落实情况、政府采购合同融资推进情况、绿色采购扶持力度等方面内容
13.招标投标	13.1电子交易及服务平台	评价各城市公共资源交易平台及相关服务平台功能，包括全流程电子化情况，重点关注在线开评标、远程异地评标、在线支付、履约管理功能的实现情况；各城市招标投标电子交易系统与省公共资源交易平台对接情况；CA证书跨区域互认情况
	13.2交易成本负担	评价依法必须招标项目投标保证金缴纳情况、电子保函推进情况
	13.3公开透明度	评价招投标各阶段信息公开情况，包括相关法律法规集中公开情况，中标候选人关键信息、投诉处理结果等方面信息公开情况
	13.4公正监管	评价交易到履约的监管情况，包括从业人员信用评价、异议投诉和行政监管情况、招标投标领域"双随机、一公开"情况
14.市场监管	14.1"双随机、一公开"监管覆盖率	评价相关部门"双随机、一公开"工作的推进程度，重点关注监管覆盖率、两库建设、部门联合抽查等内容
	14.2信用监管	评价各城市信用体系建设、以信用为基础的新型监管机制构建情况，重点关注部门间信用信息共享、信用分级分类监管、信用应用、失信惩戒、信用修复、政务诚信等内容
	14.3"互联网+监管"*	评价部门监管数据与国家"互联网+监管"系统数据汇集情况
	14.4监管执法规范度	评价各城市监管执法规范性和透明度，包括规范行政执法行为、落实三项制度、执法信息公开、包容审慎监管等内容

续表

一级指标	二级指标	指标要点
15.知识产权创造、运用和保护	15.1知识产权创造质量和运用效益	评价各城市知识产权创造质量提升和价值实现的情况，包括高价值发明专利、知识产权质押融资等方面
	15.2知识产权全面保护	评价各城市知识产权保护的方式和手段，以及知识产权保护的力度，包括司法保护、行政保护、社会共治等方面
	15.3知识产权公共服务	评价各城市便民利民的知识产权公共服务体系的构建和地方知识产权公共服务的均等化和可及性，包括知识产权一站式服务、知识产权信息服务、专利导航、中介机构培育与监管等方面
16.政务服务	16.1数字化支撑能力	评价政务数据挂接情况、办件信息与监管数据汇聚、证照汇聚与应用、电子印章制发和使用情况、网上统一身份认证体系、省统一认证平台单点登录、省级平台一网服务等方面内容
	16.2数字化服务能力	评价政务服务事项管理、地市数据同源、全程网办率、移动端应用服务等方面内容
	16.3数字化服务成效	评价用户使用度、政务事项减时间和减跑动成效、中介超市使用情况、"好差评"评价数据汇聚、"好差评"评价情况等方面内容
	16.4政务服务热线效能	评价政务热线整合、专家座席和涉企专线、知识库动态管理、12345热线效能考核、热线接通率、按时办结率和服务满意率等方面内容
17.劳动力市场监管	17.1聘用情况*	评价企业的聘用员工情况，包括劳动合同的签订情况，企业用工登记情况以及当地的最低工资标准，合同时长、试用期时长等
	17.2工作时间*	评价员工的工作时间，包括企业的用工时间、加班时间、夜间工作等
	17.3裁员规定*	评价裁员的法律法规规定，包括企业裁员的报备情况、大规模裁员的应对机制以及劳动争议的工作联动机制等
	17.4裁员成本*	评价企业的裁员成本，重点关注裁员的经济补偿金、通知解聘的时限等
	17.5工作质量	评价各城市劳动力市场监管和公共就业服务情况。包括和谐劳动关系构建、公共就业服务便利化、多渠道促进就业、多元化劳动争议解决、劳动者权益保护等

一级指标	二级指标	指标要点
18.包容普惠创新	18.1创新创业活跃度	评价各城市创新创业的整体发展水平，包括创新创业载体和主体发展情况、创新创业投入产出、研发支撑能力以及高新技术企业培育状况等方面
	18.2人才流动便利度	评价各城市各类人才及人才载体发展现状，包括人才引进机制、人才培育情况等
	18.3市场开放度	评价各城市对外资的吸引力，包括进出口贸易、对外投资合作和利用外资等情况
	18.4基本公共服务满意度	评价各城市文化服务基础设施供给、各教育阶段的教育资源配置供给、基础医疗服务、养老服务等方面的情况
	18.5蓝天碧水净土森林覆盖指数	评价各城市生态环境保护和污染治理情况，主要涉及空气质量、水体质量、土壤保护和森林绿化等方面
	18.6综合立体交通指数	评价各城市立体交通基础设施建设和运输情况
	18.7产业链和产业集群指数*	评价各城市产业链现代化水平、产业集群和产业竞争力，包括产业集群数量、高新技术制造业和战略性新兴产业发展、产业集群建设扶持及上下游产业链引导、产业公共配套服务、重点项目招引落地等内容
19.市场主体满意度	19.1要素环境	考察市场主体对本地营商环境建设的满意度。采用省工商业联合会2021年全省民营企业评营商环境调查数据
	19.2法治环境	
	19.3政务环境	
	19.4市场环境	
	19.5创新环境	

注：加*指标为考察法律法规内容或省统一建设平台，省内无差异，设为观察指标。

资料来源：《2022年广东省营商环境评价工作方案》，http://drc.gd.gov.cn/gkmlpt/content/3/3757/mmpost_3757251.html#877。

（五）贵州省营商环境评价

根据《贵州省优化营商环境集中整治行动方案》要求，贵州省投资促进局委托厦门大学和贵州财经大学分别对省级层面和9个市（州）、贵安新区，88个县（市、区、特区）开展营商环境评估工作。

省级评估主要选取贵阳市、遵义市作为样本进行考察，根据世界银行《2020年全球营商环境报告》营商环境评估指标体系，针对开办企业、办理建筑许可、获得电力、登记财产、获得信贷、保护中小投资者、纳税、跨境贸易、执行合同、办理破产共 10 个指标展开评估。通过深入走访和调研贵州省相关典型企业、政府部门，关注企业对营商环境的实际获得感，收集、整理相关指标的数据以及问题清单，按营商便利程度进行评估、计算。

市（州）、贵安新区，县（市、区、特区）的考核评估，由贵州财经大学就贯彻落实《贵州省营商环境优化提升工作方案》情况对 88 个县（市、区、特区）的中小企业、政府机构、中介机构进行走访调研，采集开办企业、办理施工许可、获得电力、获得信贷、不动产登记、缴纳税费、执行合同、获得用水、获得用气、信用环境、企业信心、政务效能等 12 个指标的相关数据，分析获得市（州）、贵安新区，各县（市、区、特区）的营商环境便利度分数。

除此之外，贵州省通过营商环境百企调查，了解市场主体对政策环境、法治环境、纳税环境、融资环境、物流环境、水电环境、行政审批等方面的主观满意度，以企业感受评价营商环境，发现营商环境中存在的问题并加以改进。

（六）山东省营商环境评价

山东省为有效降低制度性交易成本，营造稳定公平透明的营商环境，加快推进"放管服"改革，制定《山东省营商环境评价实施方案》，在全省范围内开展营商环境评价[①]。通过科学准确评价营商环境便利度，倒逼各市不断改善营商环境。

在世界银行评价体系基础上，借鉴先进省份做法并结合省情，筛选影响营商环境的核心要素，有针对性地评价营商环境，并围绕市场主体反映集中的突出问题，科学设置评价指标，突出问题导向与目标导向。评价指标主要为企业开办、获得信贷、不动产登记、办理施工许可、获得电力、办理纳税等 6 个方面、17个子项目。通过电话调查、现场问卷调查、抽取案例等方式，对具体办事环节的实际时间、办理成本、申请材料件数和满意度进行评价。

调查主体涵盖企业开办申请人、企业获得贷款人、不动产登记人、办理施工许可人、用电报装申请人，以及企业办理税务人。调查方法包括电话调查、现场问卷

[①] 山东省人民政府办公厅关于印发山东省营商环境评价实施方案的通知，http://www.shandong.gov.cn/art/2018/9/7/art_2267_28555.html.

调查与案例调查等。评价方法采用前沿距离法，得分用 0 ～ 100 表示，见表 4-4。

表 4-4 　　　　　　　　　　山东省营商环境评价指标体系

一级指标	二级指标	分值
1.企业开办（25分）	1.1企业设立申请到准予登记的时间（工作日）	5
	1.2公章刻制受理到办结所需的时间（工作日）	4
	1.3涉税事项受理到办结所需的时间（工作日）	4
	1.4银行开立账户受理到办结所需的时间（工作日）	3
	1.5公章刻制受理到办结所需的费用（元）	3
	1.6涉税事项受理到办结所需的费用（元）	3
	1.7银行开立账户受理到办结所需的费用（元）	3
2.办理施工许可（25分）	2.1企业施工许可从受理到发放许可证所需时间（工作日）	13
	2.2完成所有环节所需要的费用（万元）	12
3.获得信贷（20分）	3.1贷款过程中共提交申请材料数量（件）	8
	3.2企业贷款总额中来自银行的比例（%）	12
4.办理纳税（10分）	4.1企业类纳税人网报开通率（%）	5
	4.2纳税总额（不含非税缴纳）占同期经营收入的比率即综合税收负担率（%）	5
5.不动产登记（10分）	5.1完成不动产登记共花费的时间（工作日）	5
	5.2取得不动产登记证书的费用（元）	5
6.获得电力（10分）	6.1企业获得电力整个过程共花费的时间（工作日）	5
	6.2企业获得电力整个过程共花费的费用（元）	5

资料来源：《山东省营商环境评价实施方案》。

四、各地优化营商环境的实践经验

各级政府在市场化、法治化、国际化、便利化等方面出台了一系列优化营商环境的政策措施，持续深化"放管服"改革，加快构建与国际通行规则相衔接的营商环境制度体系，完善地方营商环境评价机制，以评促优、以评促改，更大激发市场活力，增强发展内生动力（李志军，2018a、2018b）。

（一）围绕优化营商环境条例，形成相关政策体系

各地以"放管服"改革与《优化营商环境条例》为指引，制定符合当地特点的优化营商环境条例，并通过各项政策配合全面优化营商环境（李志军，2023）。如北京市、山东省等地结合营商环境评价体系，在开办企业、办理建筑许可、财产登记、政府采购、执行合同、获得信贷、跨境贸易、企业人才引进、纳税、获得电力、政务服务便利化、办理破产等方面，分别出台多项有效措施，持续优化营商环境。

在制定优化营商环境条例基础上，各地对标世界银行、国家发展改革委营商环境评价体系，建立营商环境评价机制，形成营商环境评价工作方案，开展营商环境评价，主动发现问题，寻求解决方案。

（二）明确重点优化事项清单，有针对性地改善营商环境

在营商环境评价的基础上，各地根据营商环境评价结果有针对性地采取行动进一步优化营商环境，形成行动方案。对于其中得分较高的指标，持续保持其领先优势，对于其中得分较低的指标，查找原因，形成优化事项清单，采取必要措施优化营商环境。例如，上海作为改革开放排头兵、创新发展先行者，率先出台《上海市加强改革系统集成持续深化国际一流营商环境建设行动方案》，即上海营商环境"4.0版本"。围绕优化政务环境、提升企业全生命周期管理服务、营造公平竞争市场环境等5个方面提出31项任务，共207条举措。《海南自由贸易港进一步优化营商环境行动方案（2022—2025年）》，涵盖政务服务零跑动，准入即准营，信用审批，国土空间智慧治理，工程建设项目审批制度改革，跨境贸易自由便利，投资自由便利，知识产权创造、保护和运用等八大领跑行动。山东省出台《营商环境创新2022年行动计划》，聚焦激发市场主体活力、提升投资贸易便利、推动高质量发展，在19个领域推出166项改革举措，推动全链条优化审批、全过程公正监管、全周期提升服务，加快打造市场化、法治化、国际

化、便利化一流营商环境。

（三）促创新、树标杆，推广典型试点案例

在优化营商环境，落实各项营商环境优化政策的同时，各地结合自身实际，实施创新性举措，形成先进试点经验。2021 年，国务院部署在北京、上海、重庆、杭州、广州、深圳 6 个城市开展营商环境创新试点。相关地方和部门认真落实各项试点改革任务，积极探索创新，着力为市场主体减负担、破堵点、解难题，取得明显成效，形成了一批可复制推广的试点经验。例如，上海制定《上海市全面深化国际一流营商环境建设实施方案》，从建设现代化市场经济体系的实际需要出发，借鉴国际国内实践经验，聚焦重点、巩固成绩、补齐短板，探索实施一批突破性、引领性的改革举措，形成一批可复制、可推广的治理经验。此外，为打造一流营商环境标杆城市，上海制定《上海市营商环境创新试点实施方案》，在 10 个领域提出 172 项首批营商环境创新试点改革事项清单。《深圳市建设营商环境创新试点城市实施方案》在国家 101 项改革任务基础上，围绕营造竞争有序的市场环境、打造公正透明的法治环境、构建与国际接轨的开放环境、打造高效便利的政务环境 4 个维度，从健全透明规范的市场主体准入退出机制、强化企业各类生产要素供给保障、构建精准主动的企业服务体系等 12 个领域提出了 200 条具体改革举措，并明确改革分工与时间表[1]。《广州市建设国家营商环境创新试点城市实施方案》启动了营商环境 5.0 改革，以"激发活力"为主线，为企业创新发展松绑减负，力争通过 3 ～ 5 年的努力，建成市场化、法治化、国际化的一流营商环境城市，成为全球资源要素配置中心以及全球企业投资首选地和最佳发展地，形成可复制可推广的经验成果。该实施方案从进一步破除区域分割和地方保护等不合理限制、健全更加开放透明规范高效的市场主体准入和退出机制、持续提升投资和建设便利度、更好支持市场主体创新发展、持续提升跨境贸易便利化水平等 10 个方面提出 40 项重点改革任务、223 项落实举措、76 项特色

---

[1]深圳市人民政府关于印发市建设营商环境创新试点城市实施方案的通知，http://fgw.sz.gov.cn/zwgk/zcfgjzcjd/zcfg/content/post_9745609.html.

举措，如率先实施"一照多址""一证多址"改革，并探索企业生产经营高频事项跨区域互认通用等。

为进一步扩大改革效果，推动全国营商环境整体改善，2022 年 11 月，《国务院办公厅关于复制推广营商环境创新试点改革举措的通知》列举各地营商环境创新试点成功改革举措，并在全国范围内复制推广。

第五章　营商环境评价的原则
　　与指标设计

根据营商环境评价的理论基础和方法，本项研究阐述营商环境评价指标体系构建的原则、评价指标体系设计，并对数据来源和评价方法做出说明。

一、评价指标体系构建的原则

本项研究按照如下原则来构建评价指标体系（李志军，2018）。

（1）综合性、全面性原则。基于宏观层面选取公共服务、人力资源、市场环境、创新环境、金融服务、法治环境、政务环境等影响企业生产经营的外部环境因素来构建可以全面反映各省市营商环境的指标体系。

（2）可操作、可量化原则。营商环境涵盖了政府政策、市场环境、人才供给等多个方面，是影响企业经营的所有外部环境影响因素的集合。应当选择具有代表性和可操作性的评价指标来衡量营商环境不同层面的影响因素。

（3）科学性、客观性原则。本项研究采用各城市公开的统计数据，以更为客观科学地反映社会、经济等因素对营商环境的影响。

二、评价指标体系设计

基于营商环境的评价原则和主要构成要素，本项研究参考世界银行《全球营商环境报告》（2003—2020 年）、《法治中国的司法指数（2018）》、《中国城市竞争力报告 No.18》、《中国城市企业经营环境评估报告：方法与数据》等多份国内外知名报告，并且结合中国城市实际的经济发展情况，构建了由 7 个一级指标，

18 个二级指标，23 个三级指标组成的衡量中国城市营商环境的独特的指标体系。其中，一级指标是指：公共服务、人力资源、市场环境、创新环境、金融服务、法治环境和政务环境。一级、二级和三级指标的名称、各指标的权重和数据来源详见表 5-1。

表 5-1 中国城市营商环境评价指标体系

一级指标	二级指标	三级指标	数据来源
公共服务（0.15）	天然气供应（0.25）	供气能力（万吨）	中国城乡建设数据库
	水力供应（0.25）	公共供水能力（万吨）	
	电力供应（0.25）	工业供电能力（万千瓦时／个）	中国城市数据库
	医疗情况（0.25）	医疗卫生服务（张/万人）	
人力资源（0.15）	人力资源储备（0.7）	普通高等院校在校人数（人）（0.4）	中国城市数据库
		年末单位从业人员数（万人）（0.3）	中国城市数据库
		人口净流入（万人）（0.3）	各城市统计公报
	劳动力成本（0.3）	平均工资水平（元）	中国城市数据库
市场环境（0.15）	经济指标（0.4）	地区人均生产总值（元）（0.6）	中国城市数据库
		固定资产投资总额（万元）（0.4）	
	进出口（0.3）	当年实际使用外资金额（万元）（0.6）	中国城市数据库
		当年新签项目（合同）个数（个）（0.4）	
	企业机构（0.3）	规模以上工业企业数（个）	中国城市数据库
创新环境（0.15）	创新投入（0.5）	科学支出（万元）	中国城市数据库
	创新产出（0.5）	发明专利授权量（个）	《中国城市统计年鉴》
金融服务（0.15）	从业规模（0.5）	金融从业人员（万人）	中国城市数据库
	融资服务（0.5）	总体融资效率（万元）（0.5）	中国城市数据库
		民间融资效率（万元）（0.5）	中国城市数据库

一级指标	二级指标	三级指标	数据来源
法治环境（0.1）	社会治安（0.3）	万人刑事案件数量（件／万人）	中国裁判文书网
	司法服务（0.4）	律师事务所数量（个）	天眼查+网络查找
	司法信息公开度（0.3）	司法信息公开度指数	各城市司法局/中级人民法院官网
政务环境（0.15）	政府支出（0.5）	地方财政一般预算内支出（万元）	中国城市数据库
	政商关系（0.5）	政商关系指数	中国城市政商关系排行榜

三、数据来源及说明

本项研究主要选取 2017—2018 年的城市层面数据，其主要来自 EPS 全球统计数据库下的子库"中国城乡建设数据库"和"中国城市数据库"以及手工搜集整理。各三级指标的缺失值如下。

（1）供气能力（万吨）：销气总量（吨），其中，中山市 2018 年数据、普洱市 2017 年数据以及海东市 2017 年和 2018 年的数据缺失。

（2）公共供水能力（万吨）：生产用水（万吨），其中，海东市 2017 年和 2018 年数据缺失。

（3）工业供电能力（万千瓦时／个）：工业用电（万千瓦时），其中，鞍山市 2018 年数据、铁岭市 2018 年数据、牡丹江市 2017 年数据、遵义市 2018 年数据、榆林市 2017 年数据、海东市 2017 年数据缺失。

（4）医疗卫生服务（张／万人）；医院和卫生院床位总数与城市年末人口总数的比值。其中，绥化市 2017 年数据、嘉兴市 2018 年数据和遵义市 2018 年数据缺失。

（5）普通高等学校在校学生数（人）：其中，2017 年和 2018 年的城市数据全部缺失，因此根据 2014 年、2015 年以及 2016 年的数据进行填补。

（6）年末单位从业人员数（万人）：其中，遵义市 2018 年数据缺失。

（7）人口净流入（万人）：如果没有相关信息则借助百度等搜索引擎查找。

（8）平均工资水平（元）：其中，齐齐哈尔市 2017 年数据、鸡西市 2018 年数据、阜阳市 2017 年数据以及遵义市 2018 年数据缺失。

（9）地区人均生产总值（元）：其中，2017 年整年各城市数据和遵义市 2018 年数据缺失，查阅各地统计年鉴进行填补。

（10）固定资产投资总额（万元）：其中，儋州市数据缺失。

（11）当年实际使用外资金额（万元）：其中，长春市、儋州市、白银市、吉林市、大庆市、乌兰察布市、张掖市、白山市、延安市和中卫市 2017 年数据缺失；佛山市、阳泉市、运城市、遵义市、克拉玛依市、太原市、朔州市和吴忠市 2018 年数据缺失；天水市、黑河市、定西市、拉萨市、陇南市、石嘴山市、平凉市、嘉峪关市、海东市、金昌市、庆阳市和固原市 2017 年和 2018 年数据均缺失。

（12）当年新签项目（合同）个数（个）：保定市、白山市、白银市、攀枝花市、长春市、大庆市、拉萨市、吉林市、绵阳市、晋城市、海东市、通化市、儋州市、南充市、平凉市、延安市、丽江市、七台河市、汕尾市、临沧市、铁岭市、金昌市、双鸭山市、阳泉市、定西市、榆林市、广安市、陇南市、遵义市、商洛市、伊春市、庆阳市、嘉峪关市、辽阳市、黑河市、天水市、乌海市、三亚市、北京市、石嘴山市、中卫市、吴忠市、固原市以及克拉玛依市等数据缺失。

（13）规模以上工业企业数（个）：其中，朔州市和遵义市 2018 年数据缺失。

（14）科学支出（万元）：其中，遵义市 2018 年数据缺失。

（15）发明专利授权量（个）：数据来自《中国城市数据库》。

（16）金融从业人员（万人）：其中，遵义市和中卫市 2018 年的数据缺失。

（17）总体融资效率［金融机构各项贷款年末余额（万元）］：其中，遵义市 2018 年数据缺失。

（18）民间融资效率［金融机构各项存款年末余额（万元）］：其中，遵义市

2018 年数据缺失。

（19）万人刑事案件数量（件／万人）：其中，儋州市 2017 年和 2018 年数据缺失。需要说明的是，在处理万人刑事案件数量时，本项研究借鉴王小鲁等（2017）的市场中介组织的发育和法律制度环境排序，发现 4 个直辖市在 31 个省份中几乎每年都排在前 10 位；同时，参考司法领域专家的意见，认为直辖市无论是从立法制度还是从办案效率上来看都具有较好的法治环境，因此我们将 4 个直辖市的万人刑事案件数量的平均值作为评价标准，再用各个城市的万人刑事案件数减去此平均值后取绝对值，最后依据此绝对值利用逆向指标方法进行标准化处理。

（20）律师事务所数量（个）：来自手工整理，首先在各城市的律师协会官网查找，并借助于百度等搜索引擎查找，最后再结合天眼查网站中律师事务所注册数量进行计算。

（21）司法信息公开度指数：在官网中能够通过以下方式查询到本年度（2017 年、2018 年）的工作报告或总结，根据对应的得分标准得分。①设置了专栏，得 10 分。②通过站内的搜索引擎可以搜索到，得 8 分。③官网没有内部搜索引擎或者搜索引擎搜索不到，需要手动翻查或者通过其他部门的链接才能搜索到，得 6 分。④只有县法院的工作报告而没有全市的工作报告，得 4 分。⑤没有工作报告，得 2 分。⑥如果在搜索引擎上搜索，在网页前两页会得到相应的新闻报道或文章，加 1 分。

（22）地方财政一般预算内支出（万元）：其中，遵义市 2018 年数据缺失。

（23）政商关系指数：其中，唐山市、秦皇岛市、牡丹江市、绥化市以及信阳市的 2017 年数据缺失。

上述缺失数据需要结合各指标具体的经济学内涵来判定指标数据是否科学。例如，2017—2018 年牡丹江市职工平均工资下降超过 43%，这一变动幅度显然有违经济学常理，属于异常值，应当作为缺失值对待。

本项研究采取如下程序处理缺失和异常的数据：①与手工收集的相应省市统计年鉴和统计公报作比对；②若比对后仍无法判别和处理，则将异常值也视为缺失值，采用回归插补法、平滑法、均值插补法和贝叶斯模拟等方法对缺失值进行补充。具体地，若缺失 2017 年的数据，可以采用 2016 年和 2018 年的均值进行填补；若缺失 2018 年的数据，可以采用平滑法，以 2016 年和 2017 年相应变量的增长率为基础进行平滑处理确定 2018 年的数据；若 2017 年和 2018 年数据都缺失，可以采用回归插补法、贝叶斯模拟等方法补充缺失值，把因变量定为存在缺失值的变量，自变量取人均 GDP 等。

在使用大量统计数据的基础上，本项研究进一步结合百度舆情指数等媒介，收集 2017—2018 年各城市存在的损害营商环境的负面信息，并在最终估算的城市营商环境指数（例如广州、鄂尔多斯等）基础上酌情减分。

四、评价方法

参考许宪春等（2019）的计算方法，本文利用效用值法对城市营商环境指数得分进行计算，单一指标由直接获得的每个城市数据表示，在无量纲处理中，采用效用值法，效用值的取值范围是 [0，100]，即该指标下最优的效用值为 100，最差的效用值为 0，假定 i 表示指标，j 表示城市，x_{ij} 表示 i 指标 j 城市的指标获取值，$x_{i\max}$ 表示该指标的最大值，$x_{i\min}$ 表示该指标的最小值；y_{ij} 表示 i 指标 j 区域的指标效用值。对于正向指标，计算公式如下：

$$y_{ij} = \frac{x_{ij} - x_{i\min}}{x_{i\max} - x_{i\min}}$$

对于逆向指标，计算公式为：

$$y_{ij} = \frac{x_{i\max} - x_{ij}}{x_{i\max} - x_{i\min}}$$

权重选取。本项研究采用主观与客观相结合的方法确定权重，客观方法为变异系数法，具体思路为：假设有 n 个指标，这 n 个指标的变异系数为：

$$V_{(i)} = S_i / \overline{X}$$

S_i 代表第 i 个指标的标准差，$\overline{X}$ 代表样本均值，则各指标的权重为：

$$w_i = V_{(i)} / \sum_{i=1}^{n} V_{(i)}$$

加权综合。加权计算是分层逐级进行的，在基础指标无量纲化后，分层逐级加权得到最后的营商环境指数。

第六章　城市营商环境评价结果

一、城市营商环境评价结果

（一）营商环境评价结果

自全国各地实行"放管服"改革以来以及"法治营商环境建设"的深入，各城市的营商环境有了显著变化。一方面，部分城市顺势而为，从提升政务环境和法治环境方面入手，提升了城市营商环境竞争力；另一方面，还有些城市依旧步子不大，从而被其他城市超越，进一步加深了城市间的差距。

1. 直辖市、计划单列市营商环境指数排名

首先分析 2019—2020 年 4 个直辖市和 5 个计划单列市的营商环境排名，具体排名结果见表 6-1 和表 6-2。

表 6-1 　　　　　　　　　　直辖市营商环境指数排名

直辖市（4个）	标准化值		排名		全国排名	
	2019年	2020年	2019年	2020年	2019年	2020年
北京市	78.5325	73.3013	1	1	1	1
上海市	75.1965	71.8482	2	2	2	2
重庆市	44.3002	45.1449	3	3	5	5
天津市	42.0217	38.3720	4	4	7	8

表 6-2 　　　　　　　　　　计划单列市营商环境指数排名

计划单列市（5个）	标准化值		排名		全国排名	
	2019年	2020年	2019年	2020年	2019年	2020年
深圳市	62.6486	63.8480	1	1	3	3
宁波市	32.2010	31.7554	2	2	13	13
青岛市	28.6475	27.4934	3	3	17	19
厦门市	22.2101	22.5867	5	4	29	22
大连市	22.3946	21.9231	4	5	27	26

从直辖市的营商环境得分来看，2020年北京（73.3013）和上海（71.8482）的营商环境明显优于重庆（45.1449）与天津（38.3720）。从分项指标得分来看，与北京和上海相比，重庆和天津的创新环境、金融服务与北京和上海存在较大差距；北京的人力资源指标得分也十分优异，排在全国第1名。一方面，重庆受限于地理位置，在吸引创新人才、知识交换以及吸引资金方面稍显乏力。而天津则受制于北京的"虹吸效应"，创新要素与资本被北京吸引，导致京津冀城市圈中的北京一家独大。另一方面，北京、上海的高校及科研院所多于重庆、天津，使得北京、上海拥有更充足的人力资本及创新来源。

从计划单列市的营商环境指数排名可以看到，2020年深圳市（63.8480）的营商环境指数明显高于宁波（31.7554）、青岛（27.4934）、厦门（22.5867）以及大连（21.9231），并且这两年的营商环境排名很稳定，波动幅度很小。

2. 省会城市营商环境指数排名

2019—2020年的省会城市的营商环境指数具体排名见表6-3。另外，根据本课题组成员的探讨以及相关专家的咨询意见，再结合百度舆情指数等媒介，我们认为广州的营商环境指数过高，因此在原有指数的基础上减去2分得到新的指数。

表6-3　　　　　　　　省会城市营商环境指数排名

省会城市（27个）	标准化值		排名		全国排名	
	2019年	2020年	2019年	2020年	2019年	2020年
广州市	49.9888	48.5741	1	1	4	4
成都市	42.9538	42.5821	2	2	6	6
杭州市	39.3613	37.9721	3	3	9	9
南京市	34.6255	36.7596	5	4	11	10
武汉市	34.9518	36.4110	4	5	10	11
西安市	32.8591	32.8508	6	6	12	12
郑州市	30.7633	30.1709	8	7	16	15
长沙市	31.0242	28.0740	7	8	15	17
济南市	27.0839	27.8426	10	9	20	18
合肥市	27.5136	24.5443	9	10	19	21

续表

省会城市（27个）	标准化值		排名		全国排名	
	2019年	2020年	2019年	2020年	2019年	2020年
沈阳市	23.3274	22.1952	12	11	26	25
福州市	24.5235	21.5242	11	12	23	28
石家庄市	21.5449	19.8300	13	13	33	34
贵阳市	21.3900	19.4886	14	14	35	37
南昌市	19.5672	19.4476	18	15	43	38
南宁市	19.4034	19.2444	19	16	45	39
昆明市	20.3851	18.7666	15	17	37	41
哈尔滨市	20.2378	18.6962	16	18	38	42
长春市	18.7636	18.5213	20	19	48	43
太原市	19.5834	17.3298	17	20	41	47
乌鲁木齐市	16.0145	16.5686	22	21	67	51
兰州市	18.4521	15.7873	21	22	49	60
海口市	15.5594	15.6065	23	23	70	61
拉萨市	12.4947	13.9726	27	24	124	76
呼和浩特市	13.5821	13.9647	25	25	101	77
银川市	14.1076	13.5622	24	26	93	84
西宁市	13.2438	11.1774	26	27	108	130

从省会城市营商环境指数排名来看，2019年和2020年，广州、成都、杭州、南京、武汉、西安、郑州、长沙、济南以及合肥稳居前10名。总的来看，排名靠前的多数是华东、中部地区省会城市，如前10名中东部地区有4个（广州、南京、杭州、济南）、中部地区有4个（武汉、郑州、长沙、合肥）、西部地区有2个（成都、西安）。排名靠后的大多数为西部地区省会城市，如后10名中西部地区城市有6个（兰州、银川、乌鲁木齐、呼和浩特、拉萨、西宁），东北地区城市有2个（哈尔滨和长春），中部地区城市有1个（太原），东部地区城市有1个（海口），这也间接说明我国西部地区营商环境较差，还存在一定的提升空间。

3. 其他地级市营商环境指数排名

2019—2020年的其他地级市的营商环境指数具体排名见表6-4。另外，根据本课题组成员的探讨以及相关专家的咨询意见，再结合百度舆情指数等媒介，我们认为鄂尔多斯的营商环境指数过高，因此在原有指数的基础上减去 2 分得到新的指数。

表 6-4　　　　　　　　其他地级市营商环境指数排名

地级市（253个）	标准化值		排名		全国排名	
	2019年	2020年	2019年	2020年	2019年	2020年
苏州市	41.6451	38.8657	1	1	8	7
东莞市	31.2381	31.4662	2	2	14	14
佛山市	26.2068	28.3248	4	3	21	16
无锡市	27.7514	27.1647	3	4	18	20
珠海市	23.8834	22.5477	6	5	24	23
常州市	22.0492	22.1958	11	6	32	24
嘉兴市	23.4114	21.5290	7	7	25	27
绍兴市	22.0918	21.3618	10	8	31	29
温州市	25.3878	21.3543	5	9	22	30
南通市	22.2103	21.1595	8	10	28	31
中山市	20.4655	20.5733	13	11	36	32
金华市	22.1129	19.8979	9	12	30	33
泉州市	19.9622	19.6262	15	13	40	35
烟台市	20.0257	19.6054	14	14	39	36
台州市	21.5158	18.8712	12	15	34	40
东营市	17.4209	18.4484	24	16	54	44
徐州市	19.1558	18.3518	18	17	46	45
潍坊市	19.4171	18.1848	17	18	44	46
扬州市	17.8914	17.0436	21	19	51	48
淄博市	17.0880	16.9737	28	20	58	49
惠州市	17.4897	16.5749	22	21	52	50
唐山市	17.3913	16.5671	25	22	55	52
镇江市	19.0788	16.4806	19	23	47	53
泰州市	17.3030	16.1591	26	24	56	54
鄂尔多斯市	14.6479	16.0817	52	25	84	55
芜湖市	16.5575	16.0075	32	26	62	56
洛阳市	16.7044	15.9912	31	27	61	57
江门市	16.1838	15.8999	34	28	64	58
威海市	18.1977	15.8539	20	29	50	59

地级市（253个）	标准化值		排名		全国排名	
	2019年	2020年	2019年	2020年	2019年	2020年
襄阳市	13.7218	15.3948	66	30	99	62
济宁市	17.2163	15.3634	27	31	57	63
临沂市	16.7610	15.1998	29	32	59	64
沧州市	19.5721	14.9437	16	33	42	65
廊坊市	17.4349	14.9398	23	34	53	66
盐城市	16.0759	14.8136	36	35	66	67
湖州市	16.4590	14.7717	33	36	63	68
舟山市	15.7009	14.5903	38	37	69	69
汕头市	14.6662	14.5299	51	38	83	70
株洲市	14.3901	14.3688	55	39	87	71
赣州市	15.4245	14.3442	39	40	71	72
保定市	15.3612	14.2992	41	41	73	73
衢州市	16.1275	14.1781	35	42	65	74
淮安市	15.3939	14.0701	40	43	72	75
德州市	14.9832	13.9004	45	44	77	78
九江市	14.8225	13.8150	48	45	80	79
滨州市	14.8596	13.7187	47	46	79	80
包头市	14.3612	13.6921	56	47	88	81
衡阳市	12.8911	13.5904	81	48	116	82
连云港市	15.7422	13.5805	37	49	68	83
郴州市	14.8094	13.5203	49	50	81	85
桂林市	14.8002	13.4200	50	51	82	86
聊城市	15.2361	13.3527	43	52	75	87
岳阳市	13.0053	12.9702	78	53	113	88
德阳市	14.1393	12.9483	60	54	92	89
肇庆市	14.3904	12.8945	54	55	86	90
大庆市	13.8760	12.8887	61	56	94	91
蚌埠市	13.7530	12.8610	64	57	97	92
茂名市	11.8081	12.8428	111	58	147	93
绵阳市	13.4435	12.7536	70	59	104	94
马鞍山市	14.1913	12.7400	59	60	91	95
宜昌市	15.2594	12.6818	42	61	74	96
攀枝花市	13.5090	12.5738	69	62	103	97

地级市（253个）	标准化值		排名		全国排名	
	2019年	2020年	2019年	2020年	2019年	2020年
遵义市	13.0569	12.4610	77	63	112	98
漳州市	13.7517	12.4557	65	64	98	99
克拉玛依市	13.8640	12.4217	62	65	95	100
丽水市	14.9012	12.3708	46	66	78	101
湘潭市	12.2320	12.3523	99	67	135	102
日照市	12.6162	12.3253	83	68	118	103
菏泽市	13.2058	12.2744	74	69	109	104
嘉峪关市	12.5118	12.1686	87	70	122	105
泸州市	11.2670	12.1401	125	71	161	106
邯郸市	13.5188	12.1011	68	72	102	107
阜阳市	13.4070	12.0630	72	73	106	108
安庆市	13.6625	11.9764	67	74	100	109
黄石市	11.0610	11.9034	136	75	172	110
三亚市	14.4151	11.8762	53	76	85	111
宿迁市	13.0828	11.8474	75	77	110	112
柳州市	11.2896	11.7693	124	78	160	113
南平市	12.5550	11.7560	84	79	119	114
娄底市	12.3352	11.7552	95	80	131	115
晋中市	12.9731	11.6655	79	81	114	116
六安市	11.4599	11.6643	117	82	153	117
玉溪市	11.0676	11.6634	135	83	171	118
泰安市	12.4634	11.5057	89	84	125	119
新余市	11.4981	11.4863	116	85	152	120
益阳市	11.6165	11.4312	114	86	150	121
常德市	10.4113	11.3668	162	87	198	122
荆门市	12.3109	11.3544	96	88	132	123
榆林市	12.5141	11.3329	86	89	121	124
商丘市	12.9198	11.2998	80	90	115	125
吉林市	14.3276	11.2589	57	91	89	126
咸宁市	11.0051	11.2501	137	92	173	127
咸阳市	12.5516	11.2256	85	93	120	128
清远市	12.2475	11.1817	98	94	134	129
枣庄市	11.9732	11.1658	104	95	140	131

地级市（253个）	标准化值		排名		全国排名	
	2019年	2020年	2019年	2020年	2019年	2020年
南阳市	11.9919	11.1608	103	96	139	132
宿州市	11.0023	11.1254	138	97	174	133
邵阳市	12.3825	11.1227	94	98	130	134
铜陵市	11.8255	11.0934	110	99	146	135
宜宾市	11.1428	11.0299	133	100	169	136
新乡市	11.2577	11.0085	126	101	162	137
滁州市	12.0237	11.0010	102	102	138	138
防城港市	11.8475	10.9816	109	103	145	139
通辽市	11.2899	10.9352	123	104	159	140
赤峰市	12.4024	10.8875	92	105	128	141
邢台市	16.7184	10.8735	30	106	60	142
荆州市	13.2635	10.8640	73	107	107	143
孝感市	10.0115	10.8095	180	108	216	144
韶关市	11.4158	10.7378	119	109	155	145
承德市	15.0884	10.7302	44	110	76	146
鹰潭市	13.4174	10.7091	71	111	105	147
揭阳市	11.1844	10.6900	132	112	168	148
平顶山市	10.1240	10.6820	179	113	215	149
三门峡市	11.7604	10.6612	113	114	149	150
吉安市	11.9647	10.6128	106	115	142	151
吕梁市	10.5424	10.6063	155	116	191	152
乐山市	10.7120	10.5960	151	117	187	153
秦皇岛市	11.2501	10.5742	127	118	163	154
莆田市	9.9537	10.4863	185	119	221	155
十堰市	11.2004	10.4484	131	120	167	156
河源市	14.2393	10.4189	58	121	90	157
曲靖市	12.4956	10.4038	88	122	123	158
六盘水市	10.8447	10.3728	145	123	181	159
龙岩市	10.4170	10.2948	161	124	197	160
湛江市	11.3077	10.2633	122	125	158	161
梧州市	11.2476	10.2228	128	126	164	162
黄山市	13.0718	10.2223	76	127	111	163
张家口市	13.7777	10.1686	63	128	96	164

地级市（253个）	标准化值		排名		全国排名	
	2019年	2020年	2019年	2020年	2019年	2020年
达州市	9.3119	10.0868	207	129	243	165
信阳市	12.4349	10.0859	90	130	126	166
南充市	10.3856	10.0808	165	131	201	167
云浮市	11.2381	10.0708	130	132	166	168
葫芦岛市	11.8937	10.0601	108	133	144	169
开封市	12.3934	10.0156	93	134	129	170
三明市	12.7043	10.0077	82	135	117	171
怀化市	10.5887	9.9467	154	136	190	172
安阳市	12.4174	9.9309	91	137	127	173
景德镇市	11.9265	9.9253	107	138	143	174
亳州市	10.4727	9.9054	158	139	194	175
固原市	8.9586	9.8393	219	140	255	176
安康市	10.6521	9.8382	152	141	188	177
上饶市	10.4554	9.8297	159	142	195	178
丹东市	10.1502	9.7386	178	143	214	179
周口市	11.8023	9.7274	112	144	148	180
淮北市	9.7129	9.6940	194	145	230	181
晋城市	8.3396	9.6817	237	146	273	182
北海市	9.7652	9.6087	189	147	225	183
潮州市	10.4080	9.5820	163	148	199	184
长治市	10.8782	9.5729	142	149	178	185
酒泉市	10.1803	9.5709	175	150	211	186
渭南市	10.5007	9.5338	156	151	192	187
宁德市	12.2976	9.5318	97	152	133	188
海东市	8.7082	9.4660	224	153	260	189
驻马店市	10.9677	9.4652	140	154	176	190
阳江市	9.9995	9.4611	183	155	219	191
崇左市	10.9991	9.4507	139	156	175	192
宜春市	10.4333	9.3992	160	157	196	193
玉林市	10.7858	9.3930	147	158	183	194
许昌市	9.0995	9.3865	214	159	250	195
永州市	9.6180	9.3785	196	160	232	196
乌海市	10.3235	9.3732	168	161	204	197

地级市（253个）	标准化值		排名		全国排名	
	2019年	2020年	2019年	2020年	2019年	2020年
普洱市	11.3310	9.3702	121	162	157	198
宣城市	11.2444	9.3676	129	163	165	199
宝鸡市	10.4906	9.3337	157	164	193	200
内江市	10.7221	9.3249	150	165	186	201
绥化市	10.0011	9.3094	182	166	218	202
广元市	9.9156	9.2957	187	167	223	203
淮南市	10.9328	9.2864	141	168	177	204
毕节市	9.2899	9.2192	209	169	245	205
白银市	8.8671	9.2015	221	170	257	206
佳木斯市	10.8482	9.1943	144	171	180	207
汉中市	11.1106	9.1756	134	172	170	208
鄂州市	10.3862	9.1444	164	173	200	209
钦州市	10.2703	9.1291	172	174	208	210
漯河市	8.5206	9.1280	233	175	269	211
焦作市	9.0045	9.1208	217	176	253	212
眉山市	9.3031	9.0519	208	177	244	213
白山市	9.4018	9.0111	204	178	240	214
广安市	9.7590	8.9443	191	179	227	215
黄冈市	10.8534	8.9386	143	180	179	216
自贡市	8.4350	8.9255	235	181	271	217
安顺市	8.9861	8.9208	218	182	254	218
中卫市	11.4229	8.8337	118	183	154	219
河池市	10.6110	8.8277	153	184	189	220
延安市	9.7019	8.8206	195	185	231	221
大同市	8.6573	8.7563	230	186	266	222
石嘴山市	10.2710	8.6946	171	187	207	223
鹤壁市	9.7208	8.6889	192	188	228	224
锦州市	10.1673	8.6600	176	189	212	225
铜仁市	11.5478	8.6571	115	190	151	226
梅州市	9.0615	8.6362	216	191	252	227
衡水市	10.3223	8.6313	169	192	205	228
贺州市	9.9730	8.5865	184	193	220	229
丽江市	12.0504	8.5661	101	194	137	230

续表

地级市（253个）	标准化值		排名		全国排名	
	2019年	2020年	2019年	2020年	2019年	2020年
雅安市	8.3498	8.4824	236	195	272	231
运城市	9.4184	8.4794	202	196	238	232
盘锦市	9.5847	8.4073	198	197	234	233
金昌市	8.9229	8.3642	220	198	256	234
池州市	8.6928	8.3515	226	199	262	235
营口市	9.7865	8.3341	188	200	224	236
抚州市	9.2271	8.3231	212	201	248	237
鞍山市	11.9694	8.3073	105	202	141	238
遂宁市	9.3617	8.2369	206	203	242	239
铜川市	9.2494	8.2260	211	204	247	240
吴忠市	8.5268	8.2225	232	205	268	241
松原市	10.7315	8.2065	149	206	185	242
辽源市	9.3928	8.1191	205	207	241	243
辽阳市	9.4976	8.1135	201	208	237	244
资阳市	10.3490	8.1045	167	209	203	245
呼伦贝尔市	12.2142	8.0974	100	210	136	246
贵港市	8.6914	8.0777	227	211	263	247
乌兰察布市	11.4081	8.0765	120	212	156	248
巴中市	6.9200	7.9915	251	213	287	249
朔州市	9.2631	7.9470	210	214	246	250
抚顺市	7.2752	7.9434	246	215	282	251
本溪市	9.9298	7.8878	186	216	222	252
巴彦淖尔市	10.2232	7.8869	173	217	209	253
庆阳市	9.6163	7.8857	197	218	233	254
萍乡市	9.4140	7.8556	203	219	239	255
汕尾市	10.3556	7.7485	166	220	202	256
忻州市	9.0765	7.7308	215	221	251	257
百色市	10.3079	7.7157	170	222	206	258
齐齐哈尔市	10.8355	7.6995	146	223	182	259
张家界市	7.7306	7.6655	242	224	278	260
四平市	10.1872	7.6179	174	225	210	261
昭通市	7.8059	7.5819	240	226	276	262
临汾市	9.7635	7.5434	190	227	226	263

地级市（253个）	标准化值		排名		全国排名	
	2019年	2020年	2019年	2020年	2019年	2020年
张掖市	8.8431	7.4844	222	228	258	264
陇南市	9.5517	7.3792	199	229	235	265
濮阳市	10.7398	7.3223	148	230	184	266
阳泉市	9.7157	7.1617	193	231	229	267
儋州市	7.7663	7.1095	241	232	277	268
定西市	8.6168	7.0629	231	233	267	269
牡丹江市	10.0071	7.0499	181	234	217	270
黑河市	10.1627	7.0230	177	235	213	271
来宾市	6.4679	6.9746	252	236	288	272
商洛市	8.6686	6.9148	229	237	265	273
朝阳市	7.5431	6.9139	245	238	281	274
临沧市	8.7270	6.8746	223	239	259	275
武威市	8.5006	6.8159	234	240	270	276
白城市	8.7069	6.6792	225	241	261	277
随州市	7.1426	6.6240	248	242	284	278
保山市	8.2567	6.6136	238	243	274	279
阜新市	8.6838	6.4579	228	244	264	280
平凉市	7.7128	6.3019	243	245	279	281
七台河市	7.6342	6.2860	244	246	280	282
铁岭市	7.2312	6.1360	247	247	283	283
通化市	9.5266	5.9601	200	248	236	284
天水市	8.1782	5.8272	239	249	275	285
鸡西市	7.0777	5.4107	249	250	285	286
双鸭山市	9.1773	5.4036	213	251	249	287
鹤岗市	6.9880	5.2341	250	252	286	288
伊春市	6.1784	4.8400	253	253	289	289

从地级市营商环境指数排名来看，2019年和2020年，前10名全部是东部地区城市，且都为南方城市。单看2019年，前30名全部为东部地区城市，且大多数城市处于长三角和珠三角等经济发展水平高的地区。2020年，前30名城市里有27个东部地区城市，处于中部的芜湖市和洛阳市挤进了前30名，分别从2019年的第32名和第31名上升至第26名和第27名。由此可见，在"放管服"

改革与"法治营商环境"建设的背景下，个别城市进步明显，使营商环境得到了大幅度的提升。但是由于区位差异明显，多数城市的营商环境改善有限，导致城市之间的营商环境差距仍然巨大。

（二）营商环境指数的分项指标评价结果

本项研究主要对各城市营商环境指数的 7 个分项指标（一级指标）评价结果进行分析说明，具体从直辖市、计划单列市、省会城市以及其他 253 个地级市四个方面展开。

1. 公共服务指数

公共服务水平指城市用以满足公民日常生存发展需求的水、电、气和医疗等服务的水平。2020 年 4 个直辖市的公共服务指数得分排名从前往后依次为上海市、北京市、重庆市和天津市。

从计划单列市得分来看，2020 年 5 个城市中排名第 1 的为深圳市，具体得分为 39.4724，宁波市、青岛市、大连市和厦门市分别以 22.9984、17.1804、16.7440 和 9.0863 位列第 2 ～ 5 名。

从省会城市得分来看，2020 年广州市、成都市、武汉市、杭州市和南京市的公共服务指数分别位列第 1 ～ 5 名。省会城市排名变动方面：一方面，长沙市、合肥市、西宁市、乌鲁木齐市、长春市和银川市等排名相对往年有所提升；另一方面，与往年排名相比下降的主要有石家庄市、太原市、哈尔滨市、贵阳市和南昌市，其中石家庄市以下降 3 名为下降幅度最大的城市，剩余其他省会城市的排名没有发生变化。总体而言，由于我国正迈向高质量发展阶段，各省会城市的公共服务资源投入都较多且较为稳定，因而各省会城市该项指数排名较为稳定，变动不大。

从地级市得分来看，2020 年苏州市、成都市、武汉市、杭州市和南京市的公共服务指数分别以 40.5648、30.0954、28.0946、22.2156 和 20.6109 位列第 1 ～ 5 名。地级市排名变动方面，排名上升最多的是百色市，上升了 34 名，名次上升幅度在 15 名以上的城市为泸州市、海东市、来宾市、信阳市和阳泉市等；此外，排名下降最多的是六盘水市,下降了 43 名,其次则为安顺市,下降了 32 名,名次下降幅度在 15 名以上的城市为开封市、昭通市、商洛市、赣州市、陇南市、铁岭市和承德市等。

分区域来看,可以发现 2020 年东部地区公共服务指数居于领先地位,有 48 个地级市公共服务指数排名进入前 100 名,占东部地区地级市总量的 65.8%;中部地区和西部地区分别有 27 个和 20 个地级市进入前 100 名,占比分别为 36.5% 和 26.3%,而东北地区仅有 6 个地级市进入前 100 名,占比为 16.7%。总的来说,各区域公共服务指数仍有差距。与 2019 年数据进行纵向对比发现,西部地区地级市公共服务指数进入前 100 名的比例有所上升。相反,东北地区的占比有所下降,东部地区和中部地区没有较大变化。这主要是因为我国的经济发展模式是以投资为驱动力,而东部地区吸引资金的能力强,因此首先得到了发展,其他地区由于吸引资金的能力弱,所以存在很大的上升空间,但是总体上来说地级市的公共服务指数排名比较稳定。

分南北区域看,2020 年有 55 个南方城市的公共服务指数进入前 100 名,有 45 个北方城市进入前 100 名,分别占各地区地级市的比例为 39.6% 和 39.5%。通过对比 2019 年可以看到,南方城市的比例有略微上升的趋势,而北方则有略微下降的趋势。见图 6-1。

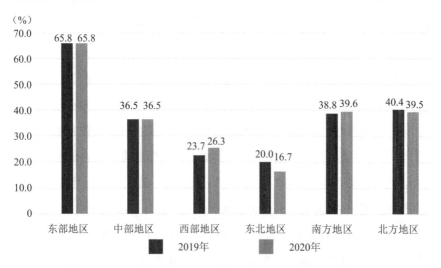

图 6-1 2019—2020 年公共服务指数排名前 100 城市的地理分布

2. 人力资源指数

人力资源是企业生存发展的第一要素，人力资源指数主要用以衡量城市的人力资源供应情况。在 2020 年 4 个直辖市的人力资源指数得分中北京市和上海市分别以 66.7295 和 64.8301 远超重庆市和天津市，一方面是因为两个城市高校众多，产业分类丰富，人才供给量和人才需求量都较高；另一方面两个城市较为可观的薪酬也吸引着各类求职者。

从 5 个计划单列市得分来看，深圳市因其开放包容的城市氛围和较高的薪酬水平吸引着人才，其人力资源指数以 55.1389 排在第 1 名，宁波市、青岛市、大连市和厦门市分别以 35.8325、35.3215、27.7514 和 27.7320 位列第 2 ～ 5 名。

从省会城市得分来看，2020 年广州市、成都市、西安市、南京市和郑州市的人力资源指数分别以 74.2909、64.8633、57.9744、55.2148 和 55.0079 位列第 1~5 名。从人力资源指数倒数 5 名的省会城市的区域分布来看，属于西部地区的有 4 个城市，东部地区仅有海口市。

从地级市得分来看，2020 年苏州市、廊坊市、佛山市、珠海市和保定市的人力资源指数分别位列第 1 ～ 5 名。从人力资源指数前 10 名的城市的区域分布来看，属于东部地区的有 9 个城市，西部地区仅有克拉玛依市。

分区域来看，2020 年东部地区人力资源指数排在第 1 名，有 50 个地级市人力资源指数排名进入前 100 名，占东部地区地级市总量的 68.5%，究其原因是其经济发展水平较高、高校云集。中部地区和西部地区分别有 19 个和 30 个地级市进入前 100 名，占比分别为 25.7% 和 39.5%；而东北地区仅有 1 个地级市进入前 100 名，占比仅为 3.3%，表明其人才外流较为严重，人才供应十分不足。此外，通过纵向对比发现，中部地区人力资源指数前 100 名城市数量占比上升，而东西部地区有所下降。

分南北区域看，2020 年有 74 个南方城市的人力资源指数进入前 100 名，有 26 个北方城市进入前 100 名，分别占各地区地级市的比例为 53.2% 和 22.8%。通过对比 2019 年可以看到，南方城市的比例有略微上升的趋势，而北方则有略微下降的趋势。见图 6-2。

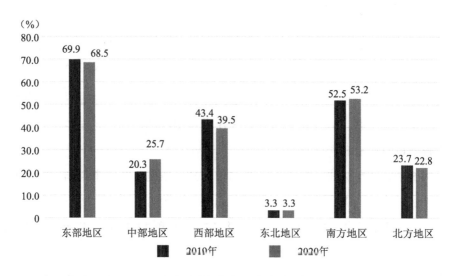

图 6-2 2019—2020 年人力资源指数排名前 100 城市的地理分布

3. 市场环境指数

作为企业选择生产经营地区的重要考虑维度之一，市场环境对市场需求总量以及企业产品的流通渠道有着举足轻重的影响。在直辖市市场环境指数方面，上海市、重庆市市场环境指数在 2020 年达到 60.5499、50.7630，排名第 1～2 位，北京市、天津市得分分别为 48.4204、29.8311，排名为第 3～4 位。上海市排在第 1 位的主要原因是它拥有众多的规模以上工业企业，实际利用外资数额大。整改后，很多工业企业纷纷搬迁或者升级改造，导致规模以上工业企业数量减少，且由于发展起点较高，导致新签订的项目合同在数量上并不占据绝对主导地位。

根据计划单列市的评分情况，深圳市 2020 年市场环境指数排名第 1 达到 68.2049，遥遥领先，宁波市、青岛市、大连市和厦门市分列第 2～5 位，得分分别为 35.8899、30.6697、21.7181 和 21.2318。在计划单列市排名变动方面，各市的市场环境指数排名变动幅度较小，相较于 2019 年排名有所变动的仅有厦门与大连两市。

根据 2020 年省会城市评分情况，市场环境指数评分以广州市最为突出，达到 47.7178，位居第 1，武汉市、成都市、杭州市、西安市等排名第 2～5 位。结合 2019—2020 年间市场环境排名变动情况，可以发现，济南市排名具有显著变动，从第 13 名上升至第 9 名，究其原因，是 2019—2020 年，济南市显著提升自身吸引外商投资的能力，外商投资为地区资金使用提供了充裕的支持；排名提升较大的还有西安市，由第 8 名跃升到第 5 名；其余城市中，合肥市提升 2 名，而南昌市、南宁市、石家庄市和福州市等则下降 2 名，广州市、杭州市、昆明市、武汉市和西宁市等其他城市则基本未变动。从整体上看，省会城市市场环境指数名次没有明显改变。

就地级市而言，苏州市 2020 年度市场环境指数评分为 46.9560，排名靠前。无锡市、佛山市、珠海市和鄂尔多斯市的排名为第 2～5 名，其得分依次为 37.3423、32.5241、30.5879 和 30.0478。排在前 10 名的仅鄂尔多斯市为西部城市和北部城市，其他 9 个都为东部城市和南部城市。究其原因，是鄂尔多斯较高水平的人均国内生产总值，同时，矿物资源禀赋颇丰，上述因素使得其拥有较高水平的工业化进程。从排名变化来看，2019 年名次位于前 7 的地级市同 2020 年一样，但 7 座城市间排名有所变化，珠海市及鄂尔多斯市名次分别提升 1 名及 2 名，东莞市及常州市名次则降低了 2 名和 1 名。另外，我们发现部分西部地区和中部地区地级市进步幅度较大，其中有 5 个中部城市和 2 个西部地区城市排名上升幅度超过 20 名。而排名下降幅度超过 20 名的城市中以西部地区和东北地区居多，其中有 5 个西部城市、6 个东北地区城市，另有 2 个东部和 2 个中部城市。

从区域分布来看，市场环境指数前 100 位的四大地区地级市数量在东部地区占据绝对主导地位，共有 54 个城市跻身百强，占全部东部城市数量的 74%；在中部地区共有 32 个城市位居百强，占据中部城市数量的 43.2%；百强城市中有 12 个位于西部地区，占比达西部城市总量的 15.8%；在东北地区，仅 2 个城市跻身百强城市，为东北城市总量的 6.7%。结合上述不同地区百强比重变化现状可以发现，百强城市大多居于中部地区，东部、东北以及西部等地区较少，体现了中部城市市场环境的改善。

分南北区域看，2020 年有 61 个南方城市的市场环境指数进入前 100 名，有

39 个北方城市进入前 100 名，分别占各地区地级市的比例为 43.9% 和 34.2%。通过对比 2019 年可以看到，进入前 100 名的南北方城市占各区域地级市总数的比例没有明显变化，这说明"南强北弱"的市场环境格局较为稳定。从整体上看，在市场环境指数方面，百强城市里南方城市总体上要优于北方城市，不仅体现在数量方面，在质量方面南方城市也优于北方城市。见图 6-3。

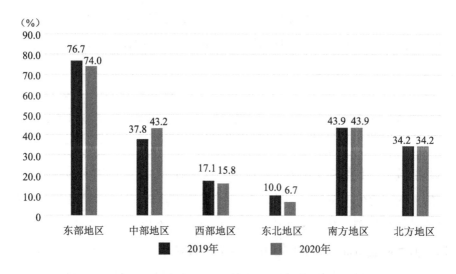

图 6-3 2019—2020 年度市场环境指数前 100 城市的地理分布

4. 创新环境指数

创新环境是企业经营发展乃至城市经济转型的关键驱动力，本项研究从创新投入与创新产出两个维度对城市创新环境进行衡量。2020 年全国各城市创新环境指数的均值为 4.2402，表明我国还未进入高水平创新型国家的行列，各城市的创新环境的发展空间很大。

根据直辖市的创新环境指数评分，北京市的创新环境指数在 2020 年达到 82.4079，位居第 1，上海市、天津市和重庆市得分分别为 71.3834、29.0155 和 22.4636，依次排名为第 2～4 位。相较于其他指数评分而言，在创新环境指数方面，天津、重庆两市得分显著低于上海、北京等市，意味着上海和北京等市具有较为一流的创新环境氛围。

在计划单列市 2020 年的创新环境评分方面，深圳市得分达到 100，排名第 1 位，宁波市、青岛市、厦门市、大连市得分分别为 23.0106、12.0888、10.1915、6.9671，依次排名为第 2 ～ 5 位。综合上述对计划单列市分析可以发现，深圳创新环境指数显著优于其余城市。

根据 2020 年省会城市创新环境得分情况，广州市得分达到 46.7726，排名第 1，杭州市、成都市、武汉市、南京市得分分别为 30.3911、27.0338、23.6541、22.9677，依次排名为第 2 ～ 5 位。而排名后 10 位的地级市除石家庄市与海口市属于东部地区外，长春属于东北地区，其余 7 个地级市都属于西部地区，这表明了中国东西部地区创新环境存在显著差异。

在地级市排名方面，2020 年度创新环境指数前 5 名依次为苏州市、东莞市、佛山市、无锡市、绍兴市，得分依次为 40.7573、27.0674、23.1081、17.0386、16.1323，跻身前 9 名的地级市与 2019 年度相同，仅在某些排序上有所改变，嘉兴市和绍兴市排名均上升 2 名，泉州市上升 1 名，中山市和温州市分别下降 1 名和 2 名，佛山市、东莞市、苏州市、南通市和无锡市均未发生变化。

总体上看，相较于其他指标，创新环境指数在各城市间的差异最大，且排名相对固定，排名变化幅度在 30 名以上的城市较少，排名上升和下降超过 30 名的城市分别有 8 个和 4 个。这说明创新过程比较复杂，要经过时间的考验，并不是经济发展水平越高，就意味着创新环境越优良，还需要一些主观因素，例如，科研机构、微观企业与政府有关部门从事产学研协同创新活动，只有综合各种力量，才能追赶上时代变革的步伐，才能推动一座城市创新环境更好。在创新环境指数标准化值方面，北京、上海和深圳等超一线城市指数值明显领先于其他城市，说明这 3 个城市在创新方面具有绝对优势，它们研发投入力度较大，创新成果变现较好，给创新主体带来了有利的创新条件。

在地区分布上，东部地区共有 60 个地级市跻身全国百强之列，占全部东部城市的 80% 左右；中部地区共有 34 座地级市跻身百强，占中部城市的 45% 左右；而西部地区仅 6 座地级市跻身百强之列，占据西部城市的比例不到 8%。东北地区没有一个地级市跻身百强，反映出东北地区较差的总体创新环境。与

2019 年相比，东部地区比重持续攀升，中部地区及东北地区的城市比重基本没有变化，西部地区的城市比重呈下降趋势。这意味着我国拥有较为集中的研发投入与创新产出，主要的创新集中地为北京、深圳和上海等超一线城市；从另一个角度来看，这说明经济发达地区科学支出更高，从而带来了创新投入的提高。

　　分南北区域看，2020 年有 74 个南方城市的创新环境指数进入前 100 名，有 26 个北方城市进入前 100 名，分别占各地区地级市的比例为 53.2% 和 22.8%。通过对比 2019 年可以看到，进入前 100 名的南北方城市占各区域地级市总数的比例没有明显变化，说明中国的创新要素近两年主要集中在南方地区。从整体上看，在创新环境指数方面，跻身百强的北方城市数量远远少于南方城市，存在显著的差异。见图 6-4。

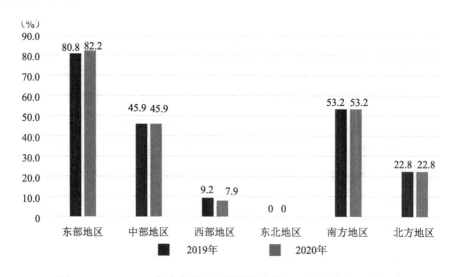

图 6-4 2019—2020 年度创新环境指数排名前 100 城市的地理分布

5. 金融服务指数

　　金融服务水平对城市企业经营环境有显著影响，金融服务指数（FI）主要用于评估城市内企业融资的效率和规模。就直辖市金融服务指数名次而言，北京市和上海市得分分别为 100 和 72.3819，位居第 1～2 位，而天津市和重庆市得分分别为 31.7828 和 29.583，相比之下北京市和上海市有很大优势。

深圳市的融资效率一直名列前茅，金融指数高达 44.3133，已连续两年登顶，这也是多数企业选择到深圳进行运营和发展的一个原因。2020 年度，宁波市、青岛市、大连市和厦门市分列第 2 ～ 5 位，评分排名和 2019 年度相同。

在省会城市金融服务指数评分方面，广州市在 2020 年的评分为 31.766，排名居第 1 位，杭州市、成都市、南京市、武汉市得分依次为 28.8928、28.2726、21.7704、20.3132，排名居第 2 ～ 5 位。西安市、郑州市、济南市、长沙市和沈阳市依次排名居第 6 ～ 10 位，可见东部和中部地区省会城市金融发展水平较为平衡，金融服务指数评分位列前 10 的省会城市，有 4 个在中东部地区，3 个在中部地区，2 个在西部地区，仅有 1 个在东北地区。在 2019—2020 年省会城市金融服务指数评分的排名中，西部地区的呼和浩特市、贵阳市、兰州市、乌鲁木齐市、西宁市、银川市和拉萨市这 7 个省会城市几乎垫底，说明我国西部地区各城市融资环境还比较差。

在地级市金融服务指数评分方面，苏州市在 2020 年的评分为 19.9682，位居第 1 位，温州市、无锡市、南通市和台州市的排名在第 2 ～ 5 位。从排名前 10 位看，只有唐山市、保定市这两个北方城市，说明东、南方城市金融服务水平都比较好。与此同时，名次下滑较多的城市除东营市、宁德市是东部地区城市外，多数是中部地区三、四线城市，如丹东市、商丘市、邵阳市等。

在区域分布上，2020 年，就区域分布来看，东部、中部、西部、东北地区金融服务指数位列前 100 的地级市的数量分别为 54 个、27 个、12 个、7 个。与 2019 年相比，东部地区与东北地区地级市跻身百强数量基本未变，西部地区入围百强的地级市数量不断攀升，与此同时，中部地区跻身百强的地级市数量却在下降，说明西部地区城市开始注重提升金融服务效率，并且效果显著。

分南北区域看，2020 年有 59 个南方城市的金融服务指数进入前 100 名，有 41 个北方城市进入前 100 名，分别占各地区地级市的比例为 42.4% 和 36.0%。通过对比 2019 年可以看到，进入前 100 名的南北方城市占各区域地级市总数的比例没有明显变化。从整体上看，南方城市与北方城市评分差距较大，南方城市金融服务指数居前 100 位的更多，这也表明我国南方的金融服务相较于北方更加先进。见图 6-5。

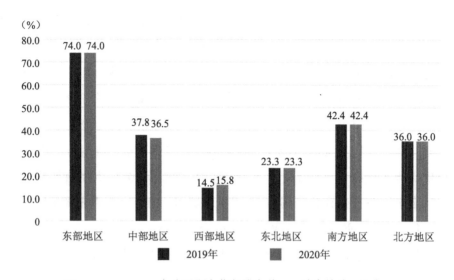

图 6-5 2019—2020 年金融服务指数排名前 100 城市的地理分布

6. 法治环境维度

良好的法治环境不仅体现在使企业经营更加合理规范，还能提升外来企业对于城市的满意度和归属感。因此，营造良好的法治环境是提升营商环境的重要因素。

2020 年直辖市法治环境指数前 4 名分别是北京市、上海市、重庆市和天津市，指数值分别为 77.9823、77.9045、67.1447 和 63.8984。

2020 年计划单列市排名前 5 的分别是深圳市、青岛市、宁波市、大连市和厦门市，指数值分别为 70.7081、61.4339、60.2923、52.8312 和 52.5173。

2020 年省会城市法治环境指数得分前 5 名的分别是广州市、济南市、南京市、杭州市、海口市，指数值分别为 66.0408、63.4296、60.9599、59.4703、59.4669。该指数排名前 10 中，东部城市占 6 个，中部和西部地区城市分别占 1 个和 2 个。在排名最后的 5 个城市中，东北和中部地区城市各占 1 个，分别是长春市和太原市，西部地区城市占 3 个。表明西部地区省会城市法治环境建设还有待提高。

从地级市法治环境指数得分来看，2020 年，佛山市居于首位，指数高达

62.4762，温州市、台州市、连云港市和淄博市居于第 2 ～ 5 名，指数值分别为 60.9525、59.9891、58.9546 和 57.5088。排名前 10 的城市均为东部地区城市，位于浙江省、广东省、江苏省尤其多，其背后的原因在于拥有较好的治安环境，较低的万人刑事案件，以及较多的律师事务所。经济发展水平虽影响法治环境指数，但其他 6 个分项指数与其的关联度更高，即拥有良好法治环境的城市并不一定经济发达，而与城市的司法机关人员办案能力、办事态度息息相关。况且经济发达的城市可能因为人口众多、商业繁荣，导致司法机关每年的受理案件增多，在受理案件达到一定数量后，公职人员可能会降低自身效率，导致司法环境水平下降。因此，简单的线性相关关系并不能准确表达法治环境水平与经济发展水平之间的关系。

2020 年，就区域分布而言，法治环境指数位居前 100 的城市，东部、中部、西部和东北地区城市分别有 43 个、33 个、18 个和 6 个，分别对应占其所在地区城市总数的 58.9%、44.6%、23.7% 和 20%。因此，相对于其他分项指标来说，法治环境在全国发展中较为均衡。对比 2019 年，在地级市进入前 100 名的数量方面，东部地区没有变化，西部地区略微上升，而中部和东北地区有较小幅度的下降，分别从 2019 年的 45.9% 和 23.3% 下降为 2020 年的 44.6% 和 20%，这说明中部和东北地区城市的法治环境恶化，而西部地区的法治环境得到改善。其原因主要是：一方面，在人均刑事案件数量上，西部地区较低；另一方面，在律师事务所数量上，东北和中部地区城市不占优势。

分南北区域看，2020 年有 62 个南方城市的法治环境指数排进前 100 名，有 38 个北方城市进入前 100 名，分别占各地区地级市的比例为 44.6% 和 33.3%。通过对比 2019 年可以看到，进入前 100 名的南方城市占所有南方城市数的比例有略微下降的趋势，而北方则有略微上升的趋势。总体来讲，法治环境指数排名在前 100 的南方城市要多于北方城市，且差距较大。一方面，因为南方地区城市经济发展水平高，促使众多律师事务所选择在南方地区发展；另一方面，中国南方地区人口众多，虽然刑事案件数不少，但"分母"相应比较大，导致万人刑事案件数量较少，即治安环境较好。见图 6-6。

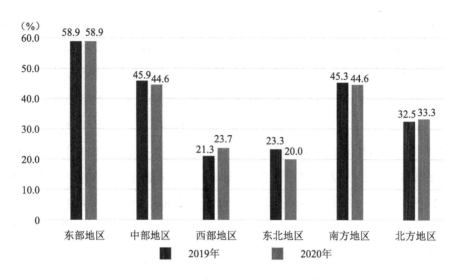

图6-6 2019—2020年法治环境指数排名前100城市的地理分布

7.政务环境维度

政务环境指数反映了地方政府效率与地方服务水平。2020年全国各城市政务环境指数的均值为20.3983，不到30个城市超过了平均值，这表明我国各城市政府在提升其行政效率、公共服务水平以及不断深化内部管理体制改革上仍有较大的提高空间。

2020年直辖市政务环境指数位列首位和次位的分别是上海市（85.5579）与北京市（78.835），远超于天津市和重庆市。

2020年计划单列市政务环境指数，排在前5名的分别是深圳市、厦门市、宁波市、青岛市、大连市，其指数值分别为71.3849、39.107、36.4212、34.0343、25.2444。深圳市连续两年政务效率指数均稳居第一，主要是因为深圳市是我国改革开放的窗口，很多政策先行先试，政府创新形式多样，政府工作效率也不断得到改进，为其他城市树立了标杆。

从省会城市政务环境指数排名来看，排在前5名的分别为南京市、广州市、武汉市、成都市、杭州市，其指数值分别为50.6065、47.5939、39.4604、39.0738、38.5615。从排名的变动幅度进行分析，排名上升幅度较大的城市有武汉市、南京市、长春市、昆明市、沈阳市、乌鲁木齐市以及济南市，其中武汉市上升了13名，南京市、长春市和昆明市上升8名，沈阳市和乌鲁木齐市上升7名，济南市上升6名，这说明"放管服"改革已对这些城市的发展产生了显著的积极影响；城市排名下降幅度较大的有兰州市、西宁市、福州市、太原市、合肥市、石家庄市、长沙市，其中兰州市和西宁市都下降了11个名次，福州市下降了10名，太原市下降9名，合肥市和石家庄市都下降了7名，长沙市下降5名。

2020年地级市政务效率指数排在前5名的城市分别为东莞市、苏州市、中山市、佛山市和无锡市，其指数分别为54.4047、39.1634、36.7165、35.5199和34.9302。前10名中所有城市均为东部地区城市，这说明东部地区城市的政府效率较高，政商关系较好。

从进入2020年排名前100的地级市分布来看，四大地区中，东部地区城市政务环境最佳，前100名中东部、中部、西部、东北地区城市分别占49个、28个、19个、4个，分别对应占其所在地区城市总数的67.1%、37.8%、25.0%、13.3%。相较于2019年，东部和东北两地区位列百强的地级市数分别占其所在地区城市总数比例有所降低，而中部和西部则有所上升，这表明近两年来中、西部政府效率提高，政商关系加强。

分南北区域看，2020年有77个南方城市的政务环境指数进入前100名，有23个北方城市进入前100名，分别占各地区地级市的比例为55.4%和20.2%。通过对比2019年可以看到，进入前100名的南方城市占所有南方城市数的比例有明显上升的趋势，而北方则有大幅度下降趋势。总体来讲，政务环境指数排名在前100名的南方城市要多于北方城市，且差距很大。见图6-7。

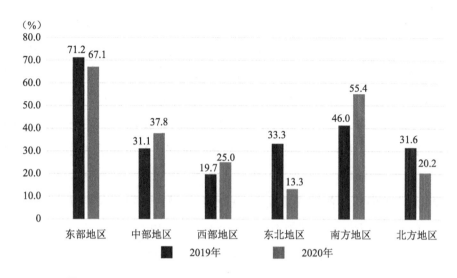

图 6-7 2019—2020 年政务环境指数排名前 100 城市的地埋分布

二、各省、自治区内城市营商环境评价结果

本部分将对 23 个省、自治区 [①] 内城市营商环境评价结果进行比较，探讨这 23 个省、自治区内城市营商环境的现状；通过对比各省、自治区内城市的 7 个分项指标的全国排名情况，如分项指标排名进入全国前 150 名城市的数量，分析制约各省、自治区城市营商环境水平提升的主要影响因素。同时，对比各城市营商环境省内排名与分项指标省内排名，探讨影响城市营商环境水平的主要因素。

（一）河北省城市营商环境评价

河北省地处我国华北平原，内环北京、天津 2 个直辖市，下辖 11 个地级市，处于"京津冀城市圈"。2020 年河北省城市营商环境指数排名表现相对较好（见

---

① 本项研究计算的营商环境指数中，西藏、新疆、海南、青海4个省份的城市数量少于3个，故这4个省份的营商环境评价结果不再单独列出。

表 6-5），有 8 个城市排名位于前 150 名。其中，省会石家庄市排在第 34 名，唐山市、沧州市、廊坊市、保定市位列前 100 名，邯郸市、秦皇岛市、邢台市、承德市、张家口市排在前 200 名，只有衡水市排在 200 名之后。这表明河北省城市营商环境整体水平处于较高水平，但是从近两年的城市营商环境全国排名来看，河北省呈下降趋势，其中省会石家庄市从 2019 年的第 33 名下降为 2020 年的第 34 名，邢台市、承德市和张家口市从 2019 年的第 60 名、第 76 名和第 96 名下降为 2020 年的第 142 名、第 146 名和第 164 名，沧州市、廊坊市、邯郸市、承德市以及衡水市也有较大幅度的下降。总体而言，虽然河北省城市营商环境排名较好，但整体水平处于下降趋势。

表 6-5　　　　　　　　　　河北省城市营商环境评价

城市	营商环境指数		省内排名		省内排名近1年变化	全国排名		全国排名近1年变化
	2019年	2020年	2019年	2020年		2019年	2020年	
石家庄市	21.5449	19.8300	1	1	0	33	34	−1
唐山市	17.3913	16.5671	4	2	2	55	52	3
沧州市	19.5721	14.9437	2	3	−1	42	65	−23
廊坊市	17.4349	14.9398	3	4	−1	53	66	−13
保定市	15.3612	14.2992	6	5	1	73	73	0
邯郸市	13.5188	12.1011	9	6	3	102	107	−5
邢台市	16.7184	10.8735	5	7	−2	60	142	−82
承德市	15.0884	10.7302	7	8	−1	76	146	−70
秦皇岛市	11.2501	10.5742	10	9	1	163	154	9
张家口市	13.7777	10.1686	8	10	−2	96	164	−68
衡水市	10.3223	8.6313	11	11	0	205	228	−23

从河北省城市 7 个分项指标的全国排名来看，金融服务指数的排名十分优异，有 10 个城市的排名进入了全国前 100 名；公共服务指数、人力资源指数与市场环境指数表现较好，分别有 6 个、6 个和 5 个城市排名进入前 100 名；创新环境排名表现优异，共有 9 个城市排名进入前 150 名；法治环境指数和政务环境指数虽然均有 5 个城市进入前 150 名，但是仍分别有 5 个和 4 个城市排在 200 名之后。总体来看，河北省城市 7 个分项指标大多表现相对较好，高效的金融服务和良好的创新环境是其优势，法治环境和政务环境还存在不足，可以从政务环境

和法治环境入手整改以提升营商环境整体表现。见表 6-5-1、表 6-5-2、表 6-5-3。

表 6-5-1 河北省城市营商环境分项指标评价（一）

城市	公共服务指数			人力资源指数		
	2020年	全国排名	省内排名	2020年	全国排名	省内排名
石家庄市	15.7968	31	2	33.9169	21	1
唐山市	20.6109	18	1	20.4225	62	4
邯郸市	13.1355	44	3	14.1828	168	8
张家口市	5.5066	137	9	13.8602	178	9
保定市	12.3639	49	4	26.8004	36	3
沧州市	10.0925	58	5	19.0926	77	6
秦皇岛市	5.5303	134	8	19.8826	69	5
邢台市	8.7710	69	6	14.3495	160	7
廊坊市	6.8974	100	7	29.1834	31	2
承德市	5.4170	140	10	13.7552	182	10
衡水市	4.4771	168	11	12.0547	233	11

从河北省城市各分项指标的省内排名来看，石家庄市的人力资源指数、创新环境指数、金融服务指数和政务环境指数排名均位于省内第 1，公共服务指数、市场环境指数位于省内第 2 名；唐山市除了人力资源指数、创新环境指数和法治环境指数分别排在省内第 4 名、第 3 名和第 8 名，其他指标也均排在省内第 1～2 名。

表 6-5-2 河北省城市营商环境分项指标评价（二）

城市	市场环境指数			创新环境指数		
	2020年	全国排名	省内排名	2020年	全国排名	省内排名
石家庄市	18.5937	43	2	5.1419	53	1
唐山市	21.2375	30	1	2.6841	77	3
邯郸市	11.2870	92	5	1.8614	105	7
张家口市	5.8916	201	11	0.7259	180	10
保定市	10.0309	104	6	3.2661	68	2
沧州市	13.2347	74	4	2.2549	91	5
秦皇岛市	8.3979	140	7	1.2932	142	9
邢台市	7.7485	154	8	1.8915	103	6
廊坊市	13.3168	71	3	2.4715	84	4
承德市	6.6908	175	9	0.6659	186	11
衡水市	6.5333	178	10	1.3187	139	8

沧州市和张家口市的法治环境指数省内排名较好，分别位于第 1 名和第 2 名；廊坊市和保定市的人力资源指数排名较好，分别位于第 2 名和第 3 名；廊坊市的创新环境指数省内排名较好，位于省内第 4 名；衡水市和秦皇岛市的法治环境指数排名较差，分别位于省内第 10 名和第 11 名；邢台市和张家口市的政务环境指数排名相对较差，分别位于省内第 10 名和第 11 名。

表 6-5-3 河北省城市营商环境分项指标评价（三）

城市	金融服务指数			法治环境指数			政务环境指数		
	2020年	全国排名	省内排名	2020年	全国排名	省内排名	2020年	全国排名	省内排名
石家庄市	10.9607	24	1	35.3874	169	6	24.1987	41	1
唐山市	7.9441	36	2	29.7216	212	8	17.7337	96	2
邯郸市	5.7951	49	4	26.3188	262	10	16.8662	111	3
张家口市	3.0522	90	10	53.3737	35	2	3.1717	287	11
保定市	7.3228	39	3	28.2297	238	9	16.7241	116	4
沧州市	4.9849	56	5	55.3549	26	1	13.0617	165	6
秦皇岛市	3.2058	86	9	24.2302	282	11	16.0316	124	5
邢台市	3.5738	79	8	45.1505	133	5	6.0550	267	10
廊坊市	4.7049	60	6	47.1796	108	4	11.5717	188	7
承德市	3.6840	78	7	50.3869	60	3	7.7303	253	9
衡水市	2.5410	122	11	30.0979	207	7	10.5521	218	8

（二）山西省城市营商环境评价

山西省位于我国中部地区，共下辖 11 个地级市，太原市为山西省省会城市。2020 年山西省城市营商环境指数排名整体表现较差（见表 6-6），排名在前 100 的只有太原市（17.3298），排名在 100～200 的有晋中市（11.6655）、吕梁市（10.6063）、晋城市（9.6817）和长治市（9.5729），其他 6 座城市全部排在200 名之后。从总体上来看，山西省城市营商环境处于较低水平。从全国排名变化来看，山西省有 4 个城市较 2019 年的排名有所上升，其中晋城市、大同市和吕梁市上升幅度较大，从 2019 年的第 273 名、第 266 名和第 191 名上升为 2020年的第 182 名、第 222 名和第 152 名。也有城市的营商环境较去年有所下降，其中临汾市和阳泉市下降幅度较大，从 2019 年的第 226 名和第 229 名下降为 2020 年的第 263 名和第 267 名。

表 6-6　　　　　　　　　山西省城市营商环境评价

城市	营商环境指数		省内排名		省内排名近1年变化	全国排名		全国排名近1年变化
	2019年	2020年	2019年	2020年		2019年	2020年	
太原市	19.5834	17.3298	1	1	0	41	47	−6
晋中市	12.9731	11.6655	2	2	0	114	116	−2
吕梁市	10.5424	10.6063	4	3	1	191	152	39
晋城市	8.3396	9.6817	11	4	7	273	182	91
长治市	10.8782	9.5729	3	5	−2	178	185	−7
大同市	8.6573	8.7563	10	6	4	266	222	44
运城市	9.4184	8.4794	7	7	0	238	232	6
朔州市	9.2631	7.9470	8	8	0	246	250	−4
忻州市	9.0765	7.7308	9	9	0	251	257	−6
临汾市	9.7635	7.5434	5	10	−5	226	263	−37
阳泉市	9.7157	7.1617	6	11	−5	229	267	−38

从山西省城市 7 个分项指标的全国排名来看，省会城市太原除了在法治环境指数的排名表现较差外，其他分项指标均进入全国前 100 名。公共服务指数排名方面，有太原市、长治市、晋城市、运城市和临汾市 5 个城市进入全国前 150 名；人力资源指数排名方面只有太原市和晋中市 2 个城市进入全国前 150 名；市场环境指数和创新环境指数排名方面只有太原市进入全国前 150 名；金融服务指数排名相较于其他指标来说较好，太原市、长治市、晋中市、临汾市和运城市的排名均进入了全国前 150 名；法治环境指数方面有忻州市、晋中市和吕梁市进入了全国前 150 名；政务环境指数方面有太原市、长治市、晋城市和大同市进入全国前 150 名，但是阳泉市、忻州市、临汾市以及运城市都排在全国 200 名之后。见表 6-6-1、表 6-6-2、表 6-6-3。

表 6-6-1　　　　　　山西省城市营商环境分项指标评价（一）

城市	公共服务指数			人力资源指数		
	2020年	全国排名	省内排名	2020年	全国排名	省内排名
太原市	13.5053	42	1	31.4299	25	1

城市	公共服务指数			人力资源指数		
	2020年	全国排名	省内排名	2020年	全国排名	省内排名
长治市	5.2968	142	4	12.7353	214	8
晋城市	5.0596	150	5	13.2299	200	6
大同市	4.9477	155	7	13.0036	206	7
朔州市	2.3091	243	11	12.6579	218	9
吕梁市	4.3566	174	8	13.8700	177	3
晋中市	5.0331	151	6	18.5776	84	2
运城市	8.3531	76	2	13.6995	184	5
阳泉市	4.2551	175	9	11.5642	241	10
临汾市	5.4322	139	3	13.7967	180	4
忻州市	2.7539	230	10	10.8641	252	11

从山西省城市 7 个分项指标的省内排名来看，太原市除了在法治环境指数方面处于劣势，其他分项指标都独占鳌头。晋中市的公共服务指数、市场环境指数和政务环境指数排名表现较差，分别排在省内第 6 名、第 5 名和第 7 名；吕梁市的公共服务指数、市场环境指数、创新环境指数、金融服务指数和政务环境指数排名表现较差，分别排在省内第 8 名、第 7 名、第 7 名、第 7 名和第 6 名，但是其法治环境指数排名表现优异，排在省内第 1 名；朔州市的公共服务指数排名表现较差，排在省内第 11 名，但是市场环境指数排名表现较好，排在省内第 3 名；长治市的人力资源指数排名表现较差，排在省内第 8 名，但是政务环境指数表现较好，排在省内第 2 名。

表 6-6-2　　山西省城市营商环境分项指标评价（二）

城市	市场环境指数			创新环境指数		
	2020年	全国排名	省内排名	2020年	全国排名	省内排名
太原市	10.9411	95	1	5.2119	51	1
长治市	5.8689	204	4	0.4247	217	5
晋城市	6.9022	171	2	0.3521	230	6
大同市	3.9310	242	8	0.6067	193	4
朔州市	6.7387	174	3	0.2531	247	10
吕梁市	5.1894	218	7	0.3105	237	7
晋中市	5.6156	212	5	0.7396	179	2

续表

城市	市场环境指数			创新环境指数		
	2020年	全国排名	省内排名	2020年	全国排名	省内排名
运城市	3.2343	255	10	0.6622	188	3
阳泉市	5.5636	213	6	0.2029	259	11
临汾市	3.5071	250	9	0.2862	241	8
忻州市	3.1685	257	11	0.2834	243	9

运城市的市场环境指数排名表现较差，排在省内第 10 名，但是公共服务指数、创新环境指数和金融服务指数排名表现相对较好，分别排在省内第 2 名、第 3 名和第 4 名；忻州市缺少充足的人力资源储备、良好的市场环境和高效的政务环境，其人力资源指数、市场环境指数和政务环境指数均排在省内最后 1 名，但法治环境指数排名表现较好，排在省内第 3 名；临汾市的公共服务指数、人力资源指数和金融服务指数排名表现相对较好，分别排在省内第 3 名、第 4 名和第 5 名。

表 6-6-3 山西省城市营商环境分项指标评价（三）

城市	金融服务指数			法治环境指数			政务环境指数		
	2020年	全国排名	省内排名	2020年	全国排名	省内排名	2020年	全国排名	省内排名
太原市	10.9080	25	1	35.2836	171	4	20.0132	64	1
长治市	2.8674	98	3	30.3405	205	6	16.3993	119	2
晋城市	2.0277	154	6	32.4003	188	5	15.3728	132	3
大同市	1.6939	174	8	28.5202	235	8	15.1788	133	4
朔州市	1.2575	211	10	26.8525	254	10	11.8619	184	5
吕梁市	1.7749	168	7	50.5527	59	1	11.5056	191	6
晋中市	4.1384	65	2	48.4996	93	2	11.3326	197	7
运城市	2.8171	103	4	28.4918	236	9	8.7685	243	8
阳泉市	1.1248	217	11	26.1170	264	11	7.6226	256	9
临汾市	2.6567	114	5	29.9788	210	7	4.6242	277	10
忻州市	1.4028	199	9	46.2702	122	3	2.2189	289	11

（三）内蒙古自治区城市营商环境评价

内蒙古自治区地处我国北部，横跨东北、华北、西北三大地区，下辖 9 个地级市和 3 个盟，本项研究主要针对 9 个地级市的营商环境进行评价（见表 6-7）。2019 年，全国营商环境指数排名中，内蒙古自治区下辖城市营商环境指数排名处于一般水平，有 5 个城市排在前 150 名，乌海市和巴彦淖尔市排在 200 名之后。同时，在 2020 年，乌兰察布市和呼伦贝尔市的营商环境指数排名大幅度下降，巴彦淖尔市排名下降幅度也较大。

表 6-7　　　　　　　　　　内蒙古自治区城市营商环境评价

城市	营商环境指数		区内排名		区内排名近1年变化	全国排名		全国排名近1年变化
	2019年	2020年	2019年	2020年		2019年	2020年	
鄂尔多斯市	14.6479	16.0817	1	1	0	84	55	29
呼和浩特市	13.5821	13.9647	3	2	1	101	77	24
包头市	14.3612	13.6921	2	3	-1	88	81	7
通辽市	11.2899	10.9352	7	4	3	159	140	19
赤峰市	12.4024	10.8875	4	5	-1	128	141	-13
乌海市	10.3235	9.3732	8	6	2	204	197	7
呼伦贝尔市	12.2142	8.0974	5	7	-2	136	246	-110
乌兰察布市	11.4081	8.0765	6	8	-2	156	248	-92
巴彦淖尔市	10.2232	7.8869	9	9	0	209	253	-44

从内蒙古自治区城市 7 个分项指标的全国排名来看，有 6 个城市的公共服务指数排名进入了前 150 名，这主要由于内蒙古自治区地广人稀，人均公共资源充足。人力资源指数和市场环境指数、金融服务指数和政务环境指数均有 4 个城市位于全国前 150 名；创新环境指数排名较差，有 6 个城市位于全国 200 名之后；法治环境指数排名表现一般，有 3 个城市排在全国前 150 名，但也有 3 个城市排在 200 名之后。见表 6-7-1、表 6-7-2、表 6-7-3。

表 6-7-1　　　　　　内蒙古自治区城市营商环境分项指标评价（一）

城市	公共服务指数			人力资源指数		
	2020年	全国排名	区内排名	2020年	全国排名	区内排名
呼和浩特市	8.4826	73	5	20.7592	58	2
包头市	16.3925	28	1	17.8798	93	3
鄂尔多斯市	14.0447	37	2	21.1529	56	1
赤峰市	6.0110	122	6	14.9048	147	4
巴彦淖尔市	3.2561	207	9	12.2675	227	9

城市	公共服务指数			人力资源指数		
	2020年	全国排名	区内排名	2020年	全国排名	区内排名
呼伦贝尔市	3.3426	202	8	14.1601	169	6
乌海市	4.8435	157	7	14.6717	154	5
通辽市	9.5253	61	3	12.8797	208	8
乌兰察布市	9.1895	63	4	13.5702	186	7

从内蒙古自治区城市的各个分项指标区内排名来看，首府呼和浩特市的公共服务指数和法治环境指数排名表现相对较差，分别位于区内第 5 名和第 4 名，其他 5 个分项指标排名表现相对较好，均位居区内前 3 名。鄂尔多斯市的 7 个指数都排在区内前 3 名，其中市场环境指数、人力资源指数、政务环境指数更是排在了区内第 1 名。包头市除了法治环境指数和政务环境指数分别排在区内第 6 名和第 4 名，其他 5 个指数均排在区内前 3 名。乌兰察布市除了公共服务指数排在区内第 4 名，其他指数的排名在区内都相对靠后。

表 6-7-2　　　　内蒙古自治区城市营商环境分项指标评价（二）

城市	市场环境指数			创新环境指数		
	2020年	全国排名	区内排名	2020年	全国排名	区内排名
呼和浩特市	13.6671	66	3	1.3391	137	1
包头市	16.7060	51	2	1.0879	153	2
鄂尔多斯市	30.0478	18	1	0.8222	171	3
赤峰市	6.1403	190	8	0.4373	213	4
巴彦淖尔市	6.3777	180	5	0.2433	251	5
呼伦贝尔市	6.3729	181	6	0.2214	255	6
乌海市	10.5096	100	4	0.1626	269	7
通辽市	6.1414	189	7	0.1092	276	8
乌兰察布市	4.2839	232	9	0.0691	285	9

呼伦贝尔市的 7 个分项指数排名表现较稳定，均排在区内第 6～9 名。通辽市的人力资源指数、市场环境指数、创新环境指数、金融服务指数和政务环境指数排名表现都相对较差，分别排在区内第 8 名、第 7 名、第 8 名、第 7 名与第 8 名，但是法治环境排名表现较为优异，位列区内第 1 名。赤峰市的市场环境指数排名表现较差，仅排在区内第 8 名。乌海市的金融服务指数排名表现较差，排在

区内最后一名，但政务环境指数排名表现较好，排在区内第 3 名。巴彦淖尔市的市场环境指数、创新环境指数、金融服务指数和政务环境指数排名表现较好，分别排在区内第 5 名、第 5 名、第 4 名和第 5 名。

表 6-7-3　　　　内蒙古自治区城市营商环境分项指标评价（三）

城市	金融服务指数			法治环境指数			政务环境指数		
	2020年	全国排名	区内排名	2020年	全国排名	区内排名	2020年	全国排名	区内排名
呼和浩特市	5.9864	44	1	38.1365	158	4	17.4395	101	2
包头市	3.5320	80	2	32.1442	190	6	14.2534	146	4
鄂尔多斯市	2.8202	101	3	51.0066	53	2	17.6524	98	1
赤峰市	1.9825	158	5	47.3034	106	3	11.5722	187	6
巴彦淖尔市	2.2438	136	4	24.4471	278	9	11.8929	182	5
呼伦贝尔市	1.4685	190	6	33.5015	178	5	6.0829	266	9
乌海市	0.5137	273	9	25.8451	269	8	14.5572	142	3
通辽市	1.1442	216	7	53.4169	34	1	7.4902	257	8
乌兰察布市	0.9330	233	8	26.9287	253	7	7.8452	251	7

（四）辽宁省城市营商环境评价

辽宁省地处我国东北地区，同时也是沿海省份，共下辖 14 个地级市。2020 年全国营商环境指数排名中，辽宁省下辖城市营商环境指数排名表现较差（见表 6-8），两极分化严重，其中沈阳市和大连市都排在全国前 30 名，葫芦岛市和丹东市分别排在全国第 169 名和第 179 名，其他城市全部排在全国 200 名之后，表明辽宁省城市营商环境整体处于较低水平。全省有近一半城市营商环境指数较 2019 年有所进步，一半城市较 2019 年有所下滑，其中丹东市进步最为明显，从 2019 年的第 214 名上升为 2020 年的第 179 名；鞍山市营商环境指数排名下降幅度最大，从 2019 年的第 141 名下降到第 238 名。

表 6-8　　　　　　　　辽宁省城市营商环境评价

城市	营商环境指数		省内排名		省内排名近1年变化	全国排名		全国排名近1年变化
	2019年	2020年	2019年	2020年		2019年	2020年	
沈阳市	23.3274	22.1952	1	1	0	26	25	1

城市	营商环境指数		省内排名		省内排名近1年变化	全国排名		全国排名近1年变化
	2019年	2020年	2019年	2020年		2019年	2020年	
大连市	22.3946	21.9231	2	2	0	27	26	1
葫芦岛市	11.8937	10.0601	4	3	1	144	169	−25
丹东市	10.1502	9.7386	6	4	2	214	179	35
锦州市	10.1673	8.6600	5	5	0	212	225	−13
盘锦市	9.5847	8.4073	9	6	3	234	233	1
营口市	9.7865	8.3341	8	7	1	224	236	−12
鞍山市	11.9694	8.3073	3	8	−5	141	238	−97
辽阳市	9.4976	8.1135	10	9	1	237	244	−7
抚顺市	7.2752	7.9434	13	10	3	282	251	31
本溪市	9.9298	7.8878	7	11	−4	222	252	−30
朝阳市	7.5431	6.9139	12	12	0	281	274	7
阜新市	8.6838	6.4579	11	13	−2	264	280	−16
铁岭市	7.2312	6.1360	14	14	0	283	283	0

从辽宁省城市 7 个分项指标的全国排名来看，金融服务指数排名表现相对较好，有 6 个城市进入了全国前 150 名，其他 6 个分项指标排名表现相对较差。其中，公共服务指数排名中沈阳市、大连市、鞍山市、营口市和抚顺市在全国前 150 名，其他城市均在 150 名之后；人力资源指数排名只有沈阳市和大连市位于全国前 100 名，其他城市均排在 200 名之后；市场环境指数排名只有沈阳市、大连市、盘锦市进入全国前 100 名，其他城市都排在 150 名之后；创新环境指数排名只有沈阳市、大连市和鞍山市排在前 150 名，其他城市均排在 170 名之后；法治环境指数排名只有沈阳市、大连市、丹东市和葫芦岛市排在前 140 名，其他都排在 170 名之后；政务环境指数排名只有沈阳市、大连市、丹东市和葫芦岛市排在前 140 名，其他城市均排在 150 名之后。总的来看，辽宁省城市的 7 个分项指标排名都处于较低水平，人力资源、市场环境、创新环境、法治环境与政务环境都制约着辽宁省的营商环境水平的提升。见表 6-8-1、表 6-8-2、表 6-8-3。

表 6-8-1　　　　　　　辽宁省城市营商环境分项指标评价（一）

城市	公共服务指数			人力资源指数		
	2020年	全国排名	省内排名	2020年	全国排名	省内排名
沈阳市	19.7244	19	1	30.1986	29	1
大连市	16.7440	25	2	27.7514	33	2
鞍山市	8.6815	71	3	9.5170	265	10
抚顺市	5.4405	138	5	11.7604	239	5
本溪市	4.4612	171	7	10.0492	258	8
丹东市	3.3354	203	11	8.0821	285	13
锦州市	4.1092	180	8	12.1643	231	4
营口市	7.7817	82	4	5.4777	288	14
阜新市	2.5904	235	14	9.6390	263	9
辽阳市	4.4668	170	6	12.6639	217	3
铁岭市	2.9122	226	13	8.3693	283	12
朝阳市	3.8154	191	9	10.2472	256	7
盘锦市	3.1981	215	12	8.8215	277	11
葫芦岛市	3.4745	197	10	11.1771	248	6

从辽宁省城市的各分项指标省内排名来看，沈阳市和大连市的 7 个分项指数都排在省内第 1 ~ 2 名；葫芦岛市的公共服务指数、人力资源指数、市场环境指数、创新环境指数和金融服务指数排名表现都相对较差，分别排在省内第 10 名、第 6 名、第 11 名、第 7 名和第 7 名；丹东市的公共服务指数、人力资源指数、市场环境指数和金融服务指数排名表现较差，分别排在省内第 11 名、第 13 名、第 10 名和第 13 名；锦州市的公共服务指数和市场环境指数排名表现较差，分别排在省内第 8 名和第 9 名。

表 6-8-2　　　　　　　辽宁省城市营商环境分项指标评价（二）

城市	市场环境指数			创新环境指数		
	2020年	全国排名	省内排名	2020年	全国排名	省内排名
沈阳市	14.9649	58	2	6.1080	45	2
大连市	21.7181	28	1	6.9671	40	1
鞍山市	6.1982	186	5	0.7435	178	3
抚顺市	5.7871	207	6	0.3650	226	8
本溪市	5.4051	214	7	0.1566	271	14
丹东市	4.2609	233	10	0.4362	214	5

城市	市场环境指数			创新环境指数		
	2020年	全国排名	省内排名	2020年	全国排名	省内排名
锦州市	4.4831	228	9	0.6288	189	4
营口市	7.5358	159	4	0.2486	249	10
阜新市	2.2555	277	14	0.2010	260	13
辽阳市	5.2434	217	8	0.3594	229	9
铁岭市	2.3482	274	13	0.2085	257	12
朝阳市	2.8640	264	12	0.2252	254	11
盘锦市	11.4454	89	3	0.4158	219	6
葫芦岛市	3.2939	252	11	0.4145	221	7

朝阳市的人力资源指数和金融服务指数排名表现较好，分别位于省内第7名和第4名；盘锦市的公共服务指数和人力资源指数排名较低，分别位于省内第12名和第11名，但市场环境指数排名表现较好，排在省内第3名；阜新市的人力资源指数排名表现相对较好，排在省内第9名；本溪市的公共服务指数、人力资源指数、市场环境指数和法治环境指数排名表现较好，分别排在省内第7名、第8名、第7名和第5名；辽阳市公共服务指数和人力资源指数排名表现相对较好，分别排在省内第6名和第3名，但金融服务指数排名表现较差，排在省内第12名；营口市的人力资源指数、创新环境指数与法治环境指数排名表现较差，分别排在省内第14名、第10名和第11名，但公共服务指数和市场环境指数排名表现较好，均排在省内第4名；其他城市的各分项指标与其营商环境指数省内排名较为一致。

表6-8-3　　　　辽宁省城市营商环境分项指标评价（三）

城市	金融服务指数			法治环境指数			政务环境指数		
	2020年	全国排名	省内排名	2020年	全国排名	省内排名	2020年	全国排名	省内排名
沈阳市	14.5407	17	1	51.3173	50	2	28.2198	26	1
大连市	12.5081	19	2	52.8312	39	1	25.2444	38	2
鞍山市	2.3559	134	6	29.5570	217	7	8.1810	249	14
抚顺市	1.4993	185	10	28.9246	227	9	8.8204	241	11
本溪市	1.5192	184	9	33.5516	177	5	8.6264	244	12
丹东市	1.3010	207	13	48.8099	87	3	14.9682	135	4

城市	金融服务指数			法治环境指数			政务环境指数		
	2020年	全国排名	省内排名	2020年	全国排名	省内排名	2020年	全国排名	省内排名
锦州市	2.7630	106	3	32.5205	187	6	11.9046	181	6
营口市	2.3766	132	5	28.0867	240	11	13.4156	158	5
阜新市	1.4899	186	11	24.9940	276	13	10.2142	221	10
辽阳市	1.4770	189	12	28.8267	229	10	10.6614	215	9
铁岭市	1.2583	210	14	25.8329	270	12	8.5883	245	13
朝阳市	2.3794	131	4	23.5390	286	14	10.8688	209	8
盘锦市	1.5815	181	8	28.9656	226	8	11.2762	201	7
葫芦岛市	1.7101	172	7	45.0658	134	4	16.9535	110	3

（五）吉林省城市营商环境评价

吉林省地处我国东北中部，下辖 8 个地级市和 1 个自治州，本项研究主要针对这 8 个地级市的营商环境进行评价（见表 6-9）。2020 年全国营商环境指数排名中，吉林省下辖城市营商环境指数排名表现较差，只有长春市进入了前 100 名，吉林市排在了前 150 名，其他城市均排在 200 名之后。通过全国排名变化可以看到，吉林省只有白山市和长春市的营商环境指数排名从 2019 年到 2020 年有提升，其他城市均有不同幅度的下降，由此可见，吉林省城市的营商环境相对较差。

表 6-9　　　　　　　　吉林省城市营商环境评价

城市	营商环境指数		省内排名		省内排名近1年变化	全国排名		全国排名近1年变化
	2019年	2020年	2019年	2020年		2019年	2020年	
长春市	18.7636	18.5213	1	1	0	48	43	5
吉林市	14.3276	11.2589	2	2	0	89	126	−37
白山市	9.4018	9.0111	6	3	3	240	214	26
松原市	10.7315	8.2065	3	4	−1	185	242	−57
辽源市	9.3928	8.1191	7	5	2	241	243	−2
四平市	10.1872	7.6179	4	6	−2	210	261	−51
白城市	8.7069	6.6792	8	7	1	261	277	−16
通化市	9.5266	5.9601	5	8	−3	236	284	−48

从吉林省 8 个城市 7 个分项指标的全国排名来看，人力资源指数、市场环境

指数、创新环境指数、金融服务指数、政务环境指数排名中，只有长春市进入全国前 100 名，其他城市均在 150 名之后；公共服务指数排名中，只有长春市和吉林市位于全国前 100 名，其他城市均排在 200 名之后；法治环境指数排名中，只有吉林市和白山市排在全国前 150 名，其他城市均排在 170 名之后。总的来看，吉林省城市的营商环境较差，各项分项指标均制约着其营商环境的提升。见表 6-9-1、表 6-9-2、表 6-9-3。

表 6-9-1　　　　　　吉林省城市营商环境分项指标评价（一）

城市	公共服务指数			人力资源指数		
	2020年	全国排名	省内排名	2020年	全国排名	省内排名
长春市	13.7708	39	1	31.0427	28	1
吉林市	7.6101	83	2	14.6446	156	2
四平市	3.0479	220	3	11.2347	246	3
辽源市	1.3367	278	7	9.4172	269	6
通化市	2.4587	237	4	9.7936	261	5
白山市	1.4651	272	6	8.6743	278	7
白城市	1.3162	280	8	8.4427	280	8
松原市	2.1827	248	5	11.2327	247	4

从吉林省城市的各分项指标省内排名来看，省会城市长春市除了法治环境指数表现较差，其他指数均排在省内第 1 名。吉林市除了政务环境指数排在省内第 7 名，其他各分项指数均稳居前 2 名。但是由于其他城市的各分项指数排名表现较差，导致吉林省整体营商环境缺乏竞争力。其中，白山市的公共服务指数、人力资源指数、创新环境指数和金融服务指数排名表现较差，分别排在省内第 6 名、第 7 名、第 8 名和第 7 名。

表 6-9-2　　　　　　吉林省城市营商环境分项指标评价（二）

城市	市场环境指数			创新环境指数		
	2020年	全国排名	省内排名	2020年	全国排名	省内排名
长春市	14.3806	62	1	4.7476	56	1
吉林市	7.3326	163	2	0.6108	191	2
四平市	3.2925	253	7	0.2681	246	4
辽源市	5.8829	202	5	0.0922	279	7
通化市	4.4849	227	6	0.4763	209	3

续表

城市	市场环境指数			创新环境指数		
	2020年	全国排名	省内排名	2020年	全国排名	省内排名
白山市	6.4003	179	3	0.0759	283	8
白城市	3.1597	258	8	0.2064	258	5
松原市	6.0202	195	4	0.1050	277	6

辽源市的金融服务指数排名表现较差，排在省内第8名，但政务环境指数排名表现较好，排在省内第2名；四平市的公共服务指数和人力资源指数排名表现较好，均排在省内第3名；通化市的公共服务指数、创新环境指数和金融服务指数排名表现较好，分别排在省内第4名、第3名和第3名。

表6-9-3　　　　　吉林省城市营商环境分项指标评价（三）

城市	金融服务指数			法治环境指数			政务环境指数		
	2020年	全国排名	省内排名	2020年	全国排名	省内排名	2020年	全国排名	省内排名
长春市	10.9007	26	1	33.2460	182	4	26.4691	33	1
吉林市	2.0905	152	2	52.1662	43	1	7.9934	250	7
四平市	1.0791	222	4	30.5038	204	6	11.5078	190	4
辽源市	0.5010	274	8	31.7539	192	5	15.7282	128	2
通化市	1.2517	212	3	26.5145	259	8	3.5927	285	8
白山市	0.8109	245	7	47.7891	103	2	10.7884	213	5
白城市	1.0320	228	5	29.9971	209	7	10.3730	220	6
松原市	0.9657	231	6	33.4858	179	3	11.8796	183	3

（六）黑龙江省城市营商环境评价

黑龙江省位于我国东北地区，下辖12个地级市和1个地区行署，本项研究主要针对12个地级市的营商环境进行评价（见表6-10）。2020年全国营商环境指数排名中，黑龙江下辖城市营商环境指数排名表现相对较差，只有哈尔滨市和大庆市进入了全国前100名，其他城市都排在200名之后，反映出黑龙江省营商环境处于较低水平。通过对比2019年排名可以看到，黑龙江省仅有2个城市的营商环境指数排名较2019年有所上升，齐齐哈尔市、牡丹江市、黑河市和双鸭山市的营商环境指数下降幅度较大。

表 6-10   黑龙江省城市营商环境评价

城市	营商环境指数		省内排名		省内排名近1年变化	全国排名		全国排名近1年变化
	2019年	2020年	2019年	2020年		2019年	2020年	
哈尔滨市	20.2378	18.6962	1	1	0	38	42	−4
大庆市	13.8760	12.8887	2	2	0	94	91	3
绥化市	10.0011	9.3094	7	3	4	218	202	16
佳木斯市	10.8482	9.1943	3	4	−1	180	207	−27
齐齐哈尔市	10.8355	7.6995	4	5	−1	182	259	−77
牡丹江市	10.0071	7.0499	6	6	0	217	270	−53
黑河市	10.1627	7.0230	5	7	−2	213	271	−58
七台河市	7.6342	6.2860	9	8	1	280	282	−2
鸡西市	7.0777	5.4107	10	9	1	285	286	−1
双鸭山市	9.1773	5.4036	8	10	2	249	287	38
鹤岗市	6.9880	5.2341	11	11	0	286	288	−2
伊春市	6.1784	4.8400	12	12	0	289	289	0

　　从分项指标的全国排名来看,黑龙江省除了法治环境和金融服务指数排名表现处于较好水平,其他分项指标排名都较差。公共服务指数和市场环境指数排名中,只有哈尔滨市和大庆市进入全国前 100 名,其他城市均位列 200 名之后;人力资源指数排名中,只有哈尔滨市、鸡西市和大庆市进入全国前 100 名,其他城市均在 190 名之后;创新环境指数排名中,只有哈尔滨市进入全国前 50 名,其他城市均位于 180 名之后;政务环境指数排名中,除了哈尔滨市和绥化市进入全国前 150 名,其他城市均排在 200 名以后;金融服务指数排名表现较好,其中哈尔滨市、齐齐哈尔市、牡丹江市、大庆市和绥化市均排在全国前 150 名;法治环境指数表现优异,有 10 个城市进入了全国前 150 名。见表 6-10-1、表 6-10-2、表 6-10-3。

表 6-10-1   黑龙江省城市营商环境分项指标评价(一)

城市	公共服务指数			人力资源指数		
	2020年	全国排名	省内排名	2020年	全国排名	省内排名
哈尔滨市	17.8313	22	1	30.1898	30	1
齐齐哈尔市	5.6164	130	3	11.5170	243	3
牡丹江市	3.1921	216	5	10.8061	253	4

城市	公共服务指数			人力资源指数		
	2020年	全国排名	省内排名	2020年	全国排名	省内排名
佳木斯市	2.7383	232	6	9.2974	270	7
鸡西市	2.2977	244	7	8.3768	282	8
鹤岗市	1.8169	261	9	8.0493	286	10
双鸭山市	2.0318	252	8	9.4376	267	5
七台河市	0.9407	287	12	9.4299	268	6
黑河市	1.3202	279	11	6.5312	287	11
伊春市	1.3505	276	10	4.9844	289	12
大庆市	8.4405	74	2	19.2738	73	2
绥化市	3.2063	213	4	8.2347	284	9

从分项指标的省内排名来看，省会哈尔滨市领先地位较为明显，除了法治环境指数排在省内第 5 名，其他分项指标均排在省内第 1 名；大庆市除了政务环境指数排在省内第 6 名，其他分项指数均排在省内第 1～2 名；齐齐哈尔市的市场环境指数和法治环境指数排名较低，分别排在省内第 9 名和第 11 名；鸡西市的市场环境指数排名表现较好，排在省内第 6 名；绥化市的人力资源指数、市场环境指数排名表现较差，分别位于省内第 9 名、第 11 名；七台河市的公共服务指数排名表现较差，位于省内第 12 名，但政务环境指数排名表现较好，排在省内第 5 名。

表 6-10-2　　**黑龙江省城市营商环境分项指标评价（二）**

城市	市场环境指数			创新环境指数		
	2020年	全国排名	省内排名	2020年	全国排名	省内排名
哈尔滨市	14.1380	64	1	5.3751	49	1
齐齐哈尔市	2.4860	273	9	0.1914	265	6
牡丹江市	6.0919	192	3	0.2877	240	3
佳木斯市	3.9744	241	4	0.2780	244	4
鸡西市	2.9327	263	6	0.1407	274	7
鹤岗市	2.3382	275	10	0.0821	281	9
双鸭山市	3.3007	251	5	0.0146	289	12
七台河市	2.7047	268	8	0.0872	280	8
黑河市	2.7462	266	7	0.0376	288	11
伊春市	1.5850	283	12	0.0644	286	10

城市	市场环境指数			创新环境指数		
	2020年	全国排名	省内排名	2020年	全国排名	省内排名
大庆市	13.2955	72	2	0.7214	182	2
绥化市	2.2976	276	11	0.2153	256	5

牡丹江市的市场环境指数和创新环境指数排名表现较好，均排在省内第3名；黑河市的公共服务指数、人力资源指数、创新环境指数和政务环境指数对其营商环境发展造成了阻碍，分别排在省内第11名、第11名、第11名和第12名，但法治环境指数较高，排在省内第2名；伊春市的公共服务指数、人力资源指数、市场环境指数、创新环境指数、金融服务指数和法治环境指数排名表现较差，阻碍了伊春市的营商环境发展，其政务环境排指数名表现相对较好，排在省内第7名；其余各城市的各个分项指标省内排名与其营商环境指数的省内排名相对一致。

表 6-10-3　　黑龙江省城市营商环境分项指标评价（三）

城市	金融服务指数			法治环境指数			政务环境指数		
	2020年	全国排名	省内排名	2020年	全国排名	省内排名	2020年	全国排名	省内排名
哈尔滨市	12.0186	20	1	35.9008	168	5	21.1547	57	1
齐齐哈尔市	2.9930	91	3	25.4645	273	11	11.5500	189	3
牡丹江市	2.7401	107	4	27.2939	246	8	5.6851	272	8
佳木斯市	1.4495	192	6	48.3948	96	3	11.2949	200	4
鸡西市	1.3717	201	7	26.0339	265	9	3.5962	284	10
鹤岗市	0.4922	275	11	28.0642	241	7	3.4058	286	11
双鸭山市	0.7848	247	8	24.2625	281	12	4.2795	280	9
七台河市	0.5428	271	10	28.8059	231	6	8.9976	238	5
黑河市	0.6973	254	9	48.6255	90	2	3.0702	288	12
伊春市	0.3241	284	12	25.8961	267	10	6.6942	261	7
大庆市	3.0678	89	2	50.1005	66	1	7.7253	254	6
绥化市	1.6339	178	5	43.5008	147	4	17.4742	99	2

（七）江苏省城市营商环境评价

江苏省地处我国东部沿海中心、长江下游地区，其下辖13个地级市（见

表 6-11）。2020 年全国营商环境指数排名中，江苏省下辖城市营商环境指数排名表现优异，有 12 个城市营商环境排名进入全国前 100 名，即使表现最差的宿迁市也排在了全国第 112 名，苏州市、南京市、无锡市、常州市、南通市、徐州市和扬州市更是排进了前 50 名，这表明江苏省城市的营商环境十分具有竞争力。

表 6-11　　　　　　　　　　　江苏省城市营商环境评价

城市	营商环境指数		省内排名		省内排名近1年变化	全国排名		全国排名近1年变化
	2019年	2020年	2019年	2020年		2019年	2020年	
苏州市	41.6451	38.8657	1	1	0	8	7	1
南京市	34.6255	36.7596	2	2	0	11	10	1
无锡市	27.7514	27.1647	3	3	0	18	20	-2
常州市	22.0492	22.1958	5	4	1	32	24	8
南通市	22.2103	21.1595	4	5	-1	28	31	-3
徐州市	19.1558	18.3518	6	6	0	46	45	1
扬州市	17.8914	17.0436	8	7	1	51	48	3
镇江市	19.0788	16.4806	7	8	-1	47	53	-6
泰州市	17.3030	16.1591	9	9	0	56	54	2
盐城市	16.0759	14.8136	10	10	0	66	67	-1
淮安市	15.3939	14.0701	12	11	1	72	75	-3
连云港市	15.7422	13.5805	11	12	-1	68	83	-15
宿迁市	13.0828	11.8474	13	13	0	110	112	-2

从分项指标的全国排名来看，江苏省城市除了法治环境指数排名表现较为一般，其他 6 个分项指标排名表现都较为优异。公共服务指数排名和金融服务指数排名中分别有 11 个和 12 个城市进入全国前 100 名；人力资源指数排名中有 9 个城市进入全国前 110 名；市场环境指数排名中，全部城市都排在前 130 名之内；创新环境指数排名表现十分优异，所有城市都进入了全国前 100 名；政务环境指数排名中，有 12 个城市进入全国前 150 名；法治环境指数排名相对表现一般，有 11 个城市进入全国前 150 名，但是也有 2 个城市位于 150 名之后。总体来看，江苏省城市具有浓郁的创新氛围、优异的市场环境、高效的金融服务、良好的政务环境、充足的人力资源储备和丰富的公共服务条件，导致其创新环境水平处于国内拔尖水平。见表 6-11-1、表 6-11-2、表 6-11-3。

表 6-11-1　　　　江苏省城市营商环境分项指标评价（一）

城市	公共服务指数			人力资源指数		
	2020年	全国排名	省内排名	2020年	全国排名	省内排名
南京市	24.5841	13	2	55.2148	6	1
无锡市	22.2156	17	3	24.7841	39	4
徐州市	13.0133	45	6	20.3447	63	6
常州市	14.6305	34	4	25.0242	37	3
苏州市	40.5648	5	1	34.1260	20	2
南通市	13.7155	40	5	23.8688	42	5
连云港市	6.0930	119	13	16.5554	111	10
淮安市	6.4259	108	12	16.5225	113	11
盐城市	9.6623	60	7	16.2307	119	12
扬州市	7.4732	85	9	19.5888	71	7
镇江市	6.9335	99	11	19.0395	78	8
泰州市	8.3747	75	8	17.0077	103	9
宿迁市	7.3901	89	10	13.3738	196	13

从江苏省城市各分项指标省内排名来看，南京市和苏州市的领先幅度较为明显，南京市除了市场环境指数排在省内第4名，其他分项指标均排在第1～2名；苏州市的7个分项指标均排在省内第1～3名；无锡市的法治环境指数排名较低，位于全省第5名，其他指标均分列省内第2～4名；徐州市的市场环境指数和创新环境指数排名较差，分别排在了省内第9名和第10名，还有待提高。

表 6-11-2　　　　江苏省城市营商环境分项指标评价（二）

城市	市场环境指数			创新环境指数		
	2020年	全国排名	省内排名	2020年	全国排名	省内排名
南京市	29.2809	22	4	22.9677	13	2
无锡市	37.3423	9	2	17.0386	16	3
徐州市	15.7703	56	9	6.2933	44	10
常州市	29.3794	21	3	10.5988	28	5
苏州市	46.9560	6	1	40.7573	5	1
南通市	26.6734	25	5	12.1585	23	4
连云港市	9.1756	116	13	2.9474	73	13
淮安市	13.3653	70	11	4.0587	60	12
盐城市	14.9482	59	10	8.2338	36	7
扬州市	21.5014	29	6	9.5678	32	6

城市	市场环境指数			创新环境指数		
	2020年	全国排名	省内排名	2020年	全国排名	省内排名
镇江市	20.0710	37	7	6.9492	41	8
泰州市	19.9835	38	8	6.9268	42	9
宿迁市	9.2791	113	12	4.0742	59	11

　　常州市的法治环境指数排名表现相对较差，只排到了全省第 10 名；镇江市的公共服务指数和法治环境指数排名相对较差，均排在了全省第 11 名；扬州市的金融服务指数和政务环境指数排名表现较差，分别位列全省第 12 名和第 10 名；连云港市和淮安市的法治环境指数排名较高，分别排在全省第 2 名和第 6 名；其余城市的各个分项指标省内排名与其营商环境指数省内排名较为相符。

表 6–11–3　　　　江苏省城市营商环境分项指标评价（三）

城市	金融服务指数			法治环境指数			政务环境指数		
	2020年	全国排名	省内排名	2020年	全国排名	省内排名	2020年	全国排名	省内排名
南京市	21.7704	9	1	60.9599	10	1	50.6065	5	1
无锡市	10.1297	29	3	51.9867	45	5	34.9302	19	3
徐州市	5.2252	53	7	55.1571	28	4	24.9270	39	5
常州市	6.5735	40	5	46.2317	123	10	30.9446	24	4
苏州市	19.9682	11	2	56.3534	24	3	39.1634	10	2
南通市	8.9804	31	4	49.3442	75	7	22.7707	47	6
连云港市	4.1298	66	9	58.9546	16	2	12.3327	172	13
淮安市	3.9710	70	11	50.6520	57	6	15.6891	130	12
盐城市	5.3006	51	6	36.9894	161	12	19.7220	69	9
扬州市	3.8623	71	12	49.2104	78	8	18.8233	81	10
镇江市	4.0184	69	10	45.7108	126	11	22.3852	49	7
泰州市	4.7070	59	8	48.4688	94	9	18.4152	87	11
宿迁市	1.8652	166	13	34.3401	173	13	20.1066	63	8

（八）浙江省城市营商环境评价

　　浙江省地处我国东南沿海地区，历来是我国最重视商业发展的地区之一，因此也是我国经济发展最好地区之一。浙江省下辖 11 个地级市（见表 6-12），总

新时代中国营商环境评价体系研究

体经济发展水平都较高，特别是作为我国最早对外开放地区之一，浙江省下辖城市的营商环境具有较强的优势。

2020 年全国营商环境排名中，浙江省营商环境指数排名表现优异，有 10 个城市进入全国前 100 名，更是有 7 个城市排在全国前 50 名，省会城市杭州排名进入全国前 10 名。全省排名最后的丽水市也排在全国第 101 名，可见浙江省城市的营商环境处于我国领先水平。

表 6–12　　　　　　　　浙江省城市营商环境评价

城市	营商环境指数		省内排名		省内排名近1年变化	全国排名		全国排名近1年变化
	2019年	2020年	2019年	2020年		2019年	2020年	
杭州市	39.3613	37.9721	1	1	0	9	9	0
宁波市	32.2010	31.7554	2	2	0	13	13	0
嘉兴市	23.4114	21.5290	4	3	1	25	27	-2
绍兴市	22.0918	21.3618	6	4	2	31	29	2
温州市	25.3878	21.3543	3	5	-2	22	30	-8
金华市	22.1129	19.8979	5	6	-1	30	33	-3
台州市	21.5158	18.8712	7	7	0	34	40	-6
湖州市	16.4590	14.7717	8	8	0	63	68	-5
舟山市	15.7009	14.5903	10	9	1	69	69	0
衢州市	16.1275	14.1781	9	10	-1	65	74	-9
丽水市	14.9012	12.3708	11	11	0	78	101	-23

从分项指数得分来看，浙江省的 11 个城市 7 个分项指数排名表现都较好。公共服务指数排名中，除了舟山市、丽水市和衢州市排在全国 150 名之后，其他城市全部进入了前 100 名；人力资源指数排名中，11 个城市全部排在全国前 100 名，说明浙江省对于吸引劳动力和留住劳动力方面有很大的优势；市场环境指数排名中，除了丽水市和衢州市位于全国第 120～140 名，其他城市全部排在前 100 名以内；创新环境指数排名中，只有舟山排在 100 名以后，其他城市均进入全国前 100 名；金融服务指数排名中，除了舟山市和丽水市排在全国第 100～170 名，其他城市都排在前 100 名以内；法治环境指数排名中，共有 9 个城市排在全国前 100 名。见表 6-12-1、表 6-12-2、表 6-12-3。

表 6-12-1　　　　　　　　　浙江省城市营商环境分项指标评价（一）

城市	公共服务指数			人力资源指数		
	2020年	全国排名	省内排名	2020年	全国排名	省内排名
杭州市	29.4246	11	1	49.4574	11	1
宁波市	22.9984	16	2	35.8325	17	2
金华市	10.2133	57	6	22.2782	49	7
嘉兴市	12.5654	47	5	24.8743	38	3
绍兴市	14.4107	35	3	20.5918	60	9
温州市	13.2687	43	4	22.4959	48	6
舟山市	1.2393	282	11	21.9436	51	8
台州市	9.9136	59	7	18.8432	80	10
湖州市	7.1123	94	8	18.5585	85	11
丽水市	3.3215	204	10	23.7996	43	5
衢州市	4.9691	154	9	24.3052	41	4

从浙江省城市的各分项指标省内排名来看，杭州市和宁波市领先幅度较为明显。杭州除了法治环境排在省内第 4 名，其他 6 个分项指标排名均位于全省第 1 名，宁波市的 7 个分项指标排名均位于全省第 2 名；嘉兴市的法治环境指数排名较低，排在省内第 7 名；绍兴市的人力资源指数和金融服务指数排名表现较差，分别排在省内第 9 名和第 7 名；金华市的政务环境指数排名较高，排在省内第 3 名；温州市的市场环境指数排名表现较差，排在省内第 8 名，但法治环境指数排名较好，位于省内第 1 名。

表 6-12-2　　　　　　　　　浙江省城市营商环境分项指标评价（二）

城市	市场环境指数			创新环境指数		
	2020年	全国排名	省内排名	2020年	全国排名	省内排名
杭州市	36.7731	10	1	30.3911	6	1
宁波市	35.8899	11	2	23.0106	12	2
金华市	15.8648	54	7	10.3500	29	7
嘉兴市	27.0158	23	3	10.9090	25	5
绍兴市	22.7972	27	4	16.1323	17	3
温州市	15.8248	55	8	15.2506	21	4
舟山市	14.8302	60	9	1.3902	132	11
台州市	15.9677	52	6	10.8928	26	6
湖州市	17.6527	46	5	8.0698	37	8
丽水市	8.4949	137	11	3.4586	63	9
衢州市	8.8672	128	10	3.1714	70	10

　　台州市的金融服务指数和法治环境指数排名较高，分别位于省内第 4 名和第 3 名，但台州市的人力资源指数排名较低，仅排在全省第 10 名；衢州市的人力资源指数排名表现较好，排在省内第 4 名；湖州市的市场环境指数排名较高，位于省内第 5 名，但人力资源指数排名表现较差，仅排在省内第 11 位；丽水市的人力资源指数排名较高，排在全省第 5 名；其余未提到的城市各个分项指标省内排名与其营商环境指数省内排名较为相符。

表 6-12-3　　　　　　浙江省城市营商环境分项指标评价（三）

城市	金融服务指数			法治环境指数			政务环境指数		
	2020年	全国排名	省内排名	2020年	全国排名	省内排名	2020年	全国排名	省内排名
杭州市	28.8928	7	1	59.4703	14	4	38.5615	13	1
宁波市	17.3551	14	2	60.2923	12	2	36.4212	17	2
金华市	5.9488	46	6	54.0080	30	6	31.9925	22	3
嘉兴市	6.0624	43	5	51.7282	47	7	27.6144	28	4
绍兴市	5.8657	48	7	57.4392	19	5	24.3217	40	5
温州市	10.7635	27	3	60.9525	11	1	24.1238	42	6
舟山市	1.7639	169	11	49.5686	72	9	23.0558	46	7
台州市	8.7700	32	4	59.9891	13	3	21.4279	55	8
湖州市	4.0466	68	8	34.0818	176	10	20.3169	60	9
丽水市	2.8189	102	10	30.5950	202	11	20.1817	62	10
衢州市	2.8730	97	9	49.7978	70	8	17.1364	106	11

（九）安徽省城市营商环境评价

　　安徽省地处我国中部地区，下辖 16 个地级市。2020 年全国营商环境指数排名中，安徽省下辖城市营商环境指数排名表现较好（见表 6-13），有 10 个城市排在全国前 150 名之内，其中省会合肥市排在第 21 名；黄山市、亳州市、淮北市和宣城市营商环境指数均排在全国第 150～200 名；只有淮南市和池州市排在全国 200 名之后。

表 6-13　　　　　　　　　　安徽省城市营商环境评价

城市	营商环境指数		省内排名		省内排名近1年变化	全国排名		全国排名近1年变化
	2019年	2020年	2019年	2020年		2019年	2020年	
合肥市	27.5136	24.5443	1	1	0	19	21	-2
芜湖市	16.5575	16.0075	2	2	0	62	56	6
蚌埠市	13.7530	12.8610	4	3	1	97	92	5
马鞍山市	14.1913	12.7400	3	4	-1	91	95	-4
阜阳市	13.4070	12.0630	6	5	1	106	108	-2
安庆市	13.6625	11.9764	5	6	-1	100	109	-9
六安市	11.4599	11.6643	10	7	3	153	117	36
宿州市	11.0023	11.1254	12	8	4	174	133	41
铜陵市	11.8255	11.0934	9	9	0	146	135	11
滁州市	12.0237	11.0010	8	10	-2	138	138	0
黄山市	13.0718	10.2223	7	11	-4	111	163	-52
亳州市	10.4727	9.9054	14	12	2	194	175	19
淮北市	9.7129	9.6940	15	13	2	230	181	49
宣城市	11.2444	9.3676	11	14	-3	165	199	-34
淮南市	10.9328	9.2864	13	15	-2	177	204	-27
池州市	8.6928	8.3515	16	16	0	262	235	27

　　从安徽省城市 7 个分项指标的全国排名来看，人力资源指数、创新环境指数、金融服务指数、法治环境指数和政务环境指数表现都较好，分别有 9～13 个城市进入全国前 150 名；市场环境指数表现一般，只有 7 个城市排在全国前 150 名，并且有 6 个城市排在 200 名之后；公共服务指数排名表现较差，有 5 个城市排在全国前 150 名，但是有 7 个城市排在全国 200 名之后。总的来看，安徽省城市的各分项指标排名存在一定的上升空间，良好的创新环境和充足的人力资源是其优势，但公共服务和市场环境成为制约其营商环境提升的主要因素。见表 6-13-1、表 6-13-2、表 6-13-3。

表 6-13-1　　　　　　　安徽省城市营商环境分项指标评价（一）

城市	公共服务指数			人力资源指数		
	2020年	全国排名	省内排名	2020年	全国排名	省内排名
合肥市	16.5956	26	1	38.0680	16	1
芜湖市	7.2555	92	2	22.1279	50	2

续表

城市	公共服务指数			人力资源指数		
	2020年	全国排名	省内排名	2020年	全国排名	省内排名
蚌埠市	4.4200	173	7	15.4248	137	12
淮南市	3.8568	188	8	19.7226	70	4
马鞍山市	5.5443	132	4	19.1501	75	5
淮北市	2.4462	240	14	15.7002	129	10
铜陵市	3.1708	217	12	16.0758	122	8
安庆市	4.4269	172	6	15.6658	131	11
黄山市	1.4303	274	16	16.0635	123	9
滁州市	5.2198	144	5	17.1308	102	7
阜阳市	6.7296	102	3	17.4106	100	6
宿州市	3.2696	206	10	13.2320	199	16
六安市	3.1987	214	11	20.2010	64	3
亳州市	2.6822	233	13	14.2136	166	15
池州市	1.9002	256	15	14.6395	157	14
宣城市	3.5328	196	9	15.1219	141	13

从安徽省城市的各分项指标省内排名来看，省会合肥市领先幅度较为明显，除了法治环境指数排在省内第3名，其他指标均位居第1名；芜湖市除了政务环境指数排名表现较差，排在省内第10名，其他指标均排在省内第2～3名；马鞍山市的金融服务指数、法治环境指数和政务环境指数排名表现相对不太理想，分别排在省内第11名、第11名和第7名；滁州市的法治环境指数排名较差，仅仅排在省内第13名，但公共服务指数、创新环境指数和政务环境指数排名表现较好，分别排在省内第5名、第4名和第6名；蚌埠市的公共服务指数、人力资源指数、创新环境指数和金融服务指数排名表现不太理想，分别排在省内第7名、第12名、第8名和第7名，但法治环境排名表现较为优异，位居省内第1名；六安市的公共服务指数和市场环境指数排名表现较差，分别排在省内第11名和第16名，但是其人力资源指数和金融服务指数排名表现相对较好，分别排在省内第3名和第4名。

表 6-13-2　　　　　安徽省城市营商环境分项指标评价（二）

城市	市场环境指数			创新环境指数		
	2020年	全国排名	省内排名	2020年	全国排名	省内排名
合肥市	19.9695	39	1	18.4186	15	1
芜湖市	17.4024	48	2	9.2238	34	2
蚌埠市	8.9305	124	6	2.1210	93	8
淮南市	4.1988	235	15	1.1834	146	10
马鞍山市	14.7101	61	3	3.0240	71	3
淮北市	5.7086	209	11	0.5385	203	16
铜陵市	9.8332	107	4	1.0958	151	12
安庆市	7.1718	165	8	2.1157	94	9
黄山市	5.9855	199	10	0.9073	163	14
滁州市	8.8988	126	7	2.6511	78	4
阜阳市	5.0039	220	13	2.1849	92	7
宿州市	5.7047	210	12	0.9385	160	13
六安市	4.1807	236	16	2.3622	89	6
亳州市	4.3879	229	14	1.1744	147	11
池州市	6.1125	191	9	0.8559	169	15
宣城市	9.1408	118	5	2.4117	87	5

宣城市的市场环境指数和创新环境指数排名表现较好，均排在省内第5名；淮南市的公共服务指数、人力资源指数和金融服务指数排名表现较好，分别排在省内第8名、第4名和第5名；铜陵市的公共服务指数、创新环境指数、金融服务指数和法治环境指数排名表现较差，分别排在省内第12名、第12名、第16名和第12名，但是市场环境指数和政务环境指数排名表现优异，分别位于省内第4名和第2名；阜阳市的金融服务指数排名较好，排在省内第2名，但市场环境指数和政务环境指数排名表现较差，分别排在省内第13名和第12名；黄山市的政务环境排名表现较好，位于省内第3名，但公共服务指数、创新环境指数和金融服务指数排名表现较差，分别排在省内第16名、第14名和15名；亳州市的法治环境指数和金融服务指数排名表现较好，分别排在省内第7名和第6名；宿州市的政务环境指数排名较好，分别排在省内第4名，但人力资源指数、市场环境指数和创新环境指数排名表现较差，分别排在省内第16名、第12名和第13名。

表 6-13-3   **安徽省城市营商环境分项指标评价（三）**

城市	金融服务指数			法治环境指数			政务环境指数		
	2020年	全国排名	省内排名	2020年	全国排名	省内排名	2020年	全国排名	省内排名
合肥市	11.0102	23	1	49.2073	79	3	26.7621	31	1
芜湖市	3.2910	83	3	49.8283	68	2	14.1969	148	10
蚌埠市	2.1405	144	7	53.0209	37	1	17.3556	103	5
淮南市	2.2185	138	5	26.4852	260	16	13.0723	164	11
马鞍山市	2.0050	156	11	36.4595	163	11	16.1935	121	7
淮北市	1.0973	218	13	45.0256	135	8	9.1189	235	16
铜陵市	0.9793	230	16	36.3474	164	12	18.5691	84	2
安庆市	2.0906	151	10	48.2951	99	5	16.1752	122	8
黄山市	1.0814	221	15	37.0548	159	10	17.9775	91	3
滁州市	2.1213	146	8	30.0757	200	13	17.2679	104	6
阜阳市	4.3672	64	2	48.8833	84	4	12.1348	177	12
宿州市	2.0957	150	9	46.5164	120	6	17.9182	93	4
六安市	2.4592	129	4	44.0057	144	9	16.0228	125	9
亳州市	2.1744	143	6	45.3397	131	7	11.1768	202	14
池州市	1.0838	220	14	29.6310	214	15	11.3308	199	13
宣城市	1.6968	173	12	29.9309	211	14	10.5926	216	15

（十）福建省城市营商环境评价

　　福建省地处我国东南沿海地区，下辖 9 个地级市和 1 个综合实验区（表 6-14），本项研究主要针对 9 个地级市的营商环境进行评价。2020 年全国营商环境指数排名中，福建省下辖城市营商环境指数排名相对较好，有 5 个城市进入全国前 150 名，其中省会城市福州市、厦门市和泉州市均排在全国前 50 名；没有排在 200 名之后的城市，全省排名最差的宁德市排在全国第 188 名。

表 6–14　　　　　　　　　　福建省城市营商环境评价

城市	营商环境指数		省内排名		省内排名近1年变化	全国排名		全国排名近1年变化
	2019年	2020年	2019年	2020年		2019年	2020年	
厦门市	22.2101	22.5867	2	1	1	29	22	7
福州市	24.5235	21.5242	1	2	−1	23	28	−5
泉州市	19.9622	19.6262	3	3	0	40	35	5
漳州市	13.7517	12.4557	4	4	0	98	99	−1
南平市	12.5550	11.7560	6	5	1	119	114	5
莆田市	9.9537	10.4863	9	6	3	221	155	66
龙岩市	10.4170	10.2948	8	7	1	197	160	37
三明市	12.7043	10.0077	5	8	−3	117	171	−54
宁德市	12.2976	9.5318	7	9	−2	133	188	−55

从福建省城市 7 个分项指标的全国排名来看，创新环境指数、金融服务指数和政务环境指数排名表现较好，分别有 8 个、7 个和 7 个城市排在前 150 名；公共服务指数、人力资源指数和法治环境指数排名表现一般，分别有 4 个、5 个和 4 个城市排在全国前 150 名；市场环境指数排名表现优异，9 个城市排名全部进入前 150 名，并且其中有 7 个城市排在全国前 100 名。见表 6-14-1、表 6-14-2、表 6-14-3。

表 6–14–1　　　　　福建省城市营商环境分项指标评价（一）

城市	公共服务指数			人力资源指数		
	2020年	全国排名	省内排名	2020年	全国排名	省内排名
福州市	14.8160	33	1	31.4048	26	1
厦门市	9.0863	64	3	27.7320	34	2
莆田市	4.0488	182	7	13.2532	197	9
三明市	3.8816	186	8	16.8427	107	5
泉州市	12.0836	51	2	20.1811	65	3
漳州市	6.2971	111	4	19.1229	76	4
南平市	3.3841	201	9	14.2966	162	7
龙岩市	4.6251	163	5	14.0277	172	8
宁德市	4.4976	167	6	14.7864	151	6

从福建省城市的各分项指标省内排名来看，福州市、厦门市和泉州市排名领先幅度较为明显，福州市、泉州市和厦门市全部分项指标均排在省内第 1 ～ 3

名；莆田市的人力资源指数和金融服务指数排名表现较差，均排在省内第 9 名；
三明市的人力资源指数和市场环境指数排名表现较好，均排在省内第 5 名。

表 6-14-2 福建省城市营商环境分项指标评价（二）

城市	市场环境指数			创新环境指数		
	2020年	全国排名	省内排名	2020年	全国排名	省内排名
福州市	17.4853	47	3	9.1417	35	3
厦门市	21.2318	31	1	10.1915	30	2
莆田市	10.9299	96	7	1.3173	140	8
三明市	13.5411	68	5	1.3537	136	7
泉州市	20.7557	34	2	15.5532	20	1
漳州市	13.8094	65	4	3.3671	65	4
南平市	9.1450	117	8	0.9549	158	9
龙岩市	12.6218	76	6	2.4298	86	5
宁德市	9.1176	120	9	1.5074	123	6

南平市的公共服务指数、市场环境指数、创新环境指数和金融服务指数排名
表现较差，分别排在省内第 9 名、第 8 名、第 9 名和第 8 名；宁德市的公共服务
指数、人力资源指数、创新环境指数和金融服务指数排名表现较好，均排在省内
第 6 名；其余城市的各个分项指标省内排名与营商环境指数的省内排名较为相符。

表 6-14-3 福建省城市营商环境分项指标评价（三）

城市	金融服务指数			法治环境指数			政务环境指数		
	2020年	全国排名	省内排名	2020年	全国排名	省内排名	2020年	全国排名	省内排名
福州市	10.6437	28	1	50.6587	56	2	26.2306	34	2
厦门市	8.2176	34	2	52.5173	41	1	39.1070	11	1
莆田市	1.8999	165	9	29.5662	216	6	18.7485	83	5
三明市	2.2334	137	7	22.6600	288	9	13.7591	156	8
泉州市	5.2362	52	3	50.2871	62	3	23.5065	45	3
漳州市	3.2402	84	4	34.1202	175	5	14.4548	144	7
南平市	1.9603	160	8	43.5926	146	4	19.5710	72	4
龙岩市	3.1024	88	5	23.8701	284	8	15.9117	126	6
宁德市	2.6038	119	6	28.2181	239	7	12.2205	173	9

（十一）江西省城市营商环境评价

江西省地处我国东南地区，下辖 11 个地级市。2020 年全国营商环境指数排名中，下辖城市排名表现一般（见表 6-15），有 5 个城市进入全国前 150 名，有 2 个城市位于 200 名之后，其中南昌市、赣州市和九江市排在了全国前 100 名。但是对比 2019 年，江西省有 5 个城市的排名有所下降，其中鹰潭市和景德镇市下降幅度较大，分别下降了 42 名和 31 名。

表 6-15　　　　　　　　　　　江西省城市营商环境评价

城市	营商环境指数		省内排名		省内排名近1年变化	全国排名		全国排名近1年变化
	2019年	2020年	2019年	2020年		2019年	2020年	
南昌市	19.5672	19.4476	1	1	0	43	38	5
赣州市	15.4245	14.3442	2	2	0	71	72	−1
九江市	14.8225	13.8150	3	3	0	80	79	1
新余市	11.4981	11.4863	7	4	3	152	120	32
鹰潭市	13.4174	10.7091	4	5	−1	105	147	−42
吉安市	11.9647	10.6128	5	6	−1	142	151	−9
景德镇市	11.9265	9.9253	6	7	−1	143	174	−31
上饶市	10.4554	9.8297	8	8	0	195	178	17
宜春市	10.4333	9.3992	9	9	0	196	193	3
抚州市	9.2271	8.3231	11	10	1	248	237	11
萍乡市	9.4140	7.8556	10	11	−1	239	255	−16

从江西省城市 7 个分项指标的全国排名来看，创新环境指数排名表现优异，有 9 个城市进入了全国前 150 名；公共服务指数、市场环境指数和金融服务指数表现一般，均有 5 个城市进入全国前 150 名；法治环境指数排名表现较好，有 7 个城市排在全国前 150 名；政务环境指数排名表现也一般，只有 4 个城市排在全国前 150 名；人力资源指数排名表现较差，仅仅有 3 个城市排在全国前 150 名，且有 4 个城市排在全国 200 名之后。见表 6-15-1、表 6-15-2、表 6-15-3。

表 6-15-1　　　　　江西省城市营商环境分项指标评价（一）

城市	公共服务指数			人力资源指数		
	2020年	全国排名	省内排名	2020年	全国排名	省内排名
南昌市	10.5361	56	1	38.6085	15	1
景德镇市	2.2103	247	10	12.5822	219	11
萍乡市	2.3989	241	9	14.0359	171	6
九江市	6.2720	113	4	17.8341	94	3
新余市	2.5706	236	8	14.3442	161	5
鹰潭市	1.5035	271	11	14.0229	173	7
赣州市	7.8434	81	2	21.3745	55	2
宜春市	5.6144	131	5	13.1278	202	9
上饶市	6.3731	110	3	14.9149	146	4
吉安市	4.1572	177	6	13.5416	190	8
抚州市	2.9277	225	7	12.6723	216	10

从江西省城市的各分项指标省内排名来看，省会南昌市领先幅度较大，除了法治环境指数排在省内第 7 名，其余 6 个分项指标全部稳居省内第 1 名；赣州市的法治环境指数排名较低，排在省内第 5 名，其他指标均排在省内第 2～4 名；新余市的公共服务指数、创新环境指数和金融服务指数排名表现较差，分别排在省内第 8 名、第 11 名和第 11 名，但法治环境指数排名表现优异，排在省内第 1 名；鹰潭市的公共服务指数、创新环境指数和金融服务指数排名较差，分别排在省内第 11 名、第 8 名和第 10 名。

表 6-15-2　　　　　江西省城市营商环境分项指标评价（二）

城市	市场环境指数			创新环境指数		
	2020年	全国排名	省内排名	2020年	全国排名	省内排名
南昌市	18.1267	45	1	7.1066	39	1
景德镇市	5.9611	200	10	0.9047	164	10
萍乡市	6.9278	170	8	1.4809	125	9
九江市	11.8166	83	2	2.9921	72	4
新余市	11.2665	93	3	0.5996	195	11
鹰潭市	8.6867	133	5	1.5128	121	8
赣州市	8.6889	132	4	5.1980	52	2
宜春市	7.6050	156	6	3.3145	67	3
上饶市	6.8749	172	9	2.3287	90	7
吉安市	7.2803	164	7	2.5792	80	5
抚州市	4.8472	223	11	2.5445	82	6

吉安市的政务环境指数排名表现较差，排在省内第 10 名；景德镇市的公共服务指数、人力资源指数、市场环境指数和创新环境指数排名较差，分别排在省内第 10 名、第 11 名、第 10 名和第 10 名，但法治环境指数排名表现较好，排在省内第 3 名；上饶市的公共服务指数、人力资源指数和金融服务指数排名表现较好，分别排在全省第 3 名、第 4 名和第 4 名；宜春市的公共服务指数、创新环境指数和金融服务指数排名表现较好，分别排在省内第 5 名、第 3 名和第 3 名；萍乡市的人力资源指数排名表现较好，排在省内第 6 名；抚州市的创新环境指数排名表现较好，排在省内第 6 名。

表 6-15-3　　　　　江西省城市营商环境分项指标评价（三）

城市	金融服务指数			法治环境指数			政务环境指数		
	2020年	全国排名	省内排名	2020年	全国排名	省内排名	2020年	全国排名	省内排名
南昌市	9.2072	30	1	40.1950	152	7	19.2690	75	1
景德镇市	0.8612	238	9	48.9226	83	3	11.0344	204	9
萍乡市	1.1624	215	8	25.1916	275	11	9.5702	229	11
九江市	2.1821	142	5	49.3019	76	2	18.1354	89	2
新余市	0.6746	257	11	49.4623	73	1	14.1447	149	4
鹰潭市	0.6983	253	10	47.6744	104	4	13.1869	161	5
赣州市	3.7504	74	2	46.5451	118	5	17.7429	94	3
宜春市	2.9470	92	3	27.0247	252	10	12.0361	180	8
上饶市	2.8895	96	4	28.7648	232	8	12.9736	167	6
吉安市	1.7133	171	6	45.9824	125	6	10.8257	212	10
抚州市	1.5886	180	7	27.5763	243	9	12.5229	169	7

（十二）山东省城市营商环境评价

山东省地处我国东部沿海，下辖 16 个地级市（原莱芜市于 2019 年 1 月正式撤销）（表 6-16），2020 年山东省城市营商环境的排名表现优异，下辖 16 个地级市全部排在全国前 150 名，其中有 12 个城市更是进入了全国前 100 名，表明山东省城市的营商环境整体处于相对较高水平。通过对比 2019 年排名，可以看出山东省有 8 个城市的营商环境排名有所上升，8 个城市排名有所下降。

表 6-16 山东省城市营商环境评价

城市	营商环境指数		省内排名		省内排名近1年变化	全国排名		全国排名近1年变化
	2019年	2020年	2019年	2020年		2019年	2020年	
济南市	27.0839	27.8426	2	1	1	20	18	2
青岛市	28.6475	27.4934	1	2	−1	17	19	−2
烟台市	20.0257	19.6054	3	3	0	39	36	3
东营市	17.4209	18.4484	6	4	2	54	44	10
潍坊市	19.4171	18.1848	4	5	−1	44	46	−2
淄博市	17.0880	16.9737	8	6	2	58	49	9
威海市	18.1977	15.8539	5	7	−2	50	59	−9
济宁市	17.2163	15.3634	7	8	−1	57	63	−6
临沂市	16.7610	15.1998	9	9	0	59	64	−5
德州市	14.9832	13.9004	11	10	1	77	78	−1
滨州市	14.8596	13.7187	12	11	1	79	80	−1
聊城市	15.2361	13.3527	10	12	−2	75	87	−12
日照市	12.6162	12.3253	14	13	1	118	103	15
菏泽市	13.2058	12.2744	13	14	−1	109	104	5
泰安市	12.4634	11.5057	15	15	0	125	119	6
枣庄市	11.9732	11.1658	16	16	0	140	131	9

从山东省城市 7 个分项指标的全国排名来看，市场环境指数和创新环境指数排名表现优异，全部城市排名都进入了全国前 150 名；公共服务指数排名表现也较优异，有 15 个城市排进了全国前 150 名；金融服务指数、法治环境指数和政务环境指数排名表现较好，均有 14 个城市排进全国前 150 名；人力资源指数排名表现也较好，有 12 个城市排名进入了全国前 150 名。见表 6-16-1、表 6-16-2、表 6-16-3。

表 6-16-1 山东省城市营商环境分项指标评价（一）

城市	公共服务指数			人力资源指数		
	2020年	全国排名	省内排名	2020年	全国排名	省内排名
济南市	13.9669	38	6	45.9079	13	1
青岛市	17.1804	23	2	35.3215	18	2
淄博市	12.2455	50	7	17.8214	95	7
枣庄市	5.1358	147	15	13.0493	204	16
东营市	8.7495	70	11	20.6324	59	4

城市	公共服务指数			人力资源指数		
	2020年	全国排名	省内排名	2020年	全国排名	省内排名
烟台市	15.2037	32	5	23.1690	46	3
潍坊市	16.0189	29	3	18.2442	87	6
济宁市	11.0268	54	8	15.9548	124	9
泰安市	7.4413	86	12	15.9118	126	10
威海市	4.4996	166	16	16.1797	120	8
日照市	6.0835	120	14	15.0434	143	12
临沂市	15.8277	30	4	18.3020	86	5
德州市	6.2931	112	13	14.1883	167	13
聊城市	9.2271	62	9	14.0993	170	14
滨州市	28.0946	12	1	15.5866	133	11
菏泽市	8.8455	67	10	13.5788	185	15

从山东省城市的各分项指标省内排名来看，省会济南市并没有在各个方面处于领先地位，公共服务指数仅排在省内第 6 名，市场环境指数排在省内第 5 名，这导致了济南市营商环境被青岛市超越；青岛市的 7 个分项指标均位居省内第 1～2 名；东营市的公共服务指数、创新环境指数和金融服务指数排名都较差，分别排在省内第 11 名、第 13 名和第 12 名；威海市的公共服务指数和金融服务指数排名较差，分别排在省内第 16 名和第 13 名；滨州市的市场环境指数、金融服务指数、法治环境指数排名表现都较差，分别排在全省第 14 名、第 14 名和第 16 名。

表 6-16-2　山东省城市营商环境分项指标评价（二）

城市	市场环境指数			创新环境指数		
	2020年	全国排名	省内排名	2020年	全国排名	省内排名
济南市	20.0775	36	5	9.2445	33	2
青岛市	30.6697	15	1	12.0888	24	1
淄博市	18.1863	44	6	3.1998	69	6
枣庄市	8.6294	135	16	1.3248	138	16
东营市	25.7047	26	2	1.7148	110	13
烟台市	21.1700	32	3	5.3357	50	4
潍坊市	15.0550	57	7	6.3524	43	3
济宁市	11.5208	87	9	3.6683	61	5

城市	市场环境指数			创新环境指数		
	2020年	全国排名	省内排名	2020年	全国排名	省内排名
泰安市	10.2038	102	11	1.8045	106	11
威海市	20.1572	35	4	2.9113	74	7
日照市	9.9655	106	13	1.4951	124	14
临沂市	12.2214	80	8	2.5313	83	9
德州市	11.4674	88	10	2.6017	79	8
聊城市	8.7074	131	15	1.3700	135	15
滨州市	9.8283	108	14	2.1074	95	10
菏泽市	10.1381	103	12	1.7793	108	12

德州市的公共服务指数和人力资源指数排名较差，均排在省内第13名，但是法治环境指数排名较高，排在省内第6名；临沂市的公共服务指数、人力资源指数和金融服务指数排名较高，分别排在省内第4名、第5名和第5名，但是政务环境指数排名表现较差，排在省内第13名；济宁市的创新环境指数表现较好，排在省内第5名；聊城市的金融服务指数排名表现较好，排在省内第4名，但是市场环境指数和创新环境指数排名表现较差，均排在省内第15名；泰安市的金融服务指数排名表现相对较好，排在省内第8名；其余城市的各分项指标省内排名表现与其营商环境指数省内排名表现较为相符。

表6-16-3　　　　山东省城市营商环境分项指标评价（三）

城市	金融服务指数			法治环境指数			政务环境指数		
	2020年	全国排名	省内排名	2020年	全国排名	省内排名	2020年	全国排名	省内排名
济南市	16.3848	15	1	63.4296	7	1	37.7491	14	1
青岛市	13.0389	18	2	61.4339	9	2	34.0343	20	2
淄博市	3.6997	76	10	57.5088	18	3	19.6664	70	8
枣庄市	1.3032	206	16	46.3136	121	12	14.1202	150	14
东营市	2.6115	117	12	57.3855	20	4	25.3194	37	5
烟台市	6.1132	42	3	51.4827	49	8	25.3893	36	4
潍坊市	4.7740	57	6	51.3071	51	9	26.5827	32	3
济宁市	4.7645	58	7	50.9477	55	10	21.5220	53	7
泰安市	4.3788	63	8	29.3174	222	15	17.4192	102	11
威海市	2.4943	127	13	56.4963	23	5	21.7864	50	6

续表

城市	金融服务指数			法治环境指数			政务环境指数		
	2020年	全国排名	省内排名	2020年	全国排名	省内排名	2020年	全国排名	省内排名
日照市	2.0700	153	15	53.7467	32	7	11.6797	186	16
临沂市	5.0138	55	5	49.4491	74	11	14.4696	143	13
德州市	2.8555	100	11	54.3220	29	6	19.0489	78	10
聊城市	5.9001	47	4	45.2024	132	14	19.5791	71	9
滨州市	2.1049	149	14	26.4365	261	16	16.1116	123	12
菏泽市	3.7598	73	9	45.6015	127	13	13.3271	159	15

（十三）河南省城市营商环境评价

河南省位于我国中部地区，是我国人口大省，下辖 17 个地级市。2020 年全国营商环境指数排名中，河南省下辖城市营商环境指数排名表现相对较差（见表 6-17），仅有 7 个城市进入全国前 150 名，其中只有郑州市和洛阳市进入了全国前 100 名；信阳市、开封市、安阳市、周口市、驻马店市和许昌市排在全国 150～200 名；其他 5 个城市排在全国 200 名之后，表明河南省的城市营商环境处于较差水平。

表 6-17　　　　　　　　　　　河南省城市营商环境评价

城市	营商环境指数		省内排名		省内排名近1年变化	全国排名		全国排名近1年变化
	2019年	2020年	2019年	2020年		2019年	2020年	
郑州市	30.7633	30.1709	1	1	0	16	15	1
洛阳市	16.7044	15.9912	2	2	0	61	57	4
商丘市	12.9198	11.2998	3	3	0	115	125	-10
南阳市	11.9919	11.1608	7	4	3	139	132	7
新乡市	11.2577	11.0085	10	5	5	162	137	25
平顶山市	10.1240	10.6820	13	6	7	215	149	66
三门峡市	11.7604	10.6612	9	7	2	149	150	-1
信阳市	12.4349	10.0859	4	8	-4	126	166	-40
开封市	12.3934	10.0156	6	9	-3	129	170	-41
安阳市	12.4174	9.9309	5	10	-5	127	173	-46

城市	营商环境指数		省内排名		省内排名近1年变化	全国排名		全国排名近1年变化
	2019年	2020年	2019年	2020年		2019年	2020年	
周口市	11.8023	9.7274	8	11	-3	148	180	-32
驻马店市	10.9677	9.4652	11	12	-1	176	190	-14
许昌市	9.0995	9.3865	15	13	2	250	195	55
漯河市	8.5206	9.1280	17	14	3	269	211	58
焦作市	9.0045	9.1208	16	15	1	253	212	41
鹤壁市	9.7208	8.6889	14	16	-2	228	224	4
濮阳市	10.7398	7.3223	12	17	-5	184	266	-82

从分项指标的全国排名来看，公共服务指数排名中有 12 个城市进入全国前 150 名；人力资源指数排名表现较差，仅有 4 个城市排在全国前 150 名，这与河南作为人口大省的地位不相符合，也间接说明河南省人口流失严重；市场环境指数排名表现优异，有 16 个城市排在全国前 150 名；创新环境指数排名表现也较好，有 10 个城市排在全国前 150 名；金融服务指数和法治环境指数排名表现较为一般，分别有 9 个和 8 个城市排在全国前 150 名；政务环境指数表现较差，仅有 2 个城市进入全国前 150 名，并且有 12 个城市排在 200 名之后。见表 6-17-1、表 6-17-2、表 6-17-3。

表 6-17-1　　　　　河南省城市营商环境分项指标评价（一）

城市	公共服务指数			人力资源指数		
	2020年	全国排名	省内排名	2020年	全国排名	省内排名
郑州市	24.5606	14	1	55.0079	8	1
开封市	5.5313	133	12	13.0893	203	7
洛阳市	14.3303	36	2	18.8870	79	2
平顶山市	7.4180	88	5	13.9039	176	6
安阳市	7.3658	90	6	15.3376	138	4
濮阳市	4.1416	178	14	9.0355	272	16
新乡市	8.2677	77	4	15.6715	130	3
焦作市	7.0893	95	7	12.2373	228	10
鹤壁市	1.9919	253	17	9.4928	266	15
许昌市	4.7782	161	13	12.8019	212	8
漯河市	2.4576	238	16	9.6592	262	14

城市	公共服务指数			人力资源指数		
	2020年	全国排名	省内排名	2020年	全国排名	省内排名
三门峡市	3.6921	194	15	12.2307	230	11
南阳市	8.8190	68	3	12.3801	223	9
商丘市	6.5634	103	8	14.5210	158	5
信阳市	6.1098	118	11	11.1400	250	13
周口市	6.1460	117	10	8.3827	281	17
驻马店市	6.3810	109	9	11.8206	238	12

从河南省城市的各分项指标省内排名来看，省会郑州市领先幅度较大，除了法治环境指数排名表现较差，仅排在省内第9名，其他指标省内排名均居于榜首；洛阳市的7个分项指数排名均排在省内第2～4名；驻马店市的市场环境指数排名表现较差，排在省内第16名，但政务环境指数排名表现较好，排在省内第5名；南阳市的人力资源指数和法治环境指数排名较差，分别排在省内第9名和第10名；开封市的公共服务指数、创新环境指数、金融服务指数和政务环境指数排名表现较差，分别排在省内第12名、第11名、第14名和第16名；三门峡市的公共服务指数、人力资源指数、创新环境指数和金融服务指数排名较差，分别位于全省第15名、第11名、第16名和第13名；平顶山市的市场环境指数和政务环境指数排名表现较差，均排在省内第13名，但是金融服务指数表现较好，排在省内第4名；新乡市的金融服务指数、法治环境指数和政务环境指数表现较差，分别排在全省第10名、第16名和第14名。

表6-17-2　　　　河南省城市营商环境分项指标评价（二）

城市	市场环境指数			创新环境指数		
	2020年	全国排名	省内排名	2020年	全国排名	省内排名
郑州市	30.8524	14	1	14.5130	22	1
开封市	9.0688	122	9	1.0478	154	11
洛阳市	19.9402	40	2	4.8363	55	2
平顶山市	8.3167	143	13	1.3758	134	9
安阳市	9.3226	112	8	1.1736	148	10
濮阳市	8.6789	134	11	0.6698	185	15
新乡市	19.2453	41	3	3.4068	64	3

城市	市场环境指数			创新环境指数		
	2020年	全国排名	省内排名	2020年	全国排名	省内排名
焦作市	13.2407	73	5	1.6378	113	6
鹤壁市	8.3809	141	12	0.5577	201	17
许昌市	13.5309	69	4	2.8516	76	4
漯河市	8.0027	148	15	0.8623	168	13
三门峡市	11.8062	84	6	0.5736	199	16
南阳市	11.5539	86	7	2.5671	81	5
商丘市	8.1505	146	14	1.4673	126	7
信阳市	8.7239	130	10	0.8209	172	14
周口市	7.8246	152	17	0.9379	161	12
驻马店市	7.9514	149	16	1.3948	131	8

　　焦作市的公共服务指数、市场环境指数、创新环境指数和政务环境指数排名表现较好，分别排在省内第 7 名、第 5 名、第 6 名和第 9 名；商丘市的法治环境指数排名表现较好，排在省内第 1 名，但是市场环境指数和政务环境指数排名表现较差，分别排在省内第 14 名和第 10 名；许昌市的人力资源指数、市场环境指数和创新环境指数排名表现都不错，分别排在全省第 8 名、第 4 名和第 4 名；周口市金融服务指数和法治环境指数排名表现较好，分别排在省内第 5 名和第 3 名，但是人力资源指数和市场环境指数排名表现较差，均排在省内第 17 名；安阳市的公共服务指数、人力资源指数和政务环境指数排名表现较好，分别排在省内第 6 名、第 4 名和第 6 名，但是法治环境排名表现较差，排在省内第 14 名；鹤壁市的政务环境指数排名表现优异，排在省内第 2 名；信阳市的人力资源指数、创新环境指数和政务环境指数排名表现相对较差，分别排在省内第 13 名、第 14 名和第 15 名，但金融服务指数和法治环境指数排名表现较好，分别排在省内第 7 名和第 4 名；漯河市的法治环境指数和政务环境指数排名表现相对较好，均排在省内第 8 名。

表 6-17-3　　　　　　河南省城市营商环境分项指标评价（三）

城市	金融服务指数			法治环境指数			政务环境指数		
	2020年	全国排名	省内排名	2020年	全国排名	省内排名	2020年	全国排名	省内排名
郑州市	18.2994	13	1	40.2936	151	9	31.0436	23	1
开封市	1.4573	191	14	46.6560	114	7	5.4722	274	16
洛阳市	3.6932	77	3	50.2070	63	2	11.4494	193	4
平顶山市	2.7331	109	4	46.9522	110	6	6.1646	265	13
安阳市	2.1170	147	8	31.0633	198	14	10.1803	222	6
濮阳市	0.9129	234	15	31.5230	194	13	4.3611	279	17
新乡市	1.9537	161	10	28.7342	234	16	5.6888	271	14
焦作市	1.9025	164	11	24.3627	279	17	8.4558	247	9
鹤壁市	0.6388	263	17	33.3069	181	11	14.6592	138	2
许昌市	1.6108	179	12	29.7188	213	15	7.1904	258	11
漯河市	0.8323	244	16	45.0056	136	8	9.0356	236	8
三门峡市	1.4821	187	13	48.1203	102	5	9.2097	234	7
南阳市	4.1222	67	2	34.1378	174	10	12.2047	174	3
商丘市	2.1856	141	6	51.9100	46	1	7.8375	252	10
信阳市	2.1267	145	7	48.9791	82	4	5.6653	273	15
周口市	2.2006	140	5	49.1630	80	3	6.5820	262	12
驻马店市	2.1111	148	9	32.9913	185	12	11.4482	194	5

（十四）湖北省城市营商环境评价

湖北省地处我国中部地区，也属于长江中游地区。下辖12个地级市和1个自治州，本项研究主要针对12个地级市的营商环境进行评价（见表6-18）。2020年全国营商环境指数排名中，湖北省下辖城市营商环境指数排名表现相对较好，有8个城市进入全国前150名。其中，省会武汉市排在全国第11名，襄阳市和宜昌市分别排在全国第62名和第96名；有1个城市营商环境指数全国排名第150～200名；其余3个城市排在全国200名之后。

表 6-18 　　　　　　　　　　　　湖北省城市营商环境评价

城市	营商环境指数		省内排名		省内排名近1年变化	全国排名		全国排名近1年变化
	2019年	2020年	2019年	2020年		2019年	2020年	
武汉市	34.9518	36.4110	1	1	0	10	11	-1
襄阳市	13.7218	15.3948	3	2	1	99	62	37
宜昌市	15.2594	12.6818	2	3	-1	74	96	-22
黄石市	11.0610	11.9034	7	4	3	172	110	62
荆门市	12.3109	11.3544	5	5	0	132	123	9
咸宁市	11.0051	11.2501	8	6	2	173	127	46
荆州市	13.2635	10.8640	4	7	-3	107	143	-36
孝感市	10.0115	10.8095	11	8	3	216	144	72
十堰市	11.2004	10.4484	6	9	-3	167	156	11
鄂州市	10.3862	9.1444	10	10	0	200	209	-9
黄冈市	10.8534	8.9386	9	11	-2	179	216	-37
随州市	7.1426	6.6240	12	12	0	284	278	6

从湖北省城市 7 个分项指标的全国排名来看，市场环境指数、创新环境指数和政务环境指数排名表现较好，分别有 9 个、9 个和 8 个城市排在全国前 150 名；人力资源指数排名表现较差，仅有 2 个城市排在全国前 150 名；公共服务指数、金融服务指数和法治环境指数排名表现较一般，分别有 5 个、6 个和 6 个城市排在全国前 150 名。见表 6-18-1、表 6-18-2、表 6-18-3。

表 6-18-1 　　　　　　湖北省城市营商环境分项指标评价（一）

城市	公共服务指数			人力资源指数		
	2020年	全国排名	省内排名	2020年	全国排名	省内排名
武汉市	32.4048	9	1	51.3305	10	1
黄石市	4.8383	158	7	10.1285	257	7
十堰市	5.2182	145	5	11.5386	242	5
荆州市	5.2607	143	4	12.1379	232	4
宜昌市	8.0689	79	2	12.3671	224	3
襄阳市	7.1317	93	3	16.3835	116	2
鄂州市	1.7567	262	11	8.9490	275	11
荆门市	3.7236	193	9	9.0418	271	9
孝感市	4.4725	169	8	10.2481	255	6
黄冈市	4.8444	156	6	9.9218	260	8

城市	公共服务指数			人力资源指数		
	2020年	全国排名	省内排名	2020年	全国排名	省内排名
咸宁市	2.8194	229	10	9.0094	273	10
随州市	1.6016	268	12	8.5849	279	12

从湖北省城市各分项指标省内排名来看，省会武汉市领先幅度较为明显，除了法治环境指数排在省内第6名，其他指标均高居省内榜首；襄阳市的7个分项指数均排在省内第2～4名；黄石市的创新环境指数和金融服务指数排名表现较差，分别排在省内第8名和第10名；孝感市的政务环境指数表现较差，排在省内第11名，但是创新环境指数和法治环境指数表现较好，分别排在全省第4名和第2名；咸宁市的公共服务指数和人力资源指数排名表现较差，均排在省内第10名，但是法治环境指数表现优异，排在省内第1名。

表 6-18-2　　　　　湖北省城市营商环境分项指标评价（二）

城市	市场环境指数			创新环境指数		
	2020年	全国排名	省内排名	2020年	全国排名	省内排名
武汉市	45.2119	7	1	23.6541	10	1
黄石市	10.2727	101	6	1.3783	133	8
十堰市	8.9774	123	8	1.0956	152	10
荆州市	7.8426	151	10	2.0048	100	5
宜昌市	15.9470	53	3	3.6410	62	3
襄阳市	16.7087	50	2	4.1886	58	2
鄂州市	12.8361	75	4	0.4646	211	11
荆门市	11.4110	90	5	1.4127	128	7
孝感市	8.1819	144	9	2.0750	97	4
黄冈市	7.5359	158	11	1.5986	115	6
咸宁市	9.0740	121	7	1.1307	149	9
随州市	7.0971	166	12	0.4012	222	12

十堰市的公共服务、人力资源、金融服务和政务环境是其优势，分别排在省内第5名、第5名、第3名和第5名；荆州市的公共服务、人力资源是其优势，均排在省内第4名，但市场环境指数和政务环境指数排名表现较差，均排在省内第10名；鄂州市的市场环境指数排名表现较好，排在省内第4名；黄冈市的

公共服务指数、创新环境指数和金融服务指数排名表现较好，分别排在省内第6名、第6名和第2名；其余城市的各个分项指标省内排名与其营商环境指数的省内排名较为相符。

表6-18-3　　　　　　湖北省城市营商环境分项指标评价（三）

城市	金融服务指数			法治环境指数			政务环境指数		
	2020年	全国排名	省内排名	2020年	全国排名	省内排名	2020年	全国排名	省内排名
武汉市	20.3132	10	1	45.5474	129	6	39.4604	9	1
黄石市	1.0445	227	10	35.9653	166	7	27.7169	27	2
十堰市	2.6729	113	3	31.0447	199	9	19.4566	73	5
荆州市	2.4572	130	6	46.5260	119	5	11.7061	185	10
宜昌市	2.5032	126	5	33.4361	180	8	19.7275	68	4
襄阳市	2.5259	123	4	48.1356	101	3	23.6032	44	3
鄂州市	0.4071	280	12	29.3904	220	10	16.9558	109	7
荆门市	1.3003	208	9	46.6177	115	4	17.7279	97	6
孝感市	1.7369	170	7	51.6634	48	2	10.9066	208	11
黄冈市	3.2167	85	2	28.8950	228	11	13.2096	160	9
咸宁市	1.4322	196	8	52.5192	40	1	16.5223	118	8
随州市	0.6714	258	11	23.7858	285	12	9.9465	226	12

（十五）湖南省城市营商环境评价

湖南省地处我国中南部，下辖13个地级市和1个自治州，本项研究主要针对13个地级市的营商环境进行评价（表6-19）。2020年全国营商环境指数排名中，湖南省下辖城市营商环境指数排名表现相对较好，有10个城市的排名进入了全国前150名，其中省会长沙市排在全国第17名；怀化市和永州市排在全国第150～200名；张家界市排在全国200名之后。通过对比2019年，可以看出湖南省城市营商环境整体向好，大部分城市的排名有所提升，仅有3个城市的营商环境排名有所下降。

表 6-19　　　　　　　　　　　　**湖南省城市营商环境评价**

城市	营商环境指数		省内排名		省内排名近1年变化	全国排名		全国排名近1年变化
	2019年	2020年	2019年	2020年		2019年	2020年	
长沙市	31.0242	28.0740	1	1	0	15	17	-2
株洲市	14.3901	14.3688	3	2	1	87	71	16
衡阳市	12.8911	13.5904	5	3	2	116	82	34
郴州市	14.8094	13.5203	2	4	-2	81	85	-4
岳阳市	13.0053	12.9702	4	5	-1	113	88	25
湘潭市	12.2320	12.3523	8	6	2	135	102	33
娄底市	12.3352	11.7552	7	7	0	131	115	16
益阳市	11.6165	11.4312	9	8	1	150	121	29
常德市	10.4113	11.3668	11	9	2	198	122	76
邵阳市	12.3825	11.1227	6	10	-4	130	134	-4
怀化市	10.5887	9.9467	10	11	-1	190	172	18
永州市	9.6180	9.3785	12	12	0	232	196	36
张家界市	7.7306	7.6655	13	13	0	278	260	18

　　从分项指标的全国排名来看，人力资源指数和市场环境指数排名表现一般，分别有 4 个和 6 个城市排在全国前 150 名；公共服务指数、创新环境指数、金融服务指数、法治环境指数和政务环境指数排名表现较好，分别有 10 个、9 个、10 个、9 个和 9 个城市排在全国前 150 名。总的来看，湖南省城市的分项指标排名较为均衡。见表 6-19-1、表 6-19-2、表 6-19-3。

表 6-19-1　　　　　　　　　　**湖南省城市营商环境分项指标评价（一）**

城市	公共服务指数			人力资源指数		
	2020年	全国排名	省内排名	2020年	全国排名	省内排名
长沙市	19.0080	20	1	46.0818	12	1
株洲市	6.9337	98	3	18.6377	82	2
湘潭市	4.7857	159	11	16.8173	108	3
衡阳市	7.9760	80	2	16.4712	114	4
邵阳市	6.2490	114	4	12.5293	221	12
岳阳市	5.8780	125	6	13.9480	174	7
常德市	5.5096	136	8	13.5122	191	8
张家界市	1.0144	286	13	14.2667	163	5
益阳市	4.0451	183	12	14.2634	164	6

城市	公共服务指数			人力资源指数		
	2020年	全国排名	省内排名	2020年	全国排名	省内排名
永州市	5.8059	127	7	11.5031	244	13
郴州市	6.0002	123	5	13.4726	193	10
娄底市	5.3677	141	9	12.7982	213	11
怀化市	5.0764	149	10	13.4775	192	9

从湖南省城市的各分项指标省内排名来看，省会长沙市的领先幅度较为明显，除了法治环境指数排在省内第3名，其他指标全部稳居省内第1名；湘潭市的公共服务指数和法治环境指数排名表现较差，分别排在省内第11名和第10名，但人力资源指数、市场环境指数和创新环境指数排名表现较好，分别排在省内第3名、第2名和第3名；株洲市的金融服务指数和政务环境指数排名表现较差，分别排在省内第10名和第8名；衡阳市的市场环境指数排名表现较差，排在省内第7名；郴州市的人力资源指数和创新环境指数排名表现较差，分别排在省内第10名和第7名，但是法治环境排名表现较为优异，排在省内首位。

表6-19-2　　湖南省城市营商环境分项指标评价（二）

城市	市场环境指数			创新环境指数		
	2020年	全国排名	省内排名	2020年	全国排名	省内排名
长沙市	30.1264	17	1	10.8060	27	1
株洲市	11.9187	82	3	3.3541	66	2
湘潭市	11.9939	81	2	2.0945	96	3
衡阳市	7.6906	155	7	1.5752	116	4
邵阳市	4.3846	230	11	1.2682	144	8
岳阳市	9.2458	115	6	1.5413	118	5
常德市	10.0058	105	4	1.5379	119	6
张家界市	3.8683	244	12	0.1926	261	13
益阳市	6.0257	194	9	1.1117	150	9
永州市	6.2785	184	8	1.0348	155	10
郴州市	9.6956	110	5	1.2804	143	7
娄底市	5.8470	205	10	0.8181	173	12
怀化市	3.5696	247	13	0.9265	162	11

娄底市的人力资源指数、市场环境指数和创新环境指数排名表现较差，分别排在省内第11名、第10名和第12名；常德市的市场环境指数和金融服务指数排

名表现较好，分别排在省内第 4 名和第 2 名，但是法治环境缺乏竞争力，排在省内第 12 名；邵阳市的公共服务指数、金融服务指数和法治环境指数排名表现较好，分别排在省内第 4 名、第 5 名和第 6 名；永州市的公共服务指数和市场环境指数排名表现相对于其他分项指标来说较好，分别排在省内第 7 名和第 8 名；张家界市的人力资源指数排名表现相对于其他分项指标来说较好，排在省内第 5 名。

表 6-19-3　　　　湖南省城市营商环境分项指标评价（三）

城市	金融服务指数			法治环境指数			政务环境指数		
	2020年	全国排名	省内排名	2020年	全国排名	省内排名	2020年	全国排名	省内排名
长沙市	15.8894	16	1	53.1921	36	3	29.7869	25	1
株洲市	2.3305	135	10	53.9080	31	2	16.6784	117	8
湘潭市	2.5200	124	7	40.0439	154	10	17.4416	100	7
衡阳市	2.7396	108	4	50.6167	58	5	20.4052	59	2
邵阳市	2.7186	110	5	49.8268	69	6	13.7840	155	10
岳阳市	2.6966	111	6	51.1745	52	4	19.0419	79	4
常德市	3.1583	87	2	36.1889	165	12	17.9287	92	6
张家界市	0.6288	264	13	30.8873	200	13	10.5408	219	11
益阳市	2.4836	128	8	48.8654	86	8	15.7015	129	9
永州市	1.6580	176	11	39.5781	157	11	9.8574	227	12
郴州市	2.9143	94	3	55.2410	27	1	19.9451	65	3
娄底市	2.3640	133	9	49.7700	71	7	17.9932	90	5
怀化市	1.3450	203	12	48.4211	95	9	9.6359	228	13

（十六）广东省城市营商环境评价

广东省地处我国南端沿海，下辖 21 个地级市。2020 年全国营商环境指数排名中，广东省下辖城市营商环境指数排名表现相对较好（见表 6-20），有 14 个城市的排名进入了全国前 150 名，其中有 11 个城市排在全国前 100 名之内，有 3 个城市排在全国 100 ～ 150 名，有 5 个城市排在全国第 150 ～ 200 名，剩余 2 个城市排在全国第 200 名之后。可见广东省同样作为经济大省，它的城市营商环境分布并没有长三角地区均衡，整个省的营商环境基本上靠排名较前的几个城市在拉动。通过对比 2019 年营商环境指数排名，可以看到 2020 年排名上升的城市

（13 个）多于排名下降的城市（5 个），其中茂名市上升幅度较大，从 2019 年的第 147 名上升到 2020 年的第 93 名，河源市和汕尾市下降幅度较大，从 2019 年的第 90 名和第 202 名下降到 2020 年的第 157 名和第 256 名。

表 6-20　　　　　　　　　　　　广东省城市营商环境评价

城市	营商环境指数		省内排名		省内排名近1年变化	全国排名		全国排名近1年变化
	2019年	2020年	2019年	2020年		2019年	2020年	
深圳市	62.6486	63.8480	1	1	0	3	3	0
广州市	49.9888	48.5741	2	2	0	4	4	0
东莞市	31.2381	31.4662	3	3	0	14	14	0
佛山市	26.2068	28.3248	4	4	0	21	16	5
珠海市	23.8834	22.5477	5	5	0	24	23	1
中山市	20.4655	20.5733	6	6	0	36	32	4
惠州市	17.4897	16.5749	7	7	0	52	50	2
江门市	16.1838	15.8999	8	8	0	64	58	6
汕头市	14.6662	14.5299	9	9	0	83	70	13
肇庆市	14.3904	12.8945	10	10	0	86	90	-4
茂名市	11.8081	12.8428	13	11	2	147	93	54
清远市	12.2475	11.1817	12	12	0	134	129	5
韶关市	11.4158	10.7378	14	13	1	155	145	10
揭阳市	11.1844	10.6900	17	14	3	168	148	20
河源市	14.2393	10.4189	11	15	-4	90	157	-67
湛江市	11.3077	10.2633	15	16	-1	158	161	-3
云浮市	11.2381	10.0708	16	17	-1	166	168	-2
潮州市	10.4080	9.5820	18	18	0	199	184	15
阳江市	9.9995	9.4611	20	19	1	219	191	28
梅州市	9.0615	8.6362	21	20	1	252	227	25
汕尾市	10.3556	7.7485	19	21	-2	202	256	-54

从分项指标的全国排名来看，公共服务指数、金融服务指数、市场环境指数和政务环境指数排名较为一般，分别有 12 个、12 个、13 个和 13 个城市进入了全国前 150 名；人力资源指数和法治环境指数排名表现较好，均有 15 个城市进入全国前 150 名；创新环境指数排名表现优异，有 20 个城市排在全国前 150 名。由此可见，广东省城市的分项指标的排名相对均衡。见表 6-20-1、表 6-20-2、

表 6-20-3。

表 6-20-1　　　　　广东省城市营商环境分项指标评价（一）

城市	公共服务指数			人力资源指数		
	2020年	全国排名	省内排名	2020年	全国排名	省内排名
广州市	44.9921	4	1	74.2909	1	1
深圳市	39.4724	7	2	55.1389	7	2
珠海市	6.8853	101	10	26.9577	35	4
汕头市	7.2919	91	8	15.1521	140	14
佛山市	18.8980	21	4	28.9621	32	3
韶关市	4.5057	165	15	16.6389	109	12
河源市	2.6297	234	19	13.5478	189	17
梅州市	3.2098	212	18	14.9695	145	15
惠州市	10.6253	55	5	20.0597	66	6
汕尾市	1.6313	267	21	11.9097	236	20
东莞市	30.0954	10	3	23.2672	45	5
中山市	7.0752	96	9	19.1773	74	7
江门市	8.6516	72	6	16.9234	105	11
阳江市	3.8275	190	16	13.0038	205	18
湛江市	7.5056	84	7	18.5805	83	8
茂名市	4.9966	152	13	17.7970	97	9
肇庆市	5.7866	128	11	17.7146	98	10
清远市	5.5145	135	12	16.3603	117	13
潮州市	3.2507	208	17	12.9333	207	19
揭阳市	4.5230	164	14	9.6091	264	21
云浮市	1.8581	257	20	14.7840	152	16

从广东省城市的各分项指标省内排名来看，广州市和深圳市的领先幅度较为明显，7 个分项指标都排在第 1 ～ 3 名；珠海市的公共服务指数排名相较于其他指标排名略低，排在省内第 10 名；中山市和惠州市的法治环境指数排名表现极差，分别排在省内第 11 名和第 17 名；江门市的人力资源指数排名表现相对其他指标较差，排在省内第 11 名；肇庆市的金融服务指数和政务环境指数排名表现较差，分别排在省内第 14 名和第 13 名；清远市的市场环境指数、创新环境指数和法治环境指数排名相较于其他指标排名略低，分别排在省内第 16 名、第 15 名和第 16 名；汕头市的人力资源指数排名表现较差，排在省内第 14 名，但是法

治环境指数排名表现优异，排在省内第 5 名；茂名市的创新环境指数排名表现较差，排在省内第 20 名。

表 6-20-2　　　　广东省城市营商环境分项指标评价结果（二）

城市	市场环境指数			创新环境指数		
	2020年	全国排名	省内排名	2020年	全国排名	省内排名
广州市	47.7178	5	2	46.7726	4	2
深圳市	68.2049	1	1	100.0000	1	1
珠海市	30.5879	16	4	10.1856	31	6
汕头市	9.2588	114	10	4.8591	54	9
佛山市	32.5241	12	3	23.1081	11	4
韶关市	6.2959	183	15	1.7609	109	14
河源市	5.8796	203	18	1.5699	117	16
梅州市	5.9910	198	17	1.4504	127	17
惠州市	26.7110	24	6	7.2311	38	7
汕尾市	4.1288	237	21	1.4122	129	18
东莞市	29.6445	20	5	27.0674	8	3
中山市	21.0948	33	7	15.8541	18	5
江门市	13.6069	67	8	5.5625	47	8
阳江市	8.1687	145	12	1.4056	130	19
湛江市	6.9499	169	14	2.0452	98	10
茂名市	8.3705	142	11	1.2129	145	20
肇庆市	11.3747	91	9	2.0098	99	11
清远市	6.0768	193	16	1.6772	111	15
潮州市	5.8045	206	19	1.9909	101	12
揭阳市	7.9477	150	13	1.9702	102	13
云浮市	4.3220	231	20	0.7467	177	21

　　湛江市的公共服务指数、人力资源指数、创新环境指数和金融服务指数排名相较于其他指标排名较好，分别排在省内第 7 名、第 8 名、第 10 名和第 9 名，但是法治环境构建方面较为薄弱，排在省内第 20 名；阳江市的市场环境指数和政务环境指数排名表现较好，分别排在省内第 12 名和第 10 名；揭阳市的人力资源指数和政务环境指数排名表现较差，分别排在省内第 21 名和第 19 名，但是法治环境指数排名表现优异，排在省内第 8 名；云浮市的法治环境指数排名相较于其他指标排名较好，排在省内第 7 名，但公共服务指数、市场环境指数、创新环

境指数和政务环境指数排名较差，分别排在省内第 20 名、第 20 名、第 21 名和第 20 名；梅州市的人力资源指数和金融服务指数排名表现相对其他指标较好，均排在省内第 15 名；其余城市的各个分项指标省内排名与其营商环境指数省内排名较为符合。

表 6-20-3　　　　　广东省城市营商环境分项指标评价（三）

城市	金融服务指数			法治环境指数			政务环境指数		
	2020年	全国排名	省内排名	2020年	全国排名	省内排名	2020年	全国排名	省内排名
广州市	31.7660	5	2	66.0408	5	2	47.5939	6	3
深圳市	44.3133	3	1	70.7081	3	1	71.3849	3	1
珠海市	4.4819	62	7	56.1562	25	6	33.7818	21	6
汕头市	2.8960	95	10	56.5053	22	5	19.7379	67	8
佛山市	8.1689	35	3	62.4762	8	3	35.5199	18	5
韶关市	1.9866	157	13	40.9530	150	15	13.0954	162	14
河源市	1.4430	194	16	48.5167	92	13	12.0447	179	16
梅州市	1.6417	177	15	29.4481	219	18	10.6800	214	18
惠州市	5.9678	45	5	31.1933	196	17	19.1092	76	9
汕尾市	0.6074	266	21	29.0518	224	19	12.5992	168	15
东莞市	7.5510	37	4	56.6169	21	4	54.4047	4	2
中山市	3.7811	72	8	50.1844	64	11	36.7165	16	4
江门市	5.0935	54	6	50.3629	61	10	22.5863	48	7
阳江市	1.0023	229	18	25.7600	271	21	18.4929	86	10
湛江市	3.3319	82	9	28.7411	233	20	10.8478	211	17
茂名市	2.6762	112	11	52.0511	44	9	15.8649	127	11
肇庆市	1.9141	162	14	48.5381	91	12	14.8046	136	13
清远市	2.6399	115	12	40.0545	153	16	15.5733	131	12
潮州市	0.6968	255	20	48.1367	100	14	7.1126	259	21
揭阳市	1.3790	200	17	52.9163	38	8	10.5602	217	19
云浮市	0.7388	249	19	53.6805	33	7	8.9023	239	20

（十七）广西壮族自治区城市营商环境评价

广西壮族自治区地处我国华南地区，下辖 14 个地级市（见表 6-21）。2020 年全国营商环境指数排名中，广西壮族自治区下辖城市营商环境指数排名表现相对较差，只有 4 个城市营商环境指数排名进入全国前 150 名。其中，首府南宁市排在全国第 39 名；桂林市排在全国第 50～100 名；柳州市、防城港市排在全国第 100～150 名；梧州市、北海市、崇左市以及玉林市排在全国第 150～200 名；其他 6 个城市排在全国 200 名之后。

表 6-21 　　　　　　　　广西壮族自治区城市营商环境评价

城市	营商环境指数		区内排名		区内排名近1年变化	全国排名		全国排名近1年变化
	2019年	2020年	2019年	2020年		2019年	2020年	
南宁市	19.4034	19.2444	1	1	0	45	39	6
桂林市	14.8002	13.4200	2	2	0	82	86	-4
柳州市	11.2896	11.7693	4	3	1	160	113	47
防城港市	11.8475	10.9816	3	4	-1	145	139	6
梧州市	11.2476	10.2228	5	5	0	164	162	2
北海市	9.7652	9.6087	12	6	6	225	183	42
崇左市	10.9991	9.4507	6	7	-1	175	192	-17
玉林市	10.7858	9.3930	7	8	-1	183	194	-11
钦州市	10.2703	9.1291	10	9	1	208	210	-2
河池市	10.6110	8.8277	8	10	-2	189	220	-31
贺州市	9.9730	8.5865	11	11	0	220	229	-9
贵港市	8.6914	8.0777	13	12	1	263	247	16
百色市	10.3079	7.7157	9	13	-4	206	258	-52
来宾市	6.4679	6.9746	14	14	0	288	272	16

从广西壮族自治区城市 7 个分项指标的全国排名来看，政务环境指数和法治环境指数排名表现较好，分别有 7 个和 8 个城市排在全国前 150 名；公共服务指数、人力资源指数、市场环境指数、创新环境指数和金融服务指数排名表现较差，分别只有 3 个、4 个、3 个、3 个和 3 个城市排在全国前 150 名之内。总的来看，公共服务低效、人力资源储备不足、市场环境和创新环境欠缺良好氛围以及金融服务低效是制约广西壮族自治区城市营商环境提升的重要因素。见表 6-21-1、表 6-21-2、表 6-21-3。

表 6-21-1　　　广西壮族自治区城市营商环境分项指标评价（一）

城市	公共服务指数			人力资源指数		
	2020年	全国排名	区内排名	2020年	全国排名	区内排名
南宁市	12.4576	48	1	33.8942	22	1
柳州市	6.9599	97	3	18.2133	90	3
桂林市	4.7847	160	4	21.5013	53	2
梧州市	3.0438	221	7	13.2351	198	13
北海市	2.2820	245	11	14.7121	153	5
防城港市	1.8279	260	12	13.8386	179	9
钦州市	2.9516	224	9	12.7228	215	14
贵港市	3.0311	222	8	13.7149	183	11
玉林市	3.7938	192	5	13.9145	175	8
贺州市	1.6733	266	14	14.2195	165	7
百色市	7.4280	87	2	14.6450	155	6
河池市	2.7405	231	10	14.8012	150	4
来宾市	3.1078	218	6	13.7924	181	10
崇左市	1.6878	264	13	13.3941	195	12

　　从广西壮族自治区城市的各分项指标区内排名来看，首府南宁市除了市场环境指数分别排在区内第 4 名，其他指标均排在区内第 1 名；桂林市的市场环境指数排名表现较差，排在区内第 6 名；防城港市的公共服务指数、人力资源指数、创新环境指数和金融服务指数排名表现较差，分别排在区内第 12 名、第 9 名、第 14 名和第 14 名；柳州市的法治环境指数排名表现较差，排在区内第 12 名，但是市场环境指数排名表现优异，位居全区第 1 名；北海市的公共服务指数、金融服务指数和法治环境指数排名表现较差，分别排在区内第 11 名、第 10 名和第 10 名，但市场环境指数排名表现较好，排在全区第 2 名；钦州市的人力资源指数、金融服务指数和政务环境指数排名表现较差，分别排在区内第 14 名、第 12 名和第 12 名，但法治环境指数排名表现较好，排在区内第 6 名；崇左市的公共服务指数、人力资源指数、创新环境指数和金融服务指数排名表现较差，分别排在区内第 13 名、第 12 名、第 12 名和第 11 名，但法治环境指数排名表现较好，排在全区第 5 名。

表 6-21-2   广西壮族自治区城市营商环境分项指标评价（二）

城市	市场环境指数			创新环境指数		
	2020年	全国排名	区内排名	2020年	全国排名	区内排名
南宁市	7.8086	153	4	2.8915	75	1
柳州市	11.1035	94	1	1.6528	112	2
桂林市	4.7966	225	6	1.3012	141	3
梧州市	3.5363	248	8	0.5275	206	6
北海市	8.4859	138	2	0.5935	196	5
防城港市	8.4239	139	3	0.0792	282	14
钦州市	4.2477	234	7	0.4297	216	8
贵港市	3.5110	249	9	0.3683	225	9
玉林市	3.0842	259	11	0.7783	175	4
贺州市	2.5775	269	13	0.2861	242	11
百色市	3.2277	256	10	0.4386	212	7
河池市	1.5690	284	14	0.2900	239	10
来宾市	2.8598	265	12	0.1427	273	13
崇左市	5.2713	216	5	0.1916	263	12

贵港市的公共服务指数、金融服务指数和政务环境指数排名表现较好，分别排在区内第 8 名、第 5 名和第 7 名；梧州市的人力资源指数排名表现较差，仅排在区内第 13 名；来宾市的公共服务指数排名表现较好，排在区内第 6 名；玉林市的金融服务指数和创新环境指数排名表现较好，均排在区内第 4 名；河池市的法治环境指数和人力资源指数排名表现较好，分别排在区内第 3 名和第 4 名，但市场环境指数和政务环境指数排名表现较差，均排在区内第 14 名；贺州市的人力资源指数排名相对较高，排在区内第 7 名，但公共服务排名表现较差，排在区内最后一名；百色市的公共服务指数、人力资源指数、创新环境指数以及金融服务指数排名表现较好，分别位居全区第 2 名、第 6 名、第 7 名和第 8 名。

表 6-21-3 广西壮族自治区城市营商环境分项指标评价（三）

城市	金融服务指数			法治环境指数			政务环境指数		
	2020年	全国排名	区内排名	2020年	全国排名	区内排名	2020年	全国排名	区内排名
南宁市	11.4048	21	1	49.2373	77	1	27.0146	30	1
柳州市	2.5631	121	3	27.0632	250	12	19.9276	66	3
桂林市	2.7774	105	2	49.1048	81	2	21.5687	52	2
梧州市	1.0597	226	6	44.9750	137	7	16.7658	114	5
北海市	0.8408	242	10	29.1135	223	10	17.7348	95	4
防城港市	0.3768	281	14	48.6918	89	4	16.2032	120	6
钦州市	0.6701	259	12	45.4475	130	6	9.5403	230	12
贵港市	1.0654	224	5	26.8380	255	13	14.2689	145	7
玉林市	1.4806	188	4	44.3288	142	8	10.0162	225	11
贺州市	0.8430	241	9	40.0141	155	9	10.9676	206	8
百色市	0.8629	237	8	27.0887	249	11	6.7767	260	13
河池市	0.9490	232	7	48.7799	88	3	5.9814	268	14
来宾市	0.5580	270	13	23.9761	283	14	10.0527	224	10
崇左市	0.7333	250	11	47.4886	105	5	10.0673	223	9

（十八）四川省城市营商环境评价

四川省共辖 18 个地级市和 3 个自治州，本项研究主要针对这 18 个地级市营商环境进行评价（见表 6-22）。2020 年全国营商环境指数排名中，四川省下辖城市营商环境指数排名表现相对较差，有 6 个城市排在全国前 150 名，3 个城市排在全国第 150～200 名，9 个城市位于全国 200 名之后。其中省会成都市排在全国前 10 名；德阳市、绵阳市和攀枝花市排在全国第 50～100 名。总的来说，四川省城市营商环境整体上处于较差水平。

表 6-22   四川省城市营商环境评价

城市	营商环境指数		省内排名		省内排名近1年变化	全国排名		全国排名近1年变化
	2019年	2020年	2019年	2020年		2019年	2020年	
成都市	42.9538	42.5821	1	1	0	6	6	0
德阳市	14.1393	12.9483	2	2	0	92	89	3
绵阳市	13.4435	12.7536	4	3	1	104	94	10
攀枝花市	13.5090	12.5738	3	4	−1	103	97	6
泸州市	11.2670	12.1401	5	5	0	161	106	55
宜宾市	11.1428	11.0299	6	6	0	169	136	33
乐山市	10.7120	10.5960	8	7	1	187	153	34
达州市	9.3119	10.0868	14	8	6	243	165	78
南充市	10.3856	10.0808	9	9	0	201	167	34
内江市	10.7221	9.3249	7	10	−3	186	201	−15
广元市	9.9156	9.2957	11	11	0	223	203	20
眉山市	9.3031	9.0519	15	12	3	244	213	31
广安市	9.7590	8.9443	12	13	−1	227	215	12
自贡市	8.4350	8.9255	16	14	2	271	217	54
雅安市	8.3498	8.4824	17	15	2	272	231	41
遂宁市	9.3617	8.2369	13	16	−3	242	239	3
资阳市	10.3490	8.1045	10	17	−7	203	245	−42
巴中市	6.9200	7.9915	18	18	0	287	249	38

从四川省城市 7 个分项指标的全国排名来看，市场环境指数、创新环境指数、金融服务指数和法治环境指数排名表现较差，分别有 4 个、3 个、5 个和 5 个城市进入全国前 150 名之内；人力资源指数排名和政务环境指数表现较好，均有 11 个城市排在全国前 150 名；公共服务指数排名表现一般，有 8 个城市排在全国前 150 名之内。整体来说，四川省城市营商环境的 7 个分项指标排名差距较大，充足的人力资本和良好的政务环境是其优势，但还是受限法治环境、市场环境、创新环境和金融服务。见表 6-22-1、表 6-22-2、表 6-22-3。

表 6-22-1　　　　　　四川省城市营商环境分项指标评价（一）

城市	公共服务指数			人力资源指数		
	2020年	全国排名	省内排名	2020年	全国排名	省内排名
成都市	40.3216	6	1	64.8633	3	1
自贡市	3.4736	198	12	16.9873	104	6
攀枝花市	3.9797	184	9	18.8160	81	4
泸州市	5.9424	124	7	15.9346	125	8
德阳市	5.0819	148	8	20.8695	57	2
绵阳市	6.5372	104	2	20.5587	61	3
广元市	3.4436	200	13	14.8862	149	11
遂宁市	3.0498	219	15	12.8747	209	13
内江市	3.9502	185	10	8.8523	276	18
乐山市	6.4904	106	3	15.5341	135	10
南充市	6.1812	116	5	16.8507	106	7
宜宾市	6.0126	121	6	17.9153	92	5
广安市	2.9675	223	16	15.5777	134	9
达州市	6.4340	107	4	12.2362	229	14
资阳市	1.9594	255	18	11.1553	249	16
眉山市	3.8618	187	11	14.3578	159	12
巴中市	2.4476	239	17	10.9540	251	17
雅安市	3.2757	205	14	11.7277	240	15

　　从四川省城市的各分项指标省内排名来看，省会成都市"一家独大"，各项指标均位居省内榜首；攀枝花市的公共服务、创新环境和金融服务是阻碍其营商环境发展的重要因素，分别排在省内第 9 名、第 12 名和第 14 名；德阳市的公共服务指数和政务环境指数排名表现较差，分别排在省内第 8 名和第 14 名；达州市的人力资源、市场环境和政务环境是阻碍其营商环境发展的重要因素，分别排在省内第 14 名、第 13 名和第 17 名，但公共服务指数和法治环境指数排名表现较好，均排在省内第 4 名；广安市的公共服务指数和创新环境指数排名表现较差，分别排在省内第 16 名和第 17 名，但人力资源指数、市场环境指数和金融服务指数排名表现较好，均排在省内第 9 名；绵阳市的法治环境指数排名较差，位于全省第 13 名；泸州市的政务环境指数排名表现较差，仅排在省内第 9 名；乐山市的创新环境指数排名表现较差，排在省内第 11 名，但公共服务排名表现较

好，排在省内第 3 名。

表 6-22-2 四川省城市营商环境分项指标评价（二）

城市	市场环境指数			创新环境指数		
	2020年	全国排名	省内排名	2020年	全国排名	省内排名
成都市	45.2016	8	1	27.0338	9	1
自贡市	6.6760	176	8	0.8283	170	5
攀枝花市	12.5524	77	2	0.5359	204	12
泸州市	7.3587	162	7	0.8993	165	4
德阳市	10.6565	97	3	1.5122	122	3
绵阳市	8.5136	136	4	4.6622	57	2
广元市	4.0151	239	17	0.4001	223	15
遂宁市	5.7189	208	12	0.6045	194	10
内江市	4.8185	224	16	0.6224	190	8
乐山市	7.5320	160	6	0.5791	198	11
南充市	6.0161	196	11	0.6638	187	7
宜宾市	7.5903	157	5	0.7744	176	6
广安市	6.2332	185	9	0.3172	236	17
达州市	5.3935	215	13	0.6089	192	9
资阳市	5.0324	219	14	0.3632	227	16
眉山市	6.1438	188	10	0.4680	210	14
巴中市	3.0081	262	18	0.2467	250	18
雅安市	4.8821	221	15	0.4951	207	13

宜宾市的法治环境指数排名相较于其营商环境排名较低，排在省内第 10 名；南充市的公共服务指数、金融服务指数和政务环境指数排名表现较好，分别位居全省第 5 名、第 3 名和第 6 名，但法治环境排名表现较差，排在全省最后一位；眉山市的金融服务指数排名表现较差，排在省内第 17 名；雅安市的法治环境指数排名较好，排在省内第 9 名；遂宁市的创新环境指数排名表现相对较好，排在省内第 10 名；自贡市人力资源指数、市场环境指数和创新环境指数排名表现较好，分别排在全省第 6 名、第 8 名和第 5 名；内江市拥有良好的法治环境，法治环境指数排在全省第 5 名，但是人力资源指数、市场环境指数和政务环境指数排名表现较差，分别排在省内第 18 名、第 16 名和第 16 名；资阳市的法治环境指数的排名表现相较于其他指标来说更好，排在省内第 7 名；巴中市的政务环境指

数的排名表现相较于其他指标更好，排在省内第 7 名。

表 6-22-3　　　　　　四川省城市营商环境分项指标评价（三）

城市	金融服务指数			法治环境指数			政务环境指数		
	2020年	全国排名	省内排名	2020年	全国排名	省内排名	2020年	全国排名	省内排名
成都市	28.2726	8	1	58.6708	17	1	39.0738	12	1
自贡市	1.3397	204	13	26.5159	258	17	12.5213	170	15
攀枝花市	1.0758	223	14	39.9157	156	6	20.2550	61	3
泸州市	1.8027	167	7	48.3842	98	3	16.7404	115	9
德阳市	2.2142	139	5	48.3915	97	2	13.7267	157	14
绵阳市	3.4012	81	2	29.4938	218	13	21.6888	51	2
广元市	1.3470	202	12	31.1237	197	11	17.1300	107	5
遂宁市	1.0615	225	15	26.6877	256	16	13.8112	154	13
内江市	1.4390	195	10	46.6047	116	5	11.4138	196	16
乐山市	1.5518	182	8	33.1957	183	8	16.8223	113	8
南充市	2.9303	93	3	26.2763	263	18	17.0455	108	6
宜宾市	2.8025	104	4	31.9039	191	10	17.1681	105	4
广安市	1.4435	193	9	27.0618	251	15	15.0482	134	10
达州市	2.0276	155	6	46.6818	112	4	9.4237	231	17
资阳市	1.4248	197	11	37.0490	160	7	9.3956	233	18
眉山市	0.7653	248	17	30.1729	206	12	14.6341	140	11
巴中市	0.8510	239	16	28.4186	237	14	16.8234	112	7
雅安市	0.6917	256	18	32.3019	189	9	13.9422	152	12

（十九）贵州省城市营商环境评价

贵州省地处我国西南腹地，下辖 6 个地级市和 3 个自治州，本项研究主要针对 6 个地级市的营商环境进行评价（见表 6-23）。2020 年全国营商环境指数排名中，贵州省下辖城市营商环境指数排名表现一般，只有 2 个城市进入全国前 100 名，并且没有城市排在全国第 150～200 名。毕节市、铜仁市和安顺市的营商环境指数更是排在了全国 200 名之后。通过对比 2019 年的排名，可以看到毕节市和安顺市进步明显，从 2019 年的 245 名和 254 名上升至 2020 年的 205 名和 218 名；铜仁市下降幅度较大，从 2019 年的 151 名下降至 2020 年的 226 名；省会贵阳市的全国排名变化幅度较小。

表 6-23　　　　　　　　　　　贵州省城市营商环境评价

城市	营商环境指数		省内排名		省内排名近1年变化	全国排名		全国排名近1年变化
	2019年	2020年	2019年	2020年		2019年	2020年	
贵阳市	21.3900	19.4886	1	1	0	35	37	-2
遵义市	13.0569	12.4610	2	2	0	112	98	14
六盘水市	10.8447	10.3728	4	3	1	181	159	22
毕节市	9.2899	9.2192	5	4	1	245	205	40
安顺市	8.9861	8.9208	6	5	1	254	218	36
铜仁市	11.5478	8.6571	3	6	-3	151	226	-75

从贵州省城市的各分项指标的全国排名来看，公共服务指数和创新环境指数排名表现一般，均有 3 个城市排在全国前 150 名；人力资源指数排名表现优异，6 个城市全部排在全国前 150 名；市场环境指数、金融服务指数和法治环境指数排名表现较差，分别只有 1 个、2 个和 1 个城市排在全国前 150 名；政务环境指数排名表现较好，有 4 个城市进入全国前 150 名。见表 6-23-1、表 6-23-2、表 6-23-3。

表 6-23-1　　　　　　贵州省城市营商环境分项指标评价（一）

城市	公共服务指数			人力资源指数		
	2020年	全国排名	省内排名	2020年	全国排名	省内排名
贵阳市	11.1475	53	1	33.7964	23	1
六盘水市	3.2366	210	5	18.1522	91	4
遵义市	9.0308	65	2	21.4863	54	2
安顺市	2.3910	242	6	16.2465	118	6
毕节市	6.5260	105	3	17.2196	101	5
铜仁市	3.2427	209	4	20.0433	67	3

从贵州省城市的各分项指标省内排名来看，省会贵阳市领先幅度较为明显，7 个分项指标均居于全省第 1 名；遵义市各项指标也处于全省领先地位，除了法治环境指数排在省内第 3 名，其他各项指标均排在省内第 2 名。

表 6-23-2　　　　贵州省城市营商环境分项指标评价（二）

城市	市场环境指数			创新环境指数		
	2020年	全国排名	省内排名	2020年	全国排名	省内排名
贵阳市	12.4192	78	1	5.4715	48	1
六盘水市	6.3684	182	3	0.8144	174	4
遵义市	7.0235	167	2	1.8667	104	2
安顺市	3.9208	243	5	0.6802	184	6
毕节市	3.0533	261	6	1.8001	107	3
铜仁市	3.9881	240	4	0.7224	181	5

　　六盘水市的公共服务和金融服务指数排名表现较差，均排在省内第 5 名；毕节市的市场环境较差，排在省内最后一名；安顺市的法治环境指数排名表现较好，排在省内第 2 名；铜仁市的人力资源指数排名表现较好，排在省内第 3 名。

表 6-23-3　　　　贵州省城市营商环境分项指标评价（三）

城市	金融服务指数			法治环境指数			政务环境指数		
	2020年	全国排名	省内排名	2020年	全国排名	省内排名	2020年	全国排名	省内排名
贵阳市	8.4391	33	1	46.8984	111	1	27.3848	29	1
六盘水市	1.0951	219	5	30.5873	203	4	19.0936	77	3
遵义市	2.5667	120	2	30.7223	201	3	20.6181	58	2
安顺市	0.8475	240	6	31.2181	195	2	14.5742	141	4
毕节市	1.5300	183	3	27.3863	245	5	13.0748	163	5
铜仁市	1.3329	205	4	25.9232	266	6	11.1023	203	6

（二十）云南省城市营商环境评价

　　云南省地处我国西南边陲，是我国通往东南亚、南亚的窗口。云南省下辖 8 个地级市和 8 个自治州，本项研究主要针对这 8 个地级市的营商环境进行评价（见表 6-24）。2020 年全国营商环境指数排名中，云南省下辖城市营商环境指数排名整体表现较差，只有 2 个城市进入全国前 150 名，其中省会城市昆明市排在全国第 41 名，排名较 2019 年下降了 4 位。

表 6-24　　　　　　　　　云南省城市营商环境评价

城市	营商环境指数		省内排名		省内排名近1年变化	全国排名		全国排名近1年变化
	2019年	2020年	2019年	2020年		2019年	2020年	
昆明市	20.3851	18.7666	1	1	0	37	41	−4
玉溪市	11.0676	11.6634	5	2	3	171	118	53
曲靖市	12.4956	10.4038	2	3	−1	123	158	−35
普洱市	11.3310	9.3702	4	4	0	157	198	−41
丽江市	12.0504	8.5661	3	5	−2	137	230	−93
昭通市	7.8059	7.5819	8	6	2	276	262	14
临沧市	8.7270	6.8746	6	7	−1	259	275	−16
保山市	8.2567	6.6136	7	8	−1	274	279	−5

从云南省城市的各分项指标的全国排名来看，公共服务指数、市场环境指数、创新环境指数、金融服务指数和政务环境指数排名表现较差，分别有2个、1个、1个、1个和2个城市排在全国前150名；人力资源指数排名表现优异，有7个城市排在全国前150名；法治环境指数排名表现较好，有4个城市排在全国前150名。总的来看，基础设施建设、市场环境整治、创新环境提升、金融服务效率提高以及政务环境的改善是提升云南省城市营商环境的几个主要因素。见表6-24-1、表6-24-2、表6-24-3。

表 6-24-1　　　　　云南省城市营商环境分项指标评价（一）

城市	公共服务指数			人力资源指数		
	2020年	全国排名	省内排名	2020年	全国排名	省内排名
昆明市	16.4344	27	1	34.6345	19	1
昭通市	4.0832	181	3	22.9249	47	2
曲靖市	8.9483	66	2	16.5507	112	5
玉溪市	3.8435	189	4	15.7569	128	7
普洱市	1.7278	263	6	17.5223	99	4
保山市	2.2292	246	5	13.5645	187	8
丽江市	0.8526	288	8	18.2387	88	3
临沧市	1.3478	277	7	16.4164	115	6

从云南省城市的各分项指标的省内排名来看，省会昆明市处于绝对领先地位，除了法治环境指数排在省内第7名，其余6个分项指标均排在全省第1名；

玉溪市的人力资源指数排名表现较差，排在全省第 7 名；曲靖市的政务环境指数排名表现较差，排在省内第 6 名。

表 6-24-2　　　　　　云南省城市营商环境分项指标评价（二）

城市	市场环境指数			创新环境指数		
	2020年	全国排名	省内排名	2020年	全国排名	省内排名
昆明市	11.6123	85	1	6.0340	46	1
昭通市	0.6516	287	8	0.1915	264	5
曲靖市	3.8321	245	3	0.5880	197	3
玉溪市	7.4064	161	2	0.8721	167	2
普洱市	2.0659	279	6	0.2525	248	4
保山市	2.5486	271	4	0.1787	267	7
丽江市	2.1155	278	5	0.1821	266	6
临沧市	1.9254	281	7	0.1635	268	8

普洱市的金融服务指数排名较差，仅排在省内第 7 名；丽江市的公共服务指数排名表现较差，排在省内最后一名；昭通市的公共服务指数和人力资源指数排名表现较好，分别排在省内第 3 名和第 2 名；保山市的市场环境指数排名表现较好，排在省内第 4 名；其余城市的各个分项指标省内排名与其营商环境指数的省内排名较为符合。

表 6-24-3　　　　　　云南省城市营商环境分项指标评价（三）

城市	金融服务指数			法治环境指数			政务环境指数		
	2020年	全国排名	省内排名	2020年	全国排名	省内排名	2020年	全国排名	省内排名
昆明市	11.0574	22	1	28.9920	225	7	26.0098	35	1
昭通市	0.7897	246	4	27.2114	248	8	3.7643	283	8
曲靖市	1.2407	213	2	50.0222	67	1	4.8507	276	6
玉溪市	1.1761	214	3	45.5765	128	3	18.3165	88	2
普洱市	0.5974	267	7	47.2367	107	2	8.8113	242	3
保山市	0.6217	265	6	29.3808	221	6	5.3606	275	5
丽江市	0.6560	262	5	43.9265	145	4	5.7780	269	4
临沧市	0.3619	282	8	32.7355	186	5	3.7919	282	7

（二十一）陕西省城市营商环境评价

陕西省位于我国西北地区，下辖 10 个地级市（见表 6-25）。2020 年全国营商环境指数排名中，陕西省下辖城市营商环境指数排名整体表现较差，有 3 个城市排名进入全国前 150 名，安康市和渭南市排在全国第 150～200 名，其余 5 个城市均排在全国 200 名之后。对比 2019 年排名，可以看到陕西省有 4 个城市排名有所上升，5 个城市排名下降，其中汉中市排名下降幅度较大，从 2019 年的 170 名下降到 2020 年的 208 名。总体来讲，陕西省城市营商环境近两年发展势头不容乐观。

表 6-25　　　　　　　　　陕西省城市营商环境评价

城市	营商环境指数		省内排名		省内排名近1年变化	全国排名		全国排名近1年变化
	2019年	2020年	2019年	2020年		2019年	2020年	
西安市	32.8591	32.8508	1	1	0	12	12	0
榆林市	12.5141	11.3329	3	2	1	121	124	−3
咸阳市	12.5516	11.2256	2	3	−1	120	128	−8
安康市	10.6521	9.8382	5	4	1	188	177	11
渭南市	10.5007	9.5338	6	5	1	192	187	5
宝鸡市	10.4906	9.3337	7	6	1	193	200	−7
汉中市	11.1106	9.1756	4	7	−3	170	208	−38
延安市	9.7019	8.8206	8	8	0	231	221	10
铜川市	9.2494	8.2260	9	9	0	247	240	7
商洛市	8.6686	6.9148	10	10	0	265	273	−8

从陕西省城市的各分项指标全国排名来看，公共服务指数、人力资源指数、创新环境指数、金融服务指数、法治环境指数和政务环境指数排名表现较差，分别有 3 个、2 个、2 个、4 个、3 个和 3 个城市排在全国前 150 名；市场环境指数排名表现一般，有 5 个城市进入全国 150 名之内。总的来看，加大公共服务力度、积累人力资本储备、培育创新环境、提高金融服务效率、营造良好法治和政务环境氛围是提升陕西省城市营商环境的重要途径。见表 6-25-1、表 6-25-2、表 6-25-3。

表 6-25-1 　　　　　　　　陕西省城市营商环境分项指标评价（一）

城市	公共服务指数			人力资源指数		
	2020年	全国排名	省内排名	2020年	全国排名	省内排名
西安市	23.0337	15	1	57.9744	5	1
铜川市	1.5074	270	10	11.5005	245	8
宝鸡市	4.7060	162	5	11.9840	235	6
咸阳市	5.8478	126	3	13.5619	188	4
渭南市	5.2076	146	4	9.9373	259	9
汉中市	4.1150	179	6	12.8712	210	5
安康市	1.8320	259	9	11.9025	237	7
商洛市	1.8489	258	8	8.9492	274	10
延安市	3.2327	211	7	15.0050	144	3
榆林市	8.1939	78	2	16.1778	121	2

从陕西省城市的各分项指标省内排名来看，省会西安市处于绝对领先地位，7个分项指标都稳居全省第1名；榆林市的金融服务指数、法治环境指数和政务环境指数排名表现较差，分别排在省内第5名、第6名和第8名，其他指标都排在省内第2～4名；铜川市的公共服务指数、市场环境指数、创新环境指数和金融服务指数表现都较差，4种指数均排在省内第10名，但是法治环境指数和政务环境指数排名表现较好，分别位于全省第4名和第6名；延安市的法治环境指数排名表现相较于其他指标差，排在省内第10名，但人力资源指数、市场环境指数和政务环境指数排名表现较好，分别排在省内第3名、第4名和第5名。

表 6-25-2 　　　　　　　　陕西省城市营商环境分项指标评价（二）

城市	市场环境指数			创新环境指数		
	2020年	全国排名	省内排名	2020年	全国排名	省内排名
西安市	31.3089	13	1	15.6188	19	1
铜川市	4.6228	226	10	0.0932	278	10
宝鸡市	12.4044	79	3	1.5305	120	2
咸阳市	8.0954	147	5	0.9926	157	3
渭南市	6.9927	168	6	0.5622	200	5
汉中市	6.8208	173	7	0.4826	208	6
安康市	6.6639	177	8	0.2752	245	9
商洛市	4.8544	222	9	0.3276	235	8

城市	市场环境指数			创新环境指数		
	2020年	全国排名	省内排名	2020年	全国排名	省内排名
延安市	9.1402	119	4	0.4301	215	7
榆林市	16.7434	49	2	0.9450	159	4

宝鸡市的市场环境和创新环境指标排名表现优异，排在省内第3名和第2名，但是政务环境指数排名位于最后一名；安康市的法治环境指数排名优异，高居省内第2名，但其他6个分项指数排名表现都较差；渭南市的金融服务指数和政务环境指数相对高效，均排在省内第2名，但人力资源指数和法治环境指数排名表现较差，均位于省内第9名；汉中市的金融服务指数和政务环境指数排名表现较好，分别排在省内第4名和第3名，但法治环境指数排名表现较差，排在第8名；其余城市的各个分项指标省内排名与其营商环境指数省内排名较为相符。

表6-25-3　　　　　陕西省城市营商环境分项指标评价（三）

城市	金融服务指数			法治环境指数			政务环境指数		
	2020年	全国排名	省内排名	2020年	全国排名	省内排名	2020年	全国排名	省内排名
西安市	19.3849	12	1	52.2011	42	1	36.8839	15	1
铜川市	0.4588	276	10	36.8021	162	4	12.1229	178	6
宝鸡市	1.9025	163	6	35.9539	167	5	5.7281	270	10
咸阳市	2.6295	116	3	44.8081	140	3	13.8378	153	4
渭南市	2.8597	99	2	28.8189	230	9	18.7867	82	2
汉中市	2.5165	125	4	29.5911	215	8	14.6370	139	3
安康市	1.4165	198	7	48.8654	85	2	10.9209	207	7
商洛市	0.8349	243	9	31.5471	193	7	8.2521	248	9
延安市	0.8757	236	8	26.6071	257	10	12.3819	171	5
榆林市	1.9696	159	5	33.1762	184	6	9.4053	232	8

（二十二）甘肃省城市营商环境评价

甘肃省地处我国西北地区，下辖12个地级市和2个自治州，本项研究主要针对12个地级市的营商环境进行评价（见表6-26）。2020年全国营商环境指数排名中，甘肃省下辖城市营商环境指数排名表现相对较差，仅有2个城市排在全国前 100 名，且有 9 个城市排在全国 200 名之后，表明甘肃省城市营商环境整体处于较低水平。对比 2019 年，可以看到有 8 个城市排名有所下降，表明甘肃省城市营商环境近两年进步不明显。

表 6-26　　　　　　　　　　甘肃省城市营商环境评价

城市	营商环境指数		省内排名		省内排名近1年变化	全国排名		全国排名近1年变化
	2019年	2020年	2019年	2020年		2019年	2020年	
兰州市	18.4521	15.7873	1	1	0	49	60	−11
嘉峪关市	12.5118	12.1686	2	2	0	122	105	17
酒泉市	10.1803	9.5709	3	3	0	211	186	25
白银市	8.8671	9.2015	7	4	3	257	206	51
金昌市	8.9229	8.3642	6	5	1	256	234	22
庆阳市	9.6163	7.8857	4	6	−2	233	254	−21
张掖市	8.8431	7.4844	8	7	1	258	264	−6
陇南市	9.5517	7.3792	5	8	−3	235	265	−30
定西市	8.6168	7.0629	9	9	0	267	269	−2
武威市	8.5006	6.8159	10	10	0	270	276	−6
平凉市	7.7128	6.3019	12	11	1	279	281	−2
天水市	8.1782	5.8272	11	12	−1	275	285	−10

从甘肃省城市 7 个分项指标的全国排名来看，公共服务指数、人力资源指数、市场环境指数、法治环境指数和政务环境排名表现都较差，分别有 2 个、4 个、2 个、5 个和 2 个城市排在全国前 150 名之内；创新环境指数和金融服务指数排名表现极差，均只有 1 个城市排在全国前 150 名。总的来看，甘肃省需要从 7 个分项指标所对应的各个维度着手，进一步提升其城市营商环境。见表 6-26-1、表 6-26-2、表 6-26-3。

表 6-26-1　　　　　　　　甘肃省城市营商环境分项指标评价（一）

城市	公共服务指数			人力资源指数		
	2020年	全国排名	省内排名	2020年	全国排名	省内排名
兰州市	12.9116	46	1	31.1425	27	1
嘉峪关市	5.6725	129	2	15.2362	139	2
金昌市	1.5200	269	9	12.8463	211	7
白银市	2.9058	227	3	12.3597	225	10

城市	公共服务指数			人力资源指数		
	2020年	全国排名	省内排名	2020年	全国排名	省内排名
天水市	2.1552	249	4	13.2292	201	6
酒泉市	1.1288	283	12	12.5171	222	9
张掖市	1.2851	281	11	15.1105	142	3
武威市	1.9917	254	7	12.0062	234	11
定西市	2.1059	250	5	12.5310	220	8
陇南市	1.4532	273	10	10.4567	254	12
平凉市	2.0355	251	6	13.4477	194	5
庆阳市	1.6851	265	8	14.8960	148	4

从甘肃省城市的各分项指标省内排名来看，省会兰州市除了法治环境指数排名表现较差，排在省内第6名，其他指标均排在省内第1～2名；嘉峪关市的创新环境指数和金融服务指数排名表现较差，均排在省内第11名，其他指标均位居省内第1～2名；金昌市的公共服务指数、创新环境指数、金融服务指数和政务环境指数排名表现较差，分别排在省内第9名、第9名、第12名和第11名；白银市的人力资源指数和市场环境指数排名表现较差，分别排在省内第10名和第7名，但是具有优异的法治环境，法治环境指数高居省内第2名；酒泉市的公共服务指数和人力资源指数排名表现较差，分别排在省内第12名和第9名，但是金融服务和法治环境指数排名表现较好，分别排在全省第2名和第1名。

表6-26-2　　　甘肃省城市营商环境分项指标评价（二）

城市	市场环境指数			创新环境指数		
	2020年	全国排名	省内排名	2020年	全国排名	省内排名
兰州市	8.8990	125	2	2.3910	88	1
嘉峪关市	14.3564	63	1	0.1601	270	11
金昌市	6.0045	197	3	0.2356	253	9
白银市	2.5225	272	7	0.3308	234	6
天水市	1.2468	285	9	0.3044	238	7
酒泉市	5.6928	211	4	0.5402	202	3
张掖市	3.0649	260	5	0.6972	183	2
武威市	2.0592	280	8	0.4212	218	4
定西市	0.2535	289	12	0.1920	262	10

城市	市场环境指数			创新环境指数		
	2020年	全国排名	省内排名	2020年	全国排名	省内排名
陇南市	0.3604	288	11	0.2378	252	8
平凉市	0.7095	286	10	0.1496	272	12
庆阳市	2.7108	267	6	0.3483	231	5

张掖市的公共服务指数、金融服务指数和法治环境指数排名表现较差，分别排在省内第11名、第10名和第10名，但人力资源指数、创新环境指数和政务环境指数排名表现较好，分别排在省内第3名、第2名和第4名；平凉市的公共服务和人力资源指数排名表现较好，分别排在省内第6名和第5名；定西市的公共服务和政务环境指数排名表现较好，分别排在省内第5名和第3名，但市场环境指数排名表现较差，位于省内最后一名；武威市的创新环境和金融服务在省内具有一定优势，创新环境和金融服务指数分别排在省内第4名和第5名；天水市的公共服务、人力资源和金融服务指数排名表现较好，分别排在省内第4名、第6名和第3名；陇南市的法治环境指数排名表现相对于其他指标较好，排在省内第4名，但人力资源和市场环境指数排名表现较差，分别排在省内第12名和第11名；其余城市的各个分项指标省内排名与营商环境指数省内排名较为符合。

表6-26-3　　　　甘肃省城市营商环境分项指标评价（三）

城市	金融服务指数			法治环境指数			政务环境指数		
	2020年	全国排名	省内排名	2020年	全国排名	省内排名	2020年	全国排名	省内排名
兰州市	7.4023	38	1	35.3743	170	6	18.9193	80	1
嘉峪关市	0.2582	287	11	46.0765	124	3	14.7228	137	2
金昌市	0.1898	288	12	42.9968	148	5	6.3008	264	11
白银市	0.6597	261	6	46.6570	113	2	11.4603	192	5
天水市	0.8964	235	3	25.4069	274	11	4.0782	281	12
酒泉市	1.2732	209	2	46.9835	109	1	11.3316	198	6
张掖市	0.4485	279	10	25.7232	272	10	12.1414	176	4
武威市	0.6990	252	5	25.8749	268	9	11.0121	205	7
定西市	0.5857	268	7	27.5575	244	8	13.0461	166	3
陇南市	0.4520	277	9	44.8739	139	4	6.3189	263	10
平凉市	0.5689	269	8	24.8336	277	12	8.5459	246	9

续表

城市	金融服务指数			法治环境指数			政务环境指数		
	2020年	全国排名	省内排名	2020年	全国排名	省内排名	2020年	全国排名	省内排名
庆阳市	0.7065	251	4	35.0687	172	7	8.8457	240	8

（二十三）宁夏回族自治区城市营商环境评价

宁夏回族自治区地处我国西部地区，下辖 5 个地级市（见表 6-27）。2020 年全国营商环境指数排名中，宁夏回族自治区下辖城市营商环境指数排名表现较差，仅有银川市 1 个城市排在全国前 150 名，固原市排在全国第 150～200 名，中卫市、石嘴山市和吴忠市排在全国 200 名之外，由此可见宁夏回族自治区城市营商环境处于较低水平。对比 2019 年排名，可以看到有 3 个城市的营商环境排名有所上升，有 2 个城市排名有所下降，其中固原市排名上升幅度较大，从 2019 年的第 255 名上升至 2020 年的第 176 名，中卫市排名下降幅度较大，从 2019 年的第 154 名下降至 2020 年的第 219 名。总体来说，宁夏回族自治区城市营商环境虽然处于较低水平，但从近两年排名来看，排名稳中有进，势头良好。

表 6-27　　　　　宁夏回族自治区城市营商环境评价

城市	营商环境指数		区内排名		区内排名近1年变化	全国排名		全国排名近1年变化
	2019年	2020年	2019年	2020年		2019年	2020年	
银川市	14.1076	13.5622	1	1	0	93	84	9
固原市	8.9586	9.8393	4	2	2	255	176	79
中卫市	11.4229	8.8337	2	3	-1	154	219	-65
石嘴山市	10.2710	8.6946	3	4	-1	207	223	-16
吴忠市	8.5268	8.2225	5	5	0	268	241	27

从宁夏回族自治区城市的 7 个分项指标全国排名来看，人力资源指数排名表现较好，有 4 个城市排在全国前 150 名；创新环境指数、金融服务指数排名表现较差，均有 1 个城市排在全国前 150 名；公共服务指数、市场环境指数、法治环境指数和政务环境指数排名表现一般，均有 2 个城市排在全国 150 名以内。见表 6-27-1、表 6-27-2、表 6-27-3。

表 6-27-1   宁夏回族自治区城市营商环境分项指标评价（一）

城市	公共服务指数			人力资源指数		
	2020年	全国排名	区内排名	2020年	全国排名	区内排名
银川市	12.0239	52	1	21.8242	52	1
石嘴山市	6.2045	115	2	12.3439	226	5
吴忠市	3.4613	199	4	15.5126	136	4
中卫市	4.9774	153	3	15.7847	127	3
固原市	1.0927	284	5	18.2143	89	2

从宁夏回族自治区城市的 7 个分项指标区内排名来看，首府银川市领先幅度较大，除了法治环境指数排在全区第 4 名，其他指数均位居全区第 1 名；石嘴山市的人力资源指数和法治环境指数排名表现较差，均排在区内第 5 名，但公共服务指数、市场环境指数和政务环境指数排名表现较好，均排在区内第 2 名。

表 6-27-2   宁夏回族自治区城市营商环境分项指标评价（二）

城市	市场环境指数			创新环境指数		
	2020年	全国排名	区内排名	2020年	全国排名	区内排名
银川市	10.6194	98	1	1.6280	114	1
石嘴山市	8.8396	129	2	0.4154	220	3
吴忠市	4.1156	238	3	0.5320	205	2
中卫市	3.2891	254	4	0.3792	224	4
固原市	1.6269	282	5	0.1241	275	5

固原市的公共服务指数、市场环境指数、创新环境指数和金融服务指数排名表现较差，均排在区内第 5 名，但是法治环境指数排名表现优异，排在区内第 1 名；中卫市的法治环境较好，法治环境指数排在区内第 2 名，但政务环境指数排名表现较差，排在区内第 5 名；吴忠市的创新环境指数和金融服务指数排名表现较好，均排在区内第 2 名。

表 6-27-3   宁夏回族自治区城市营商环境分项指标评价（三）

城市	金融服务指数			法治环境指数			政务环境指数		
	2020年	全国排名	区内排名	2020年	全国排名	区内排名	2020年	全国排名	区内排名
银川市	4.6686	61	1	27.2491	247	4	21.4842	54	1
石嘴山市	0.4504	278	3	23.2122	287	5	14.2357	147	2

城市	金融服务指数			法治环境指数			政务环境指数		
	2020年	全国排名	区内排名	2020年	全国排名	区内排名	2020年	全国排名	区内排名
吴忠市	0.5420	272	2	27.7575	242	3	12.1484	175	3
中卫市	0.3413	283	4	44.3612	141	2	4.5455	278	5
固原市	0.2672	286	5	50.1204	65	1	10.8563	210	4

第七章　区域城市营商环境评价

本项研究基于城市营商环境评价结果，对六大城市群、南北区域内城市营商环境评价结果进行研究分析。

一、我国区域城市营商环境特点

近年来，我国各城市营商环境已得到大幅度优化，但各区域间和各区域内城市营商环境水平仍存在较大差异。具体说明如下。

（一）各区域间城市营商环境水平仍存在显著差异

由于区域间经济发展水平存在差异，不同区域间城市营商环境发展水平也存在一定的差异。如图 7-1 所示，我国东部、中部、西部地区以及东北地区内营商环境排名前 100 的城市数量占本区域内城市总量的比例有明显区别，其中，东部地区的比例远远大于其他区域。2020 年，营商环境排名进入前 100 强的东部地区城市有 54 个，而中部地区、西部地区和东北地区分别有 29 个、15 个和 2 个。可以发现进入前 100 名的城市多数为经济发展水平较高的东部地区城市，这也说明了城市营商环境指数排名与城市经济发展水平密切相关，具有正相关关系。对比 2019 年和 2020 年的排名可以看到，前 100 名城市中的中部和西部地区城市数量在增加，东北地区城市数量不变，而东部地区城市数量在下降，可见中西部地区部分城市的营商环境近两年有所改善。

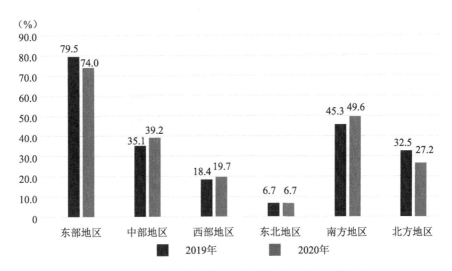

（%）

图 7-1 2019—2020 年各地区营商环境指数排名前 100 城市分布

南方和北方地区进入前 100 名的地级市数量也存在差异，南、北方地级市的营商环境排前 100 名的城市数量占本地区城市数量的比率也存在较大差距。其中，南方地区城市明显好于北方地区城市。2020 年，营商环境排名进入前 100强的南方城市有 69 个，而北方地区有 31 个城市。通过对比 2019 年和 2020 年的排名可以看到，前 100 名中的南方地区地级市数量在增加，而北方地区城市数量在下降，可见近两年南方城市营商环境改善势头迅猛。这主要因为南方地区人口众多，经济发展水平高，吸引了大量人才就业，也吸引了众多创业者前往开办企业，进行投资生产。

（二）各区域内城市营商环境水平仍存在显著差异

同一区域内的不同城市间营商环境发展水平也存在差异。如表 7-1 所示，通过比较营商环境指数的最高值与最低值可以发现，东部地区城市指数最低值（7.7663）不足最高值（78.5325）的十分之一，中部地区最高值是最低值的5.4968 倍（最高值为 36.411，最低值为 6.624）。在表 7-1 中我们可以观察到西部地区的最高值为 45.1449，大于中部地区的最高值，这说明了区域内部分城市的营商环境发展水平不仅高于本区域内的一些城市，甚至还高于其他区域的城市发展水平。

表 7-1　　　　　　　**2019—2020 年各地区城市营商环境指数**

地区	年份	最高值	最低值	最高值/ 最低值	平均值	排名上升 城市数量	排名下降 城市数量
东部地区	2019	78.5325	7.7663	10.112	20.1465	37	41
	2020	73.3013	7.1095	10.3103	18.8191		
中部地区	2019	34.9518	7.1426	4.8934	12.6589	44	35
	2020	36.411	6.624	5.4968	11.7667		
西部地区	2019	44.3002	6.4679	6.8492	12.0942	47	38
	2020	45.1449	5.8272	7.7473	11.1763		
东北地区	2019	23.3274	6.1784	3.7756	10.9852	10	22
	2020	22.1952	4.8400	4.5858	9.279		

通过各区域对比发现，2020 年东北地区的最高值和最低值分别低于其他区域的最高值和最低值，同时东北地区最高值与最低值的比值（4.5858）是四个区域内最低的。这主要是因为东北地区曾经得益于计划经济的红利，现在因为资源的枯竭以及人口结构的不合理，导致产生区位瓶颈，造成营商环境提升受阻。

对比四大经济区城市营商环境指数得分上升或下降的城市数量，可以看到东部地区和东北地区中得分下降的城市数多于得分上升的城市数；中部和西部地区中得分上升的城市数多于得分下降的城市数。这也在一定程度上表明了东部地区和东北地区的城市整体营商环境有下降趋势，而中部和西部地区的城市整体营商环境改善较明显。

二、营商环境评价 —— 六大城市群

本项研究将对六大城市群的群内城市营商环境进行描述性统计，具体见表 7-2。其中，六大城市群包含了京津冀、长江三角洲（又称"长三角"）、粤港澳大湾区、东北地区、长江经济带以及黄河流域。

表 7-2　　　　六大城市群内城市营商环境指数的描述性统计

城市群	城市数	平均值	标准差	中位数	极差值	最小值	最大值
京津冀	14	18.9474	17.3345	13.2002	64.6700	8.6313	73.3013
长江三角洲	26	21.8585	13.3289	17.9574	63.4967	8.3515	71.8482
粤港澳大湾区	9	28.9670	16.9635	22.5477	50.9535	12.8945	63.8480
东北地区	34	9.2791	4.4746	8.1163	17.3552	4.8400	22.1952
长江经济带	70	16.6117	11.1694	12.2462	63.9926	7.8556	71.8482
黄河流域	34	12.5987	5.3149	11.0930	22.8486	7.3223	30.1709
六大城市群	161	15.1219	11.1483	11.3329	68.4613	4.8400	73.3013
全国	289	13.4173	8.9380	10.7378	68.4613	4.8400	73.3013

（一）六大城市群城市营商环境评价结果的描述性统计

根据表 7-2 可以看出，这六大城市群（包括 161 个城市）之间营商环境存在较大差异，其中，营商环境指数最高和最低的城市分别为北京和伊春。六大城市群内城市营商环境的均值与标准差分别为 15.1219、11.1483，都超过了全国的平均数值，其中，平均值的差异高达 13.4173，这意味着我国城市群城市间营商环境差异较为严重（李志军，2021）。但是实际上从数据结果中可以看出，六大城市群中只有两个城市群内的城市营商环境指数低于全国平均水平，分别是东北地区（9.2791）和黄河流域（12.5987）城市群，其他四个城市群内的城市营商环境指数均高于全国平均水平。

（二）六大城市群城市营商环境的比较分析

为了对城市群内城市营商环境进行深入分析，本项研究从独立城市群以及多个城市群两个研究角度分析城市的营商环境，通过对比分析不同样本之间的差异，深入了解造成差异的因素有哪些。

1. 独立城市群视角下对城市营商环境的分析

根据地理位置和相关文献参考，本报告中的研究样本是京津冀、长三角、粤港澳大湾区、东北地区、长江经济带和黄河流域对应的六个城市群。其中，京津冀城市群是由北京、天津、河北省的部分城市（石家庄、邯郸、秦皇岛、张家口、唐山、沧州、衡水、廊坊、承德、保定、邢台）以及河南安阳构成。根据李志军（2021）的研究，京津冀城市群中有 10 个在 2020 年全国营商环境指数排名前 150 名。

长三角城市群主要包括上海市、江苏省的 9 个城市（南京、苏州、扬州、无锡、常州、南通、盐城、镇江、泰州）、浙江省的 8 个城市（杭州、宁波、嘉兴、台州、金华、湖州、绍兴、舟山）、安徽省的 8 个城市（合肥、芜湖、马鞍山、安庆、铜陵、滁州、宣城、池州），这些城市中，池州是唯一一个排在 200名以外的长三角城市（李志军，2021），其他城市的营商环境指数位居前百强。由此可见，在统计样本中长三角城市群的整体营商环境较好。

粤港澳大湾区的城市群主要包含 11 个城市，分别为广州、深圳、珠海、佛山、东莞、惠州、中山、江门、肇庆、香港、澳门，全部位列 2020 年全国营商环境指数前 100 名（李志军，2021）。

东北地区城市群包括黑龙江、吉林以及辽宁 3 个省份的所有城市，共计 34个。其中 2020 年全国营商环境指数排名在 150 名之前的城市占比不到 18%，即 6 个，排名在第 150～200 名的也只有 2 个（李志军，2021），说明东北地区城市群内的城市营商环境水平有很大的进步空间。

长江经济带城市群涵盖了长三角、长江中游和成渝地区的所有地级市，共计 70 个，其中位列 2020 年全国营商环境指数排名前 150 的地级市占比 5/7，有 12个地级市排在 200 名之后，剩下 8 个城市排在全国第 150～200 名。通过观察数据，本报告发现在营商环境指数排名前 100 的地级市中，省会城市和长三角城市群内的城市占比较大，而长江中游和成渝城市群内的城市更多地排在 200 名之外（李志军，2021），这说明虽同处于长江经济带，城市之间的营商环境也存在较大差异。

黄河流域城市群包含了沿线的青海、四川、甘肃、宁夏、内蒙古、陕西、山西、河南和山东9个省份，33个地级市，受篇幅限制本报告省略了不在沿线的城市。其中2020年全国营商环境指数排名在前150的城市有19个，且多为省会城市和黄河中下游城市，11个城市均排在全国200名之外，大多是黄河中上游城市，剩下3个城市排在第150～200名。研究还发现，该城市群中营商环境居于全国前100名的城市多集中于省会或黄河中下游城市，黄河中上游城市全部位于全国200名之外，这一发现说明黄河流域沿线的城市营商环境分布不均衡，有待进一步改善（李志军，2021）。

2. 多个城市群视角下对城市营商环境的分析

基于收集的样本城市营商环境数据，对比分析六个城市群之间的差异可以得出，在六个城市群中，粤港澳大湾区城市群内城市营商环境指数平均值最高，为28.9670，位列首位。在粤港澳大湾区城市群内营商环境指数最高的是深圳，城市群内的9个城市中只有肇庆的营商环境水平低于六大城市群的平均值。

长三角城市群的城市营商环境指数平均值为21.8585，仅次于粤港澳大湾区城市群，位列第二。在长三角城市群包括的26个城市中，其中就有8个城市的营商环境均值低于六大城市群均值。除此之外，该城市群中的末6位均位于安徽省。

京津冀城市群内城市营商环境平均值为18.9474，位列第三。通过表7-2可以看出，该城市群内城市营商环境的标准差为17.3345，说明京津冀城市群内的两极分化现象较为严重。14个城市中，只有北京、天津、石家庄以及保定4个城市的营商环境水平比六大城市群的平均值高。

长江经济带城市群的营商环境指标平均值为16.6117，高于六大城市群的平均值，位列第四。在该城市群包含的70个城市中，高于六大城市群的平均值15.1219的仅有24个，其余46个城市均低于六大城市群的平均值，而且这46个城市中的大部分位于长江中游城市群和成渝城市群。

黄河流域城市群内城市营商环境指数平均值为 12.5987，低于六大城市群的平均值 15.1219，位列第五。该城市群的 34 个城市中营商环境指数高于六大城市群平均值的只有 9 个。从表 7-2 中可以看出，该城市群的标准差为 5.3149，这表明该城市群的营商环境水平呈均衡分布状态。

在东北地区城市群中，城市营商环境指数平均值为 9.2791，远远低于六大城市群平均值，是六大城市群中城市营商环境平均水平最差的，说明东北地区各城市之间的营商环境差距不大，都存在较大改善空间。

为了对六大城市群的营商环境进行整体、全面的直观分析，本报告又对所有数据进行了对比分析，进一步探究各城市群的营商环境特点。2020 年，粤港澳大湾区城市群、京津冀城市群、长江经济带在全国营商环境指数排名中各有 2 个城市入围，长三角城市群的上海、苏州、杭州和南京也排在前 10，而黄河流域和东北地区无一城市群内城市入围前 10。

进一步地，当把城市营商环境指数排名扩大至前 20 名时，可以发现有 7 个城市位于长三角城市群，分布在粤港澳大湾区、长江经济带城市群和京津冀城市群的分别是 5 个、4 个和 2 个，另外还有 2 个在黄河流域。2020 年全国营商环境指数排名的数据显示，在后 20 名的城市中，有 15 个城市位于东北地区城市群，有 4 个位于黄河流域城市群，还有 1 个是长江经济带城市群的萍乡。通过以上前 10 名、前 20 名以及后 20 名的分析可以看出，六大城市群中，粤港澳大湾区和长三角城市群的营商环境优化和管理工作较为到位，而东北地区多项指标低于平均值，城市群仍存在不少改善空间，其余三个城市群营商环境水平的提升大多得益于直辖市及省会城市，剩余城市的营商环境水平参差不齐、差异较大。

（三）六大城市群城市营商环境分项指标的比较

在上述对比分析的基础上，本报告继续深入，从各项指标入手，细化分析各城市群的营商环境水平，具体见表 7-3。粤港澳大湾区除金融服务之外的 6 项营商环境分项指标均高于整体平均值，京津冀城市群、长三角城市群和长江经济带的整体水平也在平均值之上。与此相反，黄河流域城市群的各项指标均低于整体平均值，水平仅优于东北地区城市群。通过对比每个城市群的分项指标数据标准差，可以得出东北地区的标准差最小，说明该城市群内各个城市在这 7 个指标上的差异较小，而京津冀城市群内城市在创新环境和金融服务两个方面存在较大差异；粤港澳大湾区城市群内城市在创新环境上存在较大差异，黄河流域城市群内城市在法治环境上存在较大差异。具体各个分项指标的对比分析如下。

表 7-3　　　　　　六大城市群内城市营商环境指数的描述性统计

指标区域		京津冀	长江三角洲	粤港澳大湾区	东北地区	长江经济带	黄河流域	六大城市群	全国
公共服务	平均值	15.0220	14.4620	19.1647	5.1384	10.2493	9.1020	9.8411	7.8236
	标准差	15.2575	15.0409	15.2413	4.9123	12.6576	5.8981	11.0964	9.0050
人力资源	平均值	24.4746	25.7721	31.3880	12.2515	20.9388	18.2176	19.4211	18.1438
	标准差	15.1619	13.0415	19.9055	6.9894	13.1219	9.6657	12.7904	10.5430
市场环境	平均值	15.0383	22.5660	31.2741	6.0779	15.7502	11.7467	13.6680	11.0707
	标准差	11.7185	12.8686	17.5767	4.6730	12.6097	7.3532	11.9359	10.0207
创新环境	平均值	9.7266	13.7509	26.4212	0.9281	7.2882	1.9839	6.1065	4.2402
	标准差	22.1477	15.1684	30.8503	1.8382	11.4569	2.8817	13.4021	10.3976
金融服务	平均值	13.6907	10.0260	12.5597	2.8090	6.2639	3.6991	5.9904	4.4470
	标准差	25.9591	14.5533	14.9013	3.6899	10.6014	4.1057	11.4326	8.9070
法治环境	平均值	42.7411	48.4428	54.6974	34.7242	43.8372	37.1706	41.0166	40.8283
	标准差	16.1446	11.4833	11.6236	9.7843	11.4960	12.4114	12.6988	11.7060
政务环境	平均值	19.8692	26.8507	37.3224	11.5060	21.0296	14.4613	18.4412	16.5968
	标准差	19.8097	15.3225	18.1302	6.3438	11.9927	7.6405	12.8994	10.7867

1. 公共服务指数

对于公共服务这一指标来说，京津冀、长三角、粤港澳大湾区、长江经济带和黄河流域五个城市群的公共服务平均值均高于全国平均水平，只有东北地区城市群的公共服务平均值为 5.1384，低于全国平均值 7.8236。从各大城市群公共服务水平排名上来看，粤港澳大湾区城市群位列第一，京津冀城市群、长三角城市群、长江经济带、黄河流域城市群依次排第 2～5 名。从六大城市群公共服务指标得分上来看，粤港澳大湾区（19.1647）城市公共服务水平排名第一，京津冀城市群位列第二（15.0220），长三角城市群（14.4620）和长江经济带（10.2493）分别排名第三、第四。但是黄河流域城市群（9.1020）和东北地区（5.1384）内的城市公共服务得分均低于六大城市群的平均值9.8411，说明这两个城市群的公共服务水平和其他城市群存在较大差距。

粤港澳大湾区的确在公共服务指标上遥遥领先，但是存在城市公共服务发展两极分化、不均衡的问题。例如在公共服务水平方面，粤港澳大湾区内的深圳位列全国第7，而珠海、肇庆却排在全国100名之外，其余7个城市均进入全国前100名。此外，京津冀城市群中有10个城市排在全国前100名，有4个城市未进全国前100名，也存在公共服务水平发展不均衡的问题。长三角城市群有19个城市进入全国前100名，其余7个城市大部分为安徽省的城市。长江经济带也存在城市间公共服务水平不均衡的问题，只有上海、杭州、南京等共计28个经济强市进入全国前100名，占比40%。黄河流域城市群有19个城市的公共服务水平能进入全国前100名，且其中大部分为省会城市或重工业城市。在东北地区城市群的34个城市中，有26个排在全国100名之后。

2. 人力资源指数

与全国平均水平相比，粤港澳大湾区城市群在人力资源指数方面得分为31.3880，远远超过全国平均值（18.1438），长三角（25.7721）、京津冀（24.4746）、长江经济带（20.9388）和黄河流域（18.2176）位列其后。与六大城市群内所有城市的平均水平相比，粤港澳大湾区、长三角、京津冀和长江经济带的人力资源指数分别为31.3880、25.7721、24.4746和20.9388，高于六大城市群的平均值19.4211，但幅度有所不同。粤港澳大湾区远远高于六大城市群平均水平，而长江经济带则略微高于六大城市群平均水平。但是黄河流域（18.2176）和东北地区（12.2515）城市群内城市的人力资源水平低于六大城市群的平均值（19.4211）。从六大城市群内城市进入人力资源水平全国前100名方面看，粤港澳大湾区城市群只有江门没有进入全国前100名，因此可以看出该城市群内城市的人力资源水平极高。京津冀城市群的人力资源水平呈现出两极分化的现象，例如北京排名第2，而衡水排名第233。分析其内在原因，主要是因为北京的"虹吸效应"导致的人才集聚。由于京津冀周边城市的就业岗位相对较少，因此很多京津冀人才选择去北京发展，谋求更加适合的岗位。统计数据表明，人力资源水平在长三角城市群中比较高，可能原因在于长三角地区经济发展水平高，可以为人才提供充足且有竞争力的岗位，加之一些人才引进政策，因此能够不断吸引人才来到长三角城市群内城市就业。长江经济带城市群有 41 个城市排在全国 100 名之后，虽然相较于全国平均水平和六大城市群平均水平，长江经济带城市群内城市的人力资源水平较高，但是该城市群中人力资源水平比全国平均值低的有 43 个城市。因此，该城市群人力资源的整体水平很大一部分是依靠上海、重庆以及很多省会城市来带动的。黄河流域城市群的众多城市中，有 22 个城市位于全国 100 名之后。与全国平均值相比，只有 10 个城市的人力资源水平高于全国平均值，且大多为省会城市或工业城市。东北地区城市群的人力资源水平远远低于全国平均水平和六大城市群平均水平，仅有 4 个该城市群的城市人力资源水平高于全国平均值，分别为长春、沈阳、哈尔滨和大连。这主要是因为近几年大部分城市人口选择离开东北地区，去北上广深等城市发展，因此人口呈负净流入趋势。

3. 市场环境指数

市场环境指数方面，与全国平均水平相比，粤港澳大湾区（31.2741）、长三角（22.5660）、长江经济带（15.7502）、京津冀（15.0383）和黄河流域（11.7467）城市群的市场环境指数高于全国平均值（11.0707），只有东北地区（6.0779）低于全国市场环境指标平均水平。与六大城市群的平均市场环境指数相比，粤港澳大湾区（31.2741）和长三角城市群（22.5660）的市场环境指数远远高于六大城市群的平均值（13.6680），长江经济带、京津冀与黄河流域等地区的市场环境指数在上述六大城市群平均水平上波动，其中长江经济带、京津冀城市群略高于总体平均水平（15.7502、15.0383），黄河流域城市群略低于平均值（13.6680），而东北地区则显著低于总体平均水平（13.6680）。从城市群内具体的城市排名来看，位于全国 100 名以内的城市全部集中于粤港澳大湾区城市群，同时，对于长三角城市群而言，苏浙沪城市占据了其前 10 名的全部名额，长江经济带城市群内有 34 个城市的市场环境指数高于全国平均水平，在京津冀城市群地区，7 个城市市场环境指数在全国平均值之上，分别是天津、唐山、石家庄、廊坊、北京、邯郸、沧州。黄河流域地区仅有 13 个城市高于全国市场环境指数平均值，而东北地区仅有 6 个城市市场环境指数在全国平均水平之上，分别为大连、长春、哈尔滨、沈阳、大庆和盘锦。

4. 创新环境指数

基于创新环境指数视角，与全国指数平均值相比，粤港澳大湾区（26.4212）、长三角（13.7509）、京津冀（9.7266）和长江经济带（7.2882）城市群内城市的创新环境指数高于全国平均值（4.2402），黄河流域（1.9839）与东北地区（0.9281）城市群的创新环境指数显著低于全国平均水平。与六大城市群该指数平均水平相比，粤港澳大湾区（26.4212）、长三角（13.7509）、京津冀（9.7266）和长江经济带（7.2882）城市群内城市创新环境指数高于六大城市群城市创新水平的平均值（6.1065）。进一步地，从表 7-3 中可以看出，粤港澳大湾区城市群内城市在创新环境指标上的标准差为 30.8503，这意味着粤港澳大湾区中不同城市创新环境指数存在着显著差异。从城市群内具体的城市创新环境排名来看，在粤港澳大湾区，低于全国平均创新环境水平的城市仅有肇庆一市，对于长三角城市群地区，仅 7 个城市低于全国创新环境平均值，分别是铜陵、马鞍山、宣城、舟山、安庆、池州和滁州。由此可见，这两个城市群内城市的创新环境较好。长江经济带中重庆、成都、长沙、合肥、武汉等城市的创新环境水平较高。京津冀城市群中只有 3 个城市的创新环境指数高于全国平均值，分别是北京、天津以及石家庄，这说明京津冀城市群的创新环境还有待进一步提升。黄河流域城市群中只有 4 个城市的创新环境指数高于全国平均值，分别是济南、太原、郑州和洛阳，东北地区城市群也只有 4 个城市的创新环境指数高于全国平均值，分别是长春、大连、哈尔滨和沈阳。进一步从城市群整体得分与全国、六大城市群关系着手，发现黄河流域、东北地区的城市群创新环境指数在全国以及六大城市群平均值之下，可以看出这两个城市群内城市的创新环境较差。

5. 金融服务指数

金融服务指数方面，与全国平均水平相比，京津冀（13.6907）、粤港澳大湾区（12.5597）、长三角（10.0260）和长江经济带（6.2639）四个城市群内的城市金融服务指数高于全国平均值（4.4470），低于全国金融服务平均值（4.4470）的地区为黄河流域以及东北地区（3.6991、2.8090）。同时相对于六大城市金融服务指数平均值而言，京津冀（13.6907）、粤港澳大湾区（12.5597）、长三角（10.0260）和长江经济带（6.2639）城市群内城市的金融服务水平高于六大城市群的平均值（5.9904），而黄河流域（3.6991）与东北地区（2.8090）城市群内城市的金融服务指数低于六大城市群的平均值（5.9904）。从城市群内具体的城市金融服务排名来看，京津冀城市群内城市间差距较大，标准差为25.9591。粤港澳大湾区城市群中只有2个城市的金融服务水平低于全国平均值，分别是中山和肇庆。长三角城市群中有15个城市的金融服务指数高于全国平均水平，长江经济带城市群中有20个城市金融服务指数高于全国平均值。黄河流域城市群中只有7个城市的金融服务指数高于全国平均值，分别是郑州、济南、太原、兰州、呼和浩特、聊城、银川。东北地区城市群只有4个城市的金融服务指数高于全国平均值，分别是哈尔滨、大连、沈阳和长春。黄河流域和东北地区这两个城市群金融服务指数低于全国平均水平和六大城市群平均水平，可以看出这两个城市群的金融服务水平较低。

6. 法治环境指数

法治环境指数方面，与全国平均水平相比，粤港澳大湾区（54.6974）、长三角（48.4428）、长江经济带（43.8372）和京津冀（42.7411）四个城市群的法治环境指数高于全国平均值（40.8283），而黄河流域（37.1706）和东北地区（34.7242）两个城市群的法治环境指数则低于全国平均水平（40.8283）。与六大城市群内法治环境指数的平均值相比，粤港澳大湾区（54.6974）、长三角（48.4428）、长江经济带（43.8372）和京津冀（42.7411）城市群的法治环境指数高于六大城市群的平均值（41.0166），黄河流域（37.1706）和东北地区（34.7242）两个城市群的法治环境指数低于六大城市群的平均值（41.0166）。从城市群内具体的城市法治环境得分来看，粤港澳大湾区中只有一个城市的法治环境指数低于全国平均值，是惠州。在京津冀城市群中，高于全国法治环境平均值的城市达到了50%。与此同时，长三角城市群有19个城市的法治环境指数高于全国平均值。长江经济带城市群中法治环境指数高于全国平均值的城市超过了50%。黄河流域城市群仅13个城市法治环境指数高于全国平均值。综上所述，黄河流域以及东北地区城市群的法治环境水平较低。

7. 政务环境指数

与全国政务环境指数的平均值相比，粤港澳大湾区、长三角、长江经济带以及京津冀城市群政务环境指数在全国平均值之上，黄河流域与东北地区城市群政务环境高于全国平均水平，而黄河流域以及东北地区城市群政务环境指数则在全国平均水平以下。同时，相较于六大城市群政务环境平均水平，粤港澳大湾区、长三角、长江经济带以及京津冀城市群政务环境指数在六大城市群平均水平以上，在六大城市群平均水平以下的城市群主要包括黄河流域及东北地区。从城市群内具体的城市政务环境指数来看，粤港澳大湾区城市群中只有一个城市肇庆低于全国平均水平。在长三角城市群中，政务环境指数低于全国平均值的城市仅有马鞍山。而在长江经济带城市群中，政务环境指数在全国平均水平以上的城市为43个，排名到全国100名以内的城市占比约为50%。据此可以看出，粤港澳大湾区、长三角、长江经济带这三个城市群的政务环境指数处于较高水平。与此相比，京津冀、黄河流域城市群的城市平均水平略显逊色，在全国政务环境指数平均值以上的城市分别仅有7个和13个。东北地区城市群中，只有沈阳、大连、哈尔滨、长春、葫芦岛、绥化6个城市的政务环境指数比全国平均水平高。黄河流域以及东北地区等城市群政务环境在全国平均水平和六大城市群平均水平以下，因此这两大城市群的政务环境水平较低。

（四）城市群之间城市营商环境差异的背后原因

我们发现，粤港澳大湾区在各项指标的评分中都处于绝对领先地位。分析其背后的原因，主要在于珠三角与世界各地已形成高效合作机制，提高了投资的标准，并且中国香港和中国澳门搭建的平台发挥了带头作用，这些举措减少了政府非必要的干预，强化了市场在资源配置中发挥的决定性作用，从而进一步使得市场监督管理体系更加完善健全，该地区的营商环境持续优化升级，更加公开透明、可预期（李志军，2021），该城市群在各项细分指标中占据优势。

长三角城市群城市营商环境整体上也处于较高的水平，无论是从区域整体来看，还是从细分指标来看，长三角城市群都具有一定的优势。长三角城市群取得成功的原因可以概括为上海将其具有的改革前沿以及资源积聚辐射的特征优势最大限度地发挥。随着上述优势的发挥，长三角城市群内的其他城市进一步发展（李志军，2021），实现高质量的一体化发展，这对于打造城市群良好的营商环境高地具有重要的推动作用。

京津冀城市群的城市营商环境整体上处于中等水平，在一些指标上的表现较为优异。然而城市间差异较大，只有北京、天津、石家庄等城市具有较好的营商环境，因此为了推动城市群内所有城市营商环境的稳步提升，需要建立京津冀协同发展的创新机制。京津冀城市群之所以存在两极分化的现象，仔细分析可以发现，这主要是由于京津冀城市群的工作重心是疏散非首都功能，重点关注京津冀协同发展以及一体化建设（李志军，2021）。"一小时交通圈"的提出和落实推动了区域产业对接和创新协作，为企业活动提供了更为便利的软环境，进而提升了京津冀城市群营商环境水平。

长江经济带城市群的各项指标相对较好，但存在营商环境发展不均衡的问题。通过前文分析可以看出，长江经济带城市群中营商环境较好的城市大多为长三角城市群范围内的城市以及各省会城市。具体到各城市群可以发现，在成渝城市群范围内，营商环境发展水平较高的城市仅为重庆和成都，长江中游地区具有较好营商环境的城市仅为部分省会城市，营商环境发展较不均衡。

黄河流域城市群的很多指标低于全国平均水平，存在较大提升空间。此外，本项研究发现黄河流域的下游城市营商环境发展较好，而上游地区除部分省会城市及工业城市外，其余城市营商环境水平都较低。通过对这几个城市进行深入分析我们发现，造成这种现象的原因在于下游城市相对而言接近东部沿海地区，更易于得到技术、资源和知识。与此形成鲜明对比的是，上游地区人烟稀少，产业单一，很多要素在这个区域无法投入（李志军，2021），因此不利于城市的营商环境发展。

在本项研究中，我们发现东北地区城市群的 7 个营商环境分项指数均低于全国平均值。曾经的东北地区是公认的我国经济活力最强的地域之一，也是我国重要制造业和工业产地。然而改革开放后，计划经济时代形成的固有产业无法适应市场改革，难以转变固有产业模式，导致一些产业衰退（李志军，2021）。此外，产业衰退无疑会进行岗位缩减和裁员，因此很多人才选择了离开东北地区，去北上广深等城市谋发展。因此，东北地区的营商环境发展受到了重要影响。

总之，本项研究基于 289 个中国城市的营商环境为数据样本，对六大中国重点城市群范围内的城市营商环境发展状况作进一步深化研究，结论如下：①粤港澳大湾区范围内的城市具有较高的营商环境发展水平，不仅在其他城市群水平之上，而且高于全国乃至六大城市群的平均水平，但现阶段该地区城市群还存在城市之间的营商环境差距较大、发展不均衡的问题。②除了粤港澳大湾区之外，营商环境水平高于全国乃至六大城市群平均水平的城市群还包括京津冀、长三角、长江经济带，并且长三角、长江经济带城市群也存在诸如发展不平衡的问题。③营商环境水平低于全国乃至六大城市群平均水平的城市群包括东北地区以及黄河流域，但上述地区营商环境存在较小差异（李志军，2021）。

分项指标方面的分析表明：①除了金融服务水平，粤港澳大湾区城市群范围内城市其余 6 项指数评分显著高于其余城市群，同时高于全国和六大城市群平均水平。②除了粤港澳大湾区之外，各指数评分高于全国乃至六大城市群平均水平的城市群还包括京津冀、长三角、长江经济带。③细化到黄河流域城市群，高于全国平均水平的指标仅有公共服务、市场环境以及人力资源 3 个分项指标，其余指数评分在全国乃至六大城市群平均水平之下。④东北地区则全部指标均显著低于全国以及六大城市群平均水平。⑤较大的分项指数差异存在于六大城市群之间，粤港澳大湾区部分指标较为严重的两极分化问题，主要包括公共服务、市场环境、人力资源以及创新环境等维度；京津冀城市群指标分化尚存在诸多问题，集中体现在人力资源、法治环境、公共服务、金融服务、创新环境以及政务服务领域；长三角城市群的公共服务、政务环境及金融服务等指标尚待进一步完善；在长江经济带各城市群之间也存在相当的指标差距；东北地区与黄河流域城市群城市之间的各分项指标得分差距较小（李志军，2021）。

三、营商环境的南北差异分析

近年来，南北区域之间逐渐扩大经济发展差距。2020年，在中国城市总体排序名单中，仅北京市进入了前10名，是唯一一个北方城市。这是因为南北方的商业氛围存在很大的差异。自近代以来，南方的经济发展水平就相对较高，其中经济水平尤为突出的是江苏和浙江地区。从明清时期的历史中可以看出，"潮汕帮""温州帮""莆田帮"等一些商帮都起源于南方。因此，本项研究参考邓忠奇等（2020）学者的实践，将秦岭—淮河为南北分界线对城市进行划分。需要说明的是，由于有些省市在秦岭—淮河分界线两面都有分布，因此本项研究根据该省份大多数城市的分布位置确定其划分为南部地区和北部地区。根据此标准，安徽省和江苏省被划分为南部地区，陕西省和河南省被划分为北部地区。

（一）南北区域城市营商环境评价结果概述

本项研究以2020年南北方城市营商环境为数据，对营商环境的特征以及差异进行了分析。南部地区、北部地区和全国整体的数据描述性统计结果可以参见表7-4。

表 7-4   南北方城市营商环境指数描述性统计

区域	城市数量	平均值	标准差	中位数	极差值	最小值	最大值
南部地区	158	14.711	9.698	11.459	65.235	6.614	71.848
北部地区	131	11.857	7.639	9.727	68.461	4.840	73.301
全国	289	13.417	8.938	10.738	68.461	4.840	73.301

1. 南部地区城市营商环境分析

本项研究界定的南部地区涵盖了16个省（自治区、直辖市）的158个城市，其中包含上海和重庆2个直辖市、广西壮族自治区和西藏自治区2个自治区，剩余的12个省份包括东部沿海地区的浙江、江苏、福建，华南地区的广东，西南地区的四川、云南、贵州，中部地区的安徽、江西、湖北、湖南以及海南。通过对这16个省（自治区、直辖市）内的城市营商环境指数进行排名，可以看出排名前10的分别是上海、深圳、广州、重庆、成都、苏州、杭州、南京、武汉、宁波，通过对这10个城市所在的位置分析来看，它们中有3个城市属于国家中心城市，分别是武汉、成都和重庆，其余的城市大多集中在长三角和珠三角城市群。我们将排名范围扩大到前30名，发现这一现象仍然稳定，位于长三角和珠三角的城市有将近2/3。这表明长三角和珠三角地区的营商环境水平整体较高，为其他地区优化营商环境提供了重要的参考和借鉴。从排名末端看，位列后3名的分别是保山、随州和临沧，后5名还包括儋州和来宾。继续观察后10名的名单，通过地理位置分析可以发现，这10个城市中除了汕尾和儋州位于东部地区，其余8个城市全部位于中西部地区。这说明中西部地区的营商环境水平相对较弱，有待进一步优化提升。

2. 北部地区城市营商环境分析

本报告界定的北部地区主要涵盖了15个省（自治区、直辖市）的131个城市，其中包含北京、天津2个直辖市，内蒙古自治区、新疆维吾尔自治区和宁夏回族自治区3个自治区，其他10个省份分别是青海、黑龙江、吉林、辽宁、陕西、甘肃、河北、河南、山东、山西。通过对这15个省（自治区、直辖市）内的城市营商环境指数进行排名，可以看出排名前 10 的分别是北京、天津、西安、郑州、济南、青岛、沈阳、大连、石家庄、烟台。从城市层级上看，可以发现这 10 个城市中多数是直辖市、计划单列市或省会城市，只有烟台市是地级市。观察排名的末位部分，排在后 3 名的城市分别为伊春、鹤岗和双鸭山，后 5 名还包括鸡西和天水，并在观察排位后 10 名的城市后发现一个很明显的现象就是后 10 名中有 8 个城市位于东北地区。为了进一步了解其他区域的情况，我们将范围扩大到了后 30 名，可以发现这些城市大多集中在黑龙江、吉林、辽宁、甘肃和山西。这表明，东北地区的营商环境有待优化，同时山西、甘肃营商环境的改善需要政府相关部门的重视。

3. 南北方城市营商环境比较分析

在分析南北方城市营商环境的特点后，我们对南北方城市营商环境进行了对比分析，结果如表 7-4 所示。从表 7-4 中我们可以看出南部地区城市营商环境的平均值为 14.711，高于全国平均水平 13.417，而北部地区城市营商环境的平均值为 11.857，低于全国平均水平。从区域内城市营商环境的差异上看，南部地区城市之间的营商环境差异相对较大，标准差为 9.698，高于全国标准差 8.938，而北部地区城市之间的营商环境差异相对较小，标准差为 7.639，低于全国标准差。

（二）南北区域城市营商环境分项指标评价

本研究将从营商环境的 7 个分项指标着手，对我国南部地区和北部地区的营商环境进行对比和分析，以探究区域之间出现差异的原因和内在逻辑。各分项指数描述性统计见表 7-5。

表 7-5　　　　　　　　南北方城市营商环境分项指标描述性统计

		南部地区	北部地区	全国
公共服务指数	平均值	7.925	7.701	7.824
	标准差	9.790	7.953	9.005
	中位数	5.079	5.417	5.218
	最大值	72.348	60.295	72.348
	最小值	0.418	0.941	0.418
人力资源指数	平均值	19.681	16.290	18.144
	标准差	11.005	9.636	10.543
	中位数	16.444	13.570	14.970
	最大值	74.291	66.730	74.291
	最小值	8.585	4.984	4.984
市场环境指数	平均值	12.405	9.461	11.071
	标准差	11.508	7.553	10.021
	中位数	8.600	7.536	8.169
	最大值	68.205	48.420	68.205
	最小值	0.652	0.254	0.254
创新环境指数	平均值	5.764	2.402	4.240
	标准差	11.910	7.827	10.398
	中位数	1.573	0.629	1.213
	最大值	100.000	82.408	100.000
	最小值	0.073	0.015	0.015
金融服务指数	平均值	4.744	4.089	4.447
	标准差	8.395	9.475	8.907
	中位数	2.226	2.070	2.127
	最大值	72.382	100.000	100.000
	最小值	0.000	0.190	0.000
法治环境指数	平均值	42.674	38.602	40.828
	标准差	11.568	11.483	11.706
	中位数	45.847	35.284	43.927
	最大值	77.905	77.982	77.982
	最小值	22.660	17.573	17.573
政务环境指数	平均值	19.049	13.639	16.597
	标准差	11.273	9.349	10.787
	中位数	16.890	11.550	14.269
	最大值	85.558	78.835	85.558
	最小值	3.764	2.219	2.219

1. 南方城市营商环境分项指标分析

（1）公共服务指数。南方城市在公共服务这一指标上排名前 10 的分别是上海、重庆、广州、苏州、成都、武汉、东莞、杭州、南京、宁波。在排名的末位中，后 3 名城市分别为儋州、丽江与张家界，后 5 名还包括拉萨和舟山。从公共服务这一分类指数的排名可以看出，虽然东莞和苏州是地级市，但是其公共服务水平却可以与省会城市媲美，而后 10 名中的很多城市都是旅游城市，大力发展旅游业，如三亚、拉萨、张家界、丽江。

（2）人力资源指数。南方城市在人力资源这一指标上，广州、成都、上海、南京、深圳、重庆、武汉、杭州、长沙、南昌占据了榜单的前 10 名。根据城市级别可以发现这些城市全部是直辖市、计划单列市或省会城市。为了检验结论的稳健性，我们在将排名范围扩大至前 20 个城市后，发现除苏州和佛山 2 个地级市外，剩余 18 个城市全部是直辖市、计划单列市或省会城市。这说明直辖市、省会城市、计划单列市以及经济发达的地级市的人力资源水平更高，更能够吸引优秀人才前来发展。从排名的末位部分来看，后 3 名分别为随州、内江和鄂州，后 5 名还包括咸宁和荆门。继续观察后 10 名城市发现，其中有 7 个城市属于湖北省，且除了揭阳以外的 9 个城市均位于中西部地区。

（3）市场环境指数。在南方城市中，深圳、上海、重庆、广州、苏州、武汉、成都、无锡、杭州、宁波的市场环境指标得分处于排名的前 10 位。排名的末位部分，后 3 名的城市分别为昭通、河池和临沧。扩大观察到后 10 名后，我们发现这些城市全部位于西南地区。从后 20 名来看，这个结论依然显著，除了位于中部地区的张家界和怀化、位于东部地区的儋州，剩余市场环境指标得分较低的 17 个城市均处于西南地区。

（4）创新环境指数。南方城市在创新环境这一指标上得分较高的 10 个城市分别是深圳、上海、广州、苏州、杭州、东莞、成都、武汉、佛山、宁波。上述 10 个城市中只有 3 个地级市，即苏州、东莞和佛山。为何这 3 个地级市可以一举进入前 10 名？从产业发展视角上看不难发现原因。苏州有许多高科技产业，有助于推动城市创新，而东莞、佛山在制造业上发展迅猛，实力雄厚，这为工业和服务业的创新发展提供了良好的基础。在排名的末位部分，后3名为儋州、防城港和来宾，后5名还包括临沧和保山。

（5）金融服务指数。南方城市在金融服务这一分类指标上表现优异，前3位分别是上海、深圳和广州，前5位的剩余2个城市分别为重庆和杭州。为了看地区分布，我们将范围扩展至前30名，发现大多数城市位于东部地区，只有4个城市位于中南部地区，5个城市位于西南部地区。而在排名的末位部分，后3名的城市为儋州、临沧与防城港，后5名还包括鄂州和来宾。为了看地区分布，我们将范围扩至后30名，发现大部分城市均位于中西部地区。这反映出西部地区的金融服务水平相较于南方发达地区还是处于落后的状态，而西部地区的金融服务水平低，区域内发展不均衡。

（6）法治环境指数。南方城市在法治环境这一指标上得分较高的10个城市分别是上海、深圳、重庆、广州、佛山、南京、温州、宁波、台州、杭州。不难看出其中有9个城市都位于江、浙、沪、粤，将范围扩大至前30名，我们发现有23个城市位于江、浙、沪、粤。排名后10位的城市分别是淮南、南充、铜仁、阳江、萍乡、儋州、来宾、龙市、随州、三明。

（7）政务环境指数。南方城市在政务环境这一指标上得分较高的10个城市分别是上海、深圳、东莞、南京、广州、重庆、武汉、苏州、厦门、成都。为了看城市地区分布，我们将范围扩大至前30名，可以看出共有21个城市位于东部地区，其余9个城市均位于中南、西南部地区。在排名的末位部分，后3名的城市分别为昭通、临沧和曲靖，后5名还包括保山和丽江。在观察后10名的城市后发现，这里面超一半的城市隶属于云南省。

2. 北方地区城市营商环境分项指标分析

（1）公共服务指数。北方城市公共服务指数排名前3位的分别为北京、大连和天津，而在排名的末端，后3名为七台河、固原与酒泉。通过扩大观察后10名城市，不难发现，后10名中东北地区的城市占据了6席，甘肃省的城市占据了 3 席。将范围扩展到后 20 名，依然发现其中有 15 个城市位于东北地区或甘肃。这一现象说明在公共服务这一分类指标上，甘肃省某些地区以及东北部分城市需要注重改善。

（2）人力资源指数。北方城市在人力资源这一指标上得分较高的前 3 名分别为北京、西安和郑州，排名末端的 3 名为伊春、营口和黑河。继续扩大观察排名前端和末端的城市发现，排名靠前的城市都是直辖市、省会城市，而后 10 名大多位于东北地区。分析其原因，可能是直辖市、省会城市中存在较多的高校，且就业机会和岗位充足，因此在吸引人才方面具有先天优势，而东北地区城市在人力资源上还存在明显不足，需要进一步改善。

（3）市场环境指数。北方城市在市场环境这一指标上得分较高的前 3 名分别为北京、西安和郑州，第 4 名和第 5 名分别为青岛和鄂尔多斯。通过观察排名前端部分的城市发现，其中直辖市有 1 个，即北京；国家中心城市有 2 个，分别为西安和郑州；重工业经济强市有 1 个，是鄂尔多斯；其他均为沿海城市。后 10 名城市分别是固原、伊春、天水、鹤岗、武威、平凉、陇南、定西、绥化和阜新。根据上述城市的地理位置分布可以看出，处于西北地区的城市有 6 个，处于东北地区的城市有 4 个。进一步地，当把范围扩大到后 20 名，发现有 10 个城市位于东北地区，10 个城市位于西北地区，这表明东北地区和西北地区在市场环境上都有待提升。

（4）创新环境指数。北方城市在创新环境这一指标上得分较高的 10 个城市分别是天津、西安、北京、郑州、济南、潍坊、青岛、沈阳、大连、哈尔滨。可以发现除了潍坊以外的城市都是直辖市、计划单列市或省会城市。潍坊在创新环境这一分类指标上之所以脱颖而出，原因是潍坊在 2018 年国家发展和改革委员会和科技部公布的《关于支持新一批城市开展创新型城市建设的函》的推荐试点城市名单当中。在这一分类指标排名的末端部分，后 3 名城市为双鸭山、黑河和海东，后 5 名还包括伊春和乌兰察布，在后 10 名的城市中，属于东北地区的城市有 7 个，属于西北地区的城市有 3 个。进一步地，当把范围扩大到后 20 名后发现有 9 个城市位于西北地区，11 个城市位于东北地区。由此说明，这两个地区城市的创新环境仍需进一步改善。

（5）金融服务指数。在金融服务这一指标上，北方城市得分前 3 名的城市分别为北京、天津和西安，前 5 名城市还包括郑州和济南，扩大观察前 10 名城市可以看出均为直辖市、省会城市或计划单列市。在前 10 ~ 20 名内城市均为省会城市或者北方经济强市。而在排名末端部分，后 3 名为金昌、嘉峪关和固原，后 5 名还包括海东和伊春，并在观察后 10 名的城市时发现，这 10 个城市中有 9 个位于西北地区。进一步地，我们将范围扩大到后 20 名，可以发现处于西北地区的城市占据了 15 个席位，反映出西北地区城市营商环境的发展受制于金融服务水平。

（6）法治环境指数。北方城市在法治环境这一指标上得分较高的前 3 名为北京、天津和济南，同时扩大观察前 10 名的城市，发现这里面有 7 个城市都隶属于山东省，而在排名末位部分，后 3 名为西宁、石嘴山和朝阳，后 5 名还包括秦皇岛和双鸭山。后 10 名城市里，有 5 个城市位于西部地区，3 个城市位于东北地区，东部地区和中部地区分别有 1 个城市。由于这一分布规律不是很明显，所以我们将范围扩大到后 20 名，发现西部地区有 8 个城市，东北地区有 7 个城市，东部地区有 3 个城市，中部地区有 2 个城市。可见，东北地区和西部地区的法治环境相对较差，需要进一步加强法治化建设。

（7）政务环境指数。北方城市在政务环境这一指标上得分前 3 名的城市为北京、天津和济南，在前 10 名中有 4 个城市隶属于山东省，在前 20 名中，有 8 个城市位于山东省，反映了在政务环境的打造与维护方面，山东省有着较为卓越的成效。而排名后 3 名的城市分别为忻州、黑河和张家口。在排名的后 10 名中，处于黑龙江省内的城市有 4 座，表明在政务环境建设方面，黑龙江省发力不足，需要更下功夫。

3. 南北区域城市营商环境分项指标差异比较分析

在单独分析完南北方城市的营商环境分项指标特点后，本报告从对比的视角出发，探究南北方城市营商环境分项指标的差异。与全国平均水平对比来看，通过表 7-5 的前两列数据可以看出，南方城市在 7 个分项指标上的平均值均高于全国平均值，表明南方城市的各项营商环境的总体水平优于全国平均水平。而北方城市在 7 个分项指标上的平均值均低于全国平均值，表明北方城市的各项营商环境的总体水平低于全国平均水平。但与此同时，在公共服务、人力资源、市场环境、创新环境、政务环境这 5 个分项指标上，南方城市指标的标准差大于全国指标的标准差，表明南方城市之间在这 5 项指标上的差异大于全国水平。而北方城市 6 个分项指标上的标准差小于全国标准差，说明与全国平均水平相比，北方城市在这 6 个方面的差异尚存在一定的差距。

总体来看，在公共服务、人力资源、市场环境、创新环境、金融服务、法治环境和政务环境这 7 个分项指标上，南方城市比北方城市具有更加优良的条件，同时，在公共服务、人力资源、市场环境、创新环境、法治环境和政务环境这 6 个方面，南方城市间差异比北方城市更大，而在金融服务方面，北方城市间差异大于南方城市。

通过对城市所处南北区位不同进行分类并对南北方城市的营商环境及其分项指标的梳理和分析发现：①与全国平均水平比较，南方城市营商环境水平高于全国平均水平，但是城市与城市之间营商环境优良程度差异明显。北方城市营商环境水平低于全国平均水平，但城市之间营商环境优良程度差异较小。②从分项指标来看，在城市差异度方面，除了金融服务水平这一分类指标外，南方城市之间在公共服务、人力资源、市场环境、创新环境、法治环境、政务环境这 6 个指标上的差异大于北方城市。

第八章 优化营商环境
与高质量发展

——基于全要素生产率视角

党的十九届五中全会明确将"系统观"确立为指导现代化建设的重要原则，指出系统观是"基础性的思想观念和工作方法"，是"十四五"时期经济社会发展必须遵循的原则之一。党的十九大第一次提出高质量发展这个概念，表明我国经济发展阶段发生了转变。高质量发展是实现现代化经济体系建设的必由之路。为实现经济高质量发展，持续优化城市营商环境是重要举措，提高全要素生产率是核心任务之一（"中国城市营商环境评价研究"课题组，2021；王一鸣，2020；张莉等，2019）。在"系统观"已经成为我国治国理政和优化营商环境指导思想的背景下，系统地分析营商环境生态如何促进城市全要素生产率和经济高质量发展是有待研究的重大现实问题，也是亟待探究的科学问题。

营商环境是市场主体所面临的外部环境的综合性的生态系统（李志军，2021；李志军等，2019）。全要素生产率反映多种投入要素的组合转化为产出的总体效率（鲁晓东、连玉君，2012）。作为要素之间相互依赖、高度互动的生态系统，城市营商环境优化能够助力实现生产要素的市场配置，促进创新创业（"中国城市营商环境评价研究"课题组，2021；杜运周等，2020），对全面提高全要素生产率和实现高质量发展具有重要作用。"中国城市营商环境评价研究"课题组（2021）从公共服务、人力资源、市场环境、创新环境、金融服务、法治环境及政务环境等7个维度构建了中国城市营商环境评价体系，并对289个城市的营商环境生态进行了系统的比较，发现中国不同城市营商环境生态间存在显著差异。不同城市营商环境要素可能演化出不同的生态系统，进而可能导致不同城市的全要素生产率的提升路径具有差异。本章关注了营商环境促进城市高全要素生产率、实现经济高质量发展的复杂因果关系及模式途径，试图回答城市营商环境生态如何影响全要素生产率和经济发展的问题。研究发现：①单个营商环境要素并非高全要素生产率的必要条件，但是优化市场环境和提升人力资源水平对城市高全要素生产率发挥着普适的作用；②三类营商环境生态（技术效率型市场驱动、渐进创新型市场驱动和政府轻推的突破创新型市场驱动）可以产生城市高全要素生产率，呈现出我国城市高质量发展的多元路径。基于此研究，提出如下政策建议：①注意建立统一大市场发挥市场和人力资源在促进高全要素生产率中的普遍性作用以及政府和创新环境的积极作用；②城市决策者需要更系统地、整体性地优化营商环境；③鼓励不同区域因地制宜地开展不同程度的创新和发挥主导产业的比较优势，实现统一大市场下不同区域有一定差序格局的多元均衡的高质量发展模式。下面对该研究的理论基础、文献依据、模型和数据、研究发现等做详细介绍。

一、文献综述和理论分析

基于新经济增长理论和发展经济学，先前的全要素生产率研究指出了技术（技术进步和技术效率）和产业结构转换是促进全要素生产率的两大途径（李平，2016）。但是这些研究主要是从"收益"的角度分析了技术和结构转换的积极作用。North（1984）认为这只是看到了经济活动的一半（收益），忽略了市场交易成本。由于不完全竞争的普遍存在，交易成本是市场交易中普遍存在的问题。North（1984）认为随着劳动分工、专业化发展和技术进步等市场中促进力量的发展，交易复杂性和交易成本也会增加。而且最新研究也指出结构转换对全要素生产率的影响也有消极的一面（刘志彪、凌永辉，2020），这反映出全要素生产率提升的复杂性。本项研究整合收益和成本视角，首先分析技术、产业结构转换和交易成本降低三种驱动机制如何分别影响全要素生产率的机制，进而基于复杂系统视角分析它们的复杂互动机制。这些理论为后文分析营商环境如何通过复杂互动机制，促进全要素生产率奠定了基础。

（一）技术驱动与全要素生产率

在技术驱动与全要素生产率方面，新经济增长理论认为一个经济系统内，实现经济增长的根本原因是技术进步和外部性，技术进步及其溢出效应是提高经济效率的根本动力。Romer（1986）指出，技术进步是生产更高级产品的新知识，具有溢出效应。李平（2016）区分了技术进步和技术效率，指出技术进步是通过技术创新提高生产效率，而技术效率是对既有技术的利用进而提升落后企业／产业的效率。"领跑者"（如领先城市）通过技术创新促进生产前沿面整体向外拓展，在一定投入组合下能够实现更多产出，比如率先进行数字化技术创新带动生产效率提升；"跟随者"（如跟跑城市）通过优化市场资源配置、提供更好公共基础设施、加强人才引进和开发等更好地学习和利用既有技术，提高全要素生产率（李平，2016）。Lucas（1988）特别指出，在技术创新中专业化人力资本的积累及其流动一方面提高了企业内部的生产率，另一方面也会带来整个经济系统生产率的提升，是经济增长的重要原因。但知识、人力资本积累的溢出效应会使得企业自身的收益率低于社会收益率，在缺乏有效政府或制度调节的时候，企业因而降低相应的投资，这将会进一步导致均衡增长率低于经济中的最优增长率。因此，为了实现社会最优生产率，需要发挥政府或制度的积极作用有效调节知识溢出（Romer，1986）。根据新经济增长理论，良好的营商环境一方面可以促进人力资本和技术创新，另一方面通过制度的分配调节机制对知识溢出进行调节，促进社会生产率。

（二）结构转换驱动与全要素生产率

依据发展经济学理论，结构转换驱动对全要素生产率存在两种相反的效应。一方观点认为，结构转换存在积极驱动作用，主要表现为产业结构软化带来的效率提升（刘志彪、凌永辉，2020）。产业结构软化指的是知识和技术创新产品替代传统商品，知识消费型服务业替代传统消费型服务业（袁富华等，2016；刘志彪、凌永辉，2020）。产业结构软化对全要素生产率的驱动作用可以体现在两个方面：一方面，生产和消费的升级致使知识密集型商品的供应量和需求量增加，从而促进收益递增；另一方面，产业互动与整合促进了既有技术效率的溢出。另一方观点认为，结构转换存在消极作用，主要表现为产业空心化带来的资源错配和产业生态失衡（Bluestone、Harrison，1982；刘志彪、凌永辉，2020）。产业空心化指的是资本等生产要素从农业与工业部门流出导致物质生产萎缩，当产业结构转换过快时，新产业未能补上旧产业推出留下的"真空"的一种现象（Bluestone、Harrison，1982；刘志彪、凌永辉，2020）。产业空心化导致资源错配，大量稀缺资源用于金融流通领域的套利行为，阻碍技术创新，进而降低整体经济的生产效率。产业空心化还会导致产业生态失衡，这将对产业之间的互相支撑关系造成影响。根据结构转换视角，良好的营商环境一方面应该促进产业结构向高效率产业转移，通过资源的优化配置、技术溢出提升整体效率；另一方面营商环境生态应该促进产业间协同发展，避免产业空心化带来的消极效应。

（三）交易成本降低与全要素生产率

North（1984）把经济理论分为两类：一是研究交易中收益的理论，二是研究交易成本的理论。前者是亚当·斯密以来，经济增长等理论关注的主要问题。这些理论严格假设竞争是完全的，认为劳动分工和专业化促进了效率，并进而刺激了新技术发展和生产效率的提高。但是 North（1984）认为这忽略了经济活动的另一半：市场交易中普遍存在的成本。传统的"看不见的手"的经济体制假设经济体系由价格机制自主协调：供给按照需求调整，生产按照消费调整，生产要素也按照价格机制流向价格更高的使用者。但是，交易成本的开创者 Coase（1937）提出传统的"看不见的手"的经济体制是不完整的，存在很多经济活动，并非按照价格机制分配要素。Coase 从企业为什么存在这个问题出发，指出了价格机制的局限以及市场交易成本的普遍存在，进而解释了企业家协调资源的功能在降低交易成本中的价值。在价格机制中，典型的交易成本是评估价格、协商成本以及为每个交易确定一个契约的成本等（Coase，1937）。并且交易成本并不会随着技术发展而消失。相反，技术的引入在降低某些成本时，可能还会导致新成本，甚至引起极高的社会成本（Coase，1960）。North（1984）认为随着劳动分工、专业细化和新技术发展，交易的空间距离、数量、多样性、复杂性等增加，极大地增加了三种交易成本：测量和定义契约的成本、执行契约的成本，以及分歧的思想观念带来的交易成本。比如，随着新技术的引入，如何定义和测量技术产品的价格变得复杂；在契约定义不清楚的前提下，执行契约也变得困难；而随着分工的细化，市场的思想观念分歧更大因而难以形成一致的基础制度框架。而技术创新太超前于市场，也会引起高成本和其他负反馈机制（Arthur，1999）。在缺乏有效制度约束下，交易一方（如平台垄断者）可能最大化自己的利益，而有损于另一方的利益（如平台参与者）。North（1984）将这种市场机制导致市场交易失效的现象描述为"市场的自毁倾向"（self-destruct tendencies of market）。因此，需要"看不见的手"之外的力量解决交易中的高成本问题，如国家、中介组织的出现就是为了解决交易成本问题。

交易成本可能占到西方发达国家 GNP 的 50%，把经济增长理论与交易成本理论结合才能提供一个完整的理论解释框架，而联系的纽带是制度（North，1984）。一方面，制度是一种委托人与代理人间的契约安排，从而使得生产和资源交易得以实现，交易双方实现财富创造和收益。另一方面，有效的管制、规定、道德和伦理规范等制度共同降低了交易成本。良好的营商环境制度，一方面应该促进市场主体通过自主交易获得合理收益，另一方面可以降低交易成本。

（四）复杂系统观与全要素生产率

唐未兵等（2014）指出，技术进步是提高全要素生产率的必要但不充分条件，两者关系是复杂的。该观点间接指出，单要素研究不足以充分地解释全要素生产率的复杂驱动机制。复杂系统观认为，市场主体之间是相互联系、高度互动、相互竞争与合作、彼此适应的，在处理经济系统中定义不清的问题时，会寻求多元方案，并在动态演化中学习、调整和选择合适的措施，共同演化出多种生态系统（Arthur，2021）。根据复杂系统观，营商环境要素是相互依赖、相互影响的，可能动态演化出不同的营商环境生态。遵循多元均衡，营商环境生态可能促进全要素生产率驱动机制的不同组合，形成高质量发展的多元路径。新经济增长理论、发展经济学和交易成本理论分别给出了全要素生产率的影响因素，为营商环境要素影响城市全要素生产率提供线性解释机制。在复杂系统观下，不同城市可能演化出不同的营商环境生态，通过技术、结构转换、交易成本及其组合促进全要素生产率，形成多元路径。在方法论上，鉴于复杂经济系统具有生态、动态、多因互动、多层次交互等特征，复杂系统观提出归纳推理而非演绎推理是分析复杂问题的有效推理方式（Arthur，1994），并指出需要组合数学等新的方法论（Arthur 等，2021）。

二、模型、方法与数据介绍

（一）营商环境要素与全要素生产率

先前研究主要聚焦于营商环境要素与全要素生产率的关系，这为组态视角下界定营商环境条件范围，进而分析营商环境要素间复杂互动对全要素生产率的影响提供依据（Furnari 等，2020；杜运周等，2020）。

1. 公共服务与全要素生产率

一方面，公共服务通过技术和产业结构调整提高全要素生产率。城市提供良好的公共服务基础设施时，将提高产业链各环节资源配置效率，有利于不同技术效率的产业提高要素间的协同，进而促进全要素生产率（李平，2016）。另一方面，公共服务通过降低交易成本提高全要素生产率。良好的公共服务水平对区域内的生产经营活动产生有力支持，能够降低交易成本，从而提高环境整体的承载力，进而影响市场主体投资区位的选择（李志军，2019；Aldrich，2006；杜运周等，2020）。

2. 人力资源与全要素生产率

人力资源可以直接影响全要素生产率。人力资源是参与生产经营的核心资源，良好的人力资源数量和质量，提升了技术创新的能力和潜力（马光荣等，2015），因此有助于产生高质量的劳动生产率。人力资源也可以间接影响全要素生产率。颜鹏飞和王兵（2004）指出，在教育水平和人力资本水平较高的区域，外商直接投资对技术进步、技术效率和全要素生产率的提升作用也更加显著。

3. 市场环境与全要素生产率

作为"看不见的手"，市场通过价格机制来促进资源的有效配置（Frye、Shleifer，1997；杜运周等，2020）。开放自由、规模大的市场环境能够降低市场进入成本，并通过优化资源配置和价格机制激励企业的国际投资、合作与学习、技术研发和创新活动，进而影响全要素生产率（张莉等，2019）。

4. 创新环境与全要素生产率

根据新经济增长理论，创新投入和产出通过技术进步、技术扩散、创新合作、学习效应以及专利等促进全要素生产率（Romer，1986；杜运周等，2020）。首先，对于中国的实证研究也发现前沿技术进步一方面促进了企业全要素生产率的快速增长，另一方面却加剧了企业间的技术效率差距，进而阻碍了全要素生产率增长（涂正革、肖耿，2005）。其次，研究指出提升研发投入强度和技术吸收能力有助于促进技术引进和扩散的效果，并实现全要素生产率的提升（朱平芳、李磊，2006）。再次，创新投入和创新产出的多元化可以促进产业和企业间的创新溢出，进而提升城市整体经济增长质量（黄志基、贺灿飞，2013）。最后，在创新环境中，企业还可以避免既有市场的激烈竞争，开拓新机会，实现高质量增长（Aldrich，2006；杜运周等，2020）。

5. 金融服务与全要素生产率

不断优化金融服务的规模和质量，能够有效促进资本要素自由流动，有力地支撑技术进步和技术效率。首先，优化金融服务可以降低融资约束、信贷配置不合理等对企业技术研发活动的限制，促进技术进步和生产率提升（Hsieh、Klenow，2009；饶华春，2009）。其次，利用金融科技提升金融服务水平，可以降低企业的融资约束并提高资本市场信贷资源配置的有效性，为企业开展技术研发提供有力的资本保障，进而提升全要素生产率（宋敏等，2021）。

6. 法治环境与全要素生产率

首先，良好的司法服务和社会治安以及透明的司法信息均有利于促使企业安全便捷地展开交易活动，保障公平竞争、促进资源更优配置。其次，更好的法律服务和执行效率可以降低市场交易成本，促进全要素生产率。最后，良好的法治环境为企业技术创新投入和产出提供产权保护，保证企业从技术进步中获得合理收益，进而提高全要素生产率（马光荣等，2015）。但也有研究指出过度知识产权保护可能不利于知识的交流和合作，反而会限制企业、产业、区域之间的技术转移和扩散（Bartelsman、Doms，2000）。

7. 政务环境与全要素生产率

首先，政府及具有管制权力的机构会影响交易成本（Coase，1937；North，1990）。政府对高科技企业的补贴等支出，会促进企业对研发活动的投入，进而促进全要素生产率（Barro，1990）。研究发现政府通过增加公共财政支出提高区域内的公共研发经费，可以促进基础研究；同时通过优化财税手段，可以引导企业重视创新和提高研发投入，进而提高全要素生产率（李平，2016）。但是也有研究发现政府补贴并未提升装备制造企业的竞争力，政府优化竞争环境比补贴政策作用更大（任曙明、张静，2013）。其次，不断优化政务营商环境，有利于减少政府干预行为，发挥市场机制在资源配置中的主导作用，减少寻租对企业创新活动的负面影响，从而促进全要素生产率。相关的研究发现，地区政务环境会显著影响企业的研发活动，政府干预行为越少，寻租情况越小，企业研发投入强度越高（顾元媛、沈坤荣，2012）。反之，当政府干涉较多时，企业的技术研发和创新投入可能会被非生产性活动挤出，阻碍全要素生产率的提高（张莉等，2019）。

（二）组态视角下营商环境生态促进全要素生产率的复杂路径和机制

根据"中国城市营商环境评价研究"课题组（2021）的评价分析，中国城市营商环境存在明显的区域差异，城市间营商环境的差异可能对全要素生产率产生复杂的影响。比如，一个具有良好法治、政务、公共服务环境的城市，交易成本低，但是如果创新环境和市场环境、金融服务和人力资源等环境差，可能导致该城市技术创新活力差，结构转换动力缺乏，进而表现出较低的全要素生产率。采取组态视角，本项研究考虑营商环境因素间的组态效应，有助于揭示营商环境生态与全要素生产率间的复杂关系。

首先，营商环境生态中不同要素在目标和行为逻辑上可能出现竞争与共生。在复杂生态系统中，行为主体间相互竞争、共生和适应，共同创造生态，共同演化（Arthur，2021），这导致营商环境生态影响全要素生产率的路径和机制是复杂的。根据复杂系统观，新技术是既有技术的组合，新技术与市场和制度相互影响（Arthur，2021）。换言之，单独技术进步并不足以促进全要素生产率（唐未兵等，2014），需要统筹考虑营商环境生态中市场环境、制度、人才、金融等与技术的协同，以充分地使技术创新驱动全要素生产率。

其次，政府与市场是一种共生关系。先前营商环境研究发现实现政府与市场的共生关系有助于促进创业活力（杜运周等，2020）。复杂系统观认为政府启动一个小事件就可以使经济结构锁定在这些政策上，因此，政府采取"轻推之手"即可推动经济系统自然缓和地迈向有利的经济结构（Arthur，1999）。但是营商环境的发展具有路径依赖性，不同城市的市场逻辑与政府逻辑存在差异，是发挥

"重手"干预，让位"看不见的手"，采取"轻推之手"（Arthur，1999），还是"帮助之手"（Frye、Shleifer，1997），才能优化资源配置，提升全要素生产率是营商环境研究有待检验的课题。

最后，技术创新、结构转换产生的收益与交易成本的关系决定全要素生产率。技术创新和结构转换一方面具有提升效率的潜力，另一方面可能增加交易复杂性，产生更高的交易成本（North，1984）。如果技术太超前于市场需求还会产生高昂的市场开发成本（Arthur，1999）。在法治不健全、市场信息不对称、缺乏有效约束下，市场主体可能通过垄断或模仿以损害交易方利益为代价，最大化自身利益。不同城市的市场主体因为不同的营商环境体验，将产生分歧的思想观念（North，1984），影响对新技术的采用和结构转换的接纳度，并导致交易成本不同。因此，优化营商环境需要统筹考虑技术、产业结构和交易成本的协同效应。

总之，一个城市的营商环境生态，反映了这个城市在法治环境、政务环境、市场环境、创新环境、公共服务、人力资源、金融服务等方面的综合水平。一个理想的营商环境生态是各环境要素都实现高水平。但是不同城市由于技术和人才等资源禀赋、改革进程、路径依赖和发展阶段等差异，在营商环境各要素的发展上并不均衡，城市间也难以同步。这就客观上造成了营商环境的复杂性和制度一致性方面的差异。基于复杂系统观，优化营商环境单一要素并不足以产生高质量发展，不同城市可能存在不同的高质量发展之路。具体见表8-1，本项研究基于收益视角、交易成本视角以及复杂系统视角，归纳出全要素生产率的可能驱动模式，包括：①收益视角的单轮驱动模式。根据新经济增长理论和发展经济学，城市通过优化营商环境，可从技术效率、技术进步或产业结构转换中找到最佳效率驱动模式。②成本视角的交易成本降低模式。根据交易成本理论，城市通过优化营商环境可以发挥有效政府和高效中间组织的作用，降低综合交易成本。③复杂系统视角的复杂驱动模式。根据复杂系统视角，营商环境要素间相互依赖，不同城市结合收益和成本两种来源的不同机制组合，形成多元的高效率驱动模式。

表8-1   全要素生产率的可能驱动模式：收益、成本和复杂系统视角

全要素生产率的可能驱动模式	收益视角			理论逻辑
	技术效率	技术进步	结构转换	
单轮驱动模式	新经济增长理论；发展经济学和产业结构升级			存在单一的最优均衡，特定营商环境通过技术效率、技术进步或产业结构升级找到唯一最佳的效率驱动模式
技术效率型	1	0	0	
渐进或突破创新型	0	1	0	
产业结构升级型	0	0	1	
	成本视角			交易中总是存在成本，科技进步和交易的复杂性可能带来交易成本上升；有效的政府、中间组织和制度建设可以降低交易成本，提升效率
制度性交易成本降低	减少企业注册、税收等各种制度性成本			
市场交易成本降低	减少企业市场交易过程中的各种成本			
	复杂系统视角			存在多种均衡，营商环境可以通过技术效率、技术进步和产业结构及其组合实现多种效率驱动模式；同时政府可以降低交易成本，形成更加多元的高效率驱动模式
双元均衡性创新	1	1	0	
渐进性产业结构升级	1	0	1	
突破性产业结构升级	0	1	1	
三轮驱动模式	1	1	1	
全轮驱动模式	综合收益视角的驱动来源和成本视角的驱动来源，通过组合形成多元的高效率驱动模式			

　　不同城市可能涌现出不同的营商环境生态，并导致不同类型城市提升全要素生产率的不同路径。首先，从技术效率角度，城市追赶者通过优化市场环境，有效利用既有资源和技术，优化产业结构，有可能以较低的成本，充分利用现有成熟技术的效率潜力而获得高的全要素生产率，但是这种技术效率型发展模式也会因为锁定在既有发展模式，缺乏新动能，而在面临颠覆性创新时，失去未来发展的机会。其次，从技术进步的角度，领先型城市可能通过渐进性或突破性创新，而拓展生产前沿面和获得创新驱动发展的"领跑"机会。渐进创新型模式沿着既有技术轨迹，路径明确，风险更小，但也有锁定在既有发展模式、错失颠覆性创新机会的可能。突破性创新模式具有最先探索到新发展机会的潜力，但也会遭受高风险，如果没有相应的市场机制、法律保护，或平衡好新旧动能的关系，可能陷入创新陷阱，导致不能获得创新利益，并出现产业生态失衡问题（刘志彪、凌

永辉，2020）。也即单纯的技术创新并不能保证高的全要素生产率，需要发挥有
效政府的作用，建立法治环境，促进市场的有序竞争和转型，激发和保护好创新
活力。再次，从技术效率、技术进步和产业结构转换平衡的角度，存在一种三轮
驱动的稳健型高质量发展路径。考虑到不同产业的技术轨迹不同，在一些领域发
生技术突破的时候，另一些领域可能还处在现有技术的有效利用期。因此，一方
面可以优化营商环境，充分利用既有技术提升效率，同时面向未来，积极开拓创
新、探索新动能；另一方面通过平衡好新旧动能关系，形成一种技术利用、渐进
创新和突破创新间多元平衡的稳健型高质量发展路径。最后，考虑到交易成本的
存在和城市营商环境生态系统的复杂性，需要综合收益视角的驱动来源和成本视
角的驱动来源，通过组合形成多元的城市高效率驱动模式。然而现有文献为了分
析方便，采取了一种"均值"模型，即在国家层面对经济效率做粗粒度的分析，
常常忽略了地区间的差异（Arthur，2021），缺乏对城市间营商环境差异及其对
城市高质量发展的复杂性影响机制的分析。

　　综上，采用组态视角和 QCA 等方法，本项研究探究城市层面的多元营商环
境生态，及其促进城市全要素生产率的多元路径和复杂影响机制，回答营商环境
要素如何优化组合，才能充分地促进全要素生产率，以实现城市高质量发展。本
项研究的理论模型如图 8-1 所示。

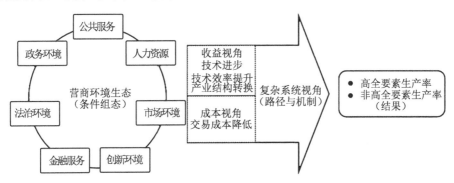

图 8-1 理论模型：营商环境影响城市全要素生产率的复杂驱动模式

（三）研究方法：QCA与NCA方法

社会科学研究中，需要区分平均效应关系、必要关系和充分关系，并采用与之匹配的方法（Dul，2020）。平均效应关系重在分析自变量 X 改变对因变量 Y 改变的平均影响效应。必要性关系重在分析：X 存在是 Y 存在的必要条件吗？或者某水平的 X 是某水平的 Y 的必要条件吗？充分性关系重在分析：X 出现会充分地导致 Y 出现吗？传统回归方法主要是分析自变量与因变量间的平均效应关系，基于整体具有可分性假设，适合分析前因变量间弱相互依赖性的现象。必要关系和充分关系主要用于分析复杂因果关系（拉金，2019；杜运周等，2021）。定性比较分析方法（Qualitative Comparative Analysis，QCA）把研究对象视作条件的组态，有助于分析多因并发、因果非对称性和等效性等因果复杂性问题（杜运周、贾良定，2017），适合本项研究对营商环境生态与全要素生产率间复杂的必要性和充分性关系的研究。必要条件分析方法（Necessary Condition Analysis，NCA）是专门分析必要关系的方法，可以分析前因条件如何构成结果的必要条件（杜运周等，2020）。因此，本研究首先采用 NCA 方法，分析营商环境生态要素与全要素生产率间的必要性关系。其次，通过 QCA 方法检验必要性分析结果的稳健性。最后，本研究使用 QCA 方法分析营商环境与城市全要素生产率间的充分性关系，适合于探索什么样的营商环境生态可以产生城市高全要素生产率。

（四）数据来源

本研究中城市营商环境数据来源于李志军主编的《2020·中国城市营商环境评价》，该报告提供了 2017—2018 年我国 289 个城市在公共服务、人力资源、市场环境、创新环境、金融服务、法治环境、政务环境 7 个营商环境要素方面的评价指数（李志军，2021）。本研究城市全要素生产率的基础数据来自历年的《中国城市统计年鉴》（2006—2020 年）和《中国统计年鉴》（2006—2020 年）、

2018—2020 年各省统计年鉴、2017—2019 年国民经济和社会发展统计公报等，缺失数据采用历年数据均值法或差值法进行补齐。由于部分城市数据缺失较严重，故最终得到地级及以上 275 个城市的全要素生产率。

参考之前的数据处理方式（杜运周等，2020），将上述两个数据库中 2017 年的营商环境数据与全要素生产率数据进行匹配，以 275 个城市作为研究样本。除此之外，还借鉴了典型案例城市的官网统计数据、权威媒体报道以及政府文件等对发现的组态和案例进行定性分析。

（五）测量与校准

对于结果，本研究使用 DEA—SBM 模型，通过 MaxDEA 软件对我国 275 个城市的全要素生产率水平进行测量。按照上述方法，全要素生产率指数涉及包括资本、劳动和能源在内的投入指标以及期望产出和非期望产出在内的产出指标。对于前因条件的测量，本研究遵循《2020 中国城市营商环境评价》，即营商环境要素作为一级指标，由下设二级指标及三级指标加权综合得到（李志军，2021）。

在进行必要性和充分性分析前，需要对前因条件和结果进行校准。在城市层面，尚缺乏明确的外部标准来定义高和非高的全要素生产率和营商环境。但是考虑到市场主体评价城市间营商环境的优劣是依据相对水平，而且城市全要素生产率水平也是一个基于样本的相对指标，本项研究适合采用基于样本的相对位置校准（杜运周等，2020；Greckhamer、Gur，2021）。因此，本项研究采用直接校准法，将前因条件和结果的样本描述性统计的第 90 百分位数、中位数、第 10 百分位数分别设定为完全隶属、交叉点、完全不隶属的锚点，采用中位数而非均值的优势使中位数对于异常值更不敏感（Greckhamer、Gur，2021）。本项研究试图分析什么样的营商环境生态可以导致高全要素生产率和经济高质量，而且样本覆盖了中国绝大多数城市，分位数校准具有实质的理论和实践意义。此外，为了避免在前因条件的案例隶属度恰好为 0.50 的组态归属问题，本项研究将 0.50 隶属度减去 0.001 常数（Crilly 等，2012）。

三、结果分析

（一）必要条件分析

表 8-2 报告了 NCA 对单个条件的必要性分析结果，包括使用 CR 和 CE 两种不同估计方法分别得到的精确度、上限区域、范围、效应量及 P 值等。当单个条件的效应量（d）大于 0.1，且 P 值检验显示效应量显著时，认为该条件是结果的一个必要条件（Dul, 2020）。NCA 分析结果显示，这些条件单独不构成全要素生产率的必要条件。NCA 分析结果显示，营商环境要素中，公共服务、人力资源、市场环境、法治环境和政务环境的必要性效应均不显著（P>0.05），这些条件单独不构成全要素生产率的必要条件。创新环境和金融服务的必要性效应虽然显著，但效应量较小（d<0.1），也不构成全要素生产率的必要条件。

表 8-2　　　　　　　NCA 对单个条件的必要性分析

条件[1]	方法	精确度	上限区域	范围	效应量（d）	P值[2]
公共服务	CR	100%	0.000	0.98	0.000	1.000
	CE	100%	0.000	0.98	0.000	1.000
人力资源	CR	100%	0.000	1	0.000	0.760
	CE	100%	0.000	1	0.000	0.760
市场环境	CR	100%	0.002	0.99	0.002	0.242
	CE	100%	0.005	0.99	0.005	0.177
创新环境	CR	99.6%	0.003	0.97	0.003	0.031
	CE	100%	0.004	0.97	0.005	0.033
金融服务	CR	99.3%	0.010	0.98	0.010	0.005
	CE	100%	0.013	0.98	0.014	0.000
法治环境	CR	99.3%	0.011	1	0.011	0.243
	CE	100%	0.015	1	0.015	0.216
政务环境	CR	100%	0.000	1	0.000	1.000
	CE	100%	0.000	1	0.000	1.000

注：①采用校准后模糊集隶属度值；②采用置换检验（permutation test），重复采样次数=10000。

本项研究进一步采用 QCA 方法分析营商环境单个条件的必要性。具体的结果见表 8-3，单个营商环境条件对高／非高全要素生产率的必要性一致性普遍较低（均 <0.9），与 NCA 结果一致，即不存在产生高／非高全要素生产率的营商环境必要条件。

表 8-3　　　　　　　　　　fsQCA 对单个条件的必要性检验

前因条件	结果	
	高全要素生产率	非高全要素生产率
高公共服务	0.677	0.536
非高公共服务	0.606	0.727
高人力资源	0.699	0.541
非高人力资源	0.600	0.738
高市场环境	0.716	0.517
非高市场环境	0.578	0.757
高创新环境	0.669	0.484
非高创新环境	0.626	0.790
高金融服务	0.679	0.497
非高金融服务	0.611	0.772
高法治环境	0.657	0.490
非高法治环境	0.547	0.701
高政务环境	0.686	0.569
非高政务环境	0.593	0.691

（二）充分性组态分析

考虑到非对称性因果关系，本项研究采用 fsQCA 方法分别分析了产生高全要素生产率和非高全要素生产率的营商环境组态。同时，本项研究对发现的营商环境组态进行定性分析和命名，以深化组态理论（Furnari 等，2020；杜运周等，2020）。

考虑到城市这类案例的重要性，在进行组态充分性分析时，本项研究将案例频数阈值设定为 1，原始一致性阈值设定为 0.8，并将 PRI 一致性阈值设置为 0.70（杜运周、贾良定，2017；杜运周等，2020）。由于现有文献并无定论支持特定营商环境条件影响结果的方向，在进行反事实分析时，本研究采取比较谨慎的选择，假设单个营商环境条件出现与否均可能贡献高全要素生产率。本项研究还通过中间解与简约解的嵌套关系对比，区分了每个解的核心和边缘条件（杜运周等，2020）。如表 8-4 所示，本项研究发现 4 个营商环境组态（S1a、S1b、S2、S3）能够产生城市高全要素生产率，其中按照核心条件 S1a 与 S1b 可以归为一类，它们构成了二阶等价组态（Fiss，2011）。下面将对每一种组态（解）命名并结合典型案例[①] 的定性资料进一步详细分析。在对组态命名时着重把握三个要点："简洁地表达"以体现命名的合理性，"捕捉整体"和"唤起组态的本质"以兼顾组态解的整体性和每个组态的独特性（Furnari 等，2020）。结合典型的城市案例和本项研究的研究理论，将营商环境生态中市场环境、政务环境和创新环境作为组态命名兼顾整体性和独特性的"锚"，对三条组态进行命名。三条组态中高市场环境均存在，由于市场环境和市场逻辑对于经济效率的提升是非常重要的驱动要素，因此，三条组态都命名为实现高全要素生产率的市场驱动型模式。其中，S1 中为非高创新环境，S2、S3 中为高创新环境，因此，S1 命名为技术效率型市场驱动；考虑政府及法治等组合在创新中的作用，本项研究认为在不健全法治环境下，突破性创新难以得到保障，市场主体的创新更多表现为渐进型，因此 S2 命名为渐进创新型市场驱动；而在政务环境和法治环境都表现较好的情况下，政府不会强力干涉市场创新活动，营商环境生态通过政府轻推的引导政策和知识产权保护激发市场主体自主探索和开展突破性创新，因此 S3 命名为政府轻推的突破创新型市场驱动。

表 8-4　　　　　　　　　　实现高 / 非高全要素生产率的组态

前因条件	高全要素生产率的解[①]				非高全要素生产率的解	
	S1a	S1b	S2	S3	NS1	NS2
公共服务		⊗	⊗		●	⊗
人力资源	●	●	●	●	⊗	⊗
市场环境	●	●	●	●	⊗	⊗
创新环境	⊗	⊗	●	●	⊗	⊗

①在QCA分析中可以选择报告中间解中每个组态对应的案例，呈现形式为"案例名（x1，x2）"，x1、x2分别代表该案例在前因组态和结果中的隶属度。对于每个组态典型案例的选取需要参考两个标准：a.在对应前因组态和结果中的隶属度都大于0.5；b.在对应前因组态中的隶属度小于等于其在结果中的隶属度，即该案例符合充分性的要求。

前因条件	高全要素生产率的解[①]				非高全要素生产率的解	
	S1a	S1b	S2	S3	NS1	NS2
金融服务	●	●	●		⊗	⊗
法治环境	●	●	⊗	●	⊗	⊗
政务环境	⊗			●	●	⊗
一致性	0.934	0.937	0.939	0.859	0.910	0.850
原始覆盖度	0.192	0.190	0.210	0.410	0.222	0.422
唯一覆盖度	0.011	0.004	0.061	0.226	0.027	0.228
总体一致性	0.866				0.853	
总体覆盖度	0.510				0.450	

注：①对实现高全要素生产率的真值表进行标准化分析时，需要对质蕴涵项进行选择，本项研究选择"~ps*hr*me*~ie*fs*le"作为原始表达式"~ps*hr*me*~ie*fs*le*ge"的质蕴涵项。

②●=核心条件存在；⊗=核心条件缺失；●=边缘条件存在；⊗=边缘条件缺失。

1. 技术效率型市场驱动

组态 S1a 指出以高人力资源、高市场环境、非高创新环境、高金融服务、高法治环境为核心条件，非高政务环境为边缘条件的营商环境生态可以充分地产生高的全要素生产率水平。组态 S1b 指出以高人力资源、高市场环境、非高创新环境、高金融服务、高法治环境为核心条件，非高公共服务为边缘条件的营商环境生态可以充分地导致高的全要素生产率。比较 S1a 和 S1b，可以发现两者在核心条件上相同，仅在边缘条件上存在替代关系（S1a 中的非高政务环境与 S1b 中非高公共服务），而且政务环境和公共服务均与政府行为有关，这反映出在政府积极有为作用欠佳，且创新环境不高的城市营商环境下，市场主体主要通过良好的金融服务和人力资源，基于有效市场环境，充分利用成熟技术开发资源，实现高的全要素生产率，如表 8-5 所示，本项研究将此类营商环境生态命名为技术效率型市场驱动的生态。

属于这类营商环境生态的典型城市包括鄂尔多斯市和大庆市。以鄂尔多斯市为例，根据营商环境和有关统计资料，鄂尔多斯市的政务环境排名较低，法治环境中等偏上，市场环境较高（第14名），人力资源环境较高（第67名），金融服务也处于较好的水平（第90名），但城市在创新环境方面表现不佳（第184名）。鄂尔多斯市全要素生产率高，人均GDP处于国内领先，该市矿产资源丰富，煤炭探明储量占全国的1/6，天然气探明储量占全国的1/3，作为成长型资源城市，充分利用市场对该市资源的需要，提出"以良好的营商环境，吸引境外人才、技术和资本落地，推动鄂尔多斯市开放合作迈向高质量高水平"，反映出该城市主要是通过利用既有技术实现资源的高效率开发，促进全要素生产率水平，符合本项研究技术效率型市场驱动的营商环境生态的典型特征。

2. 渐进创新型市场驱动

组态S2指出以高人力资源、高市场环境、高创新环境、高金融服务、非高公共服务为核心条件，以非高法治环境为边缘条件的营商环境生态可以充分地导致高的全要素生产率水平。这类城市反映出在法治环境不健全的城市营商环境下，市场主体主要通过良好的金融服务和人力资源，开展有限的渐进性创新，创新性地发挥有效市场的作用实现高的全要素生产率，如表8-5所示，本项研究将此类营商环境生态命名为渐进创新型市场驱动的生态。

属于这类营商环境生态的典型城市为三明市。根据营商环境和相关统计资料，三明市的政务环境排名较好但法治环境排名较低，人力资源环境和金融服务中等偏上（第100名和127名），市场环境较高（第64名），城市在创新环境方面表现较好（第98名）。三明市全要素生产率较高，经济规模总量不大，但人均GDP排在全国城市前列（第54名）。作为新中国建设的新兴工业城市，目前已形成综合工业体系，集聚了福建省最大的钢铁、造纸、水泥、重型卡车等传统产业，培育发展了石墨烯、氟新材料、稀土新能源、生物医药等四个战略性新兴产业。三明市森林覆盖率达78.73%，是国家生态文明建设示范区、国家森林城市、全国生态保护与建设典型示范区。三明市也是改革创新之城，医改成为全国样板，林改保持全国领先，沙县小吃名扬国内。该市着力减少审批流程、降低交易成本，"为企业在落地、生产、经营过程中营造良好的环境，更好地服务于转型升级、创新发展"。该市深入推进技改升级，全力改造提升钢铁与装备制造、新材料两大工业主导产业，激发市场活力，促进全要素生产率水平，符合本项研究渐进创新型市场驱动的营商环境生态的典型特征。

3. 政府轻推的突破创新型市场驱动

组态 S3 指出以高人力资源、高市场环境、高创新环境、高法治环境、高政务环境为核心条件的营商环境生态可以充分地导致高的全要素生产率水平。这类城市反映出，政府发挥积极有为的服务作用，打造健全的法治环境，全面降低制度性交易成本，积极支持市场主体创新发展，以引导性政策和平台吸引高级人才资源自主探索和开展创新和创业活动，以市场主体的突破性创新驱动"领跑型"高质量发展，实现高的全要素生产率。如表 8-5 所示，本项研究将此类营商环境生态命名为政府轻推的突破创新型市场驱动的生态。

与这类营商环境相符合的典型城市包括北京、广州、深圳、上海、杭州、苏州、宁波、南京、长沙、青岛、无锡等。根据产业结构数据，这些城市第三产业产值比重大多超过了 60%，部分城市超过了 70%，而一般发达国家的第三产业比重在 50% 以上。以深圳市为例，根据营商环境和相关统计资料，深圳市的营商环境全国领先。中央财经领导小组在 2017 年的会议上指出，应当率先加强深圳、北京、上海、广州等特大城市的营商环境改革力度；同年，深圳市着力打造有为"服务型政府"和建设创新环境，从"政府端菜"到"企业点菜"，激发市场主体创新创业活力，市场主体已经成为创新的主力军，据统计"90% 的研发机构、90% 的研发人员、90% 的研发投入、90% 的发明专利都来自企业"，PCT国际专利申请居全国首位，深圳不断开拓创新，开始从技术创新向基础创新寻求突破，一些企业会聚全球人才建立数学研究院、物理研究所等。作为创新型城市，深圳涌现出华为、腾讯、比亚迪等一批世界级"领跑型"企业，在某些科技创新领域从"跟跑"转向"领跑"，已在许多细分领域成为国际标准的起草者。深圳市通过全面优化营商环境，打造有为服务型政府，发挥市场主体的创新活力，在创新领域转向领跑，全面提升了全要素生产率水平，实现了高质量发展领跑全国，正在向世界高质量样板城市发展，符合本项研究政府轻推的突破创新型市场驱动型营商环境生态的典型特征。

　　为了检验因果非对称性，本项研究分析了产生非高全要素生产率的营商环境生态，发现 2 个组态产生非高全要素生产率。组态 NS1 显示，在市场环境和金融服务为核心条件缺乏，且法治环境、人力资源和创新环境为边缘条件缺乏的营商环境下，城市全要素生产率不高。这说明在不能有效激活市场主体活力的环境下，单纯依靠政府加大公共支出和提供公共服务，并不能有效提升城市全要素生产率。组态 NS2 则显示，在城市各营商环境要素都表现不佳时，无法实现城市高全要素生产率。

（三）稳健性检验

　　本部分对产生高全要素生产率的营商环境组态进行了稳健性检验。QCA 是一种集合论方法，当轻微改变操作，产生的结果间存在子集合关系，不会改变研究发现的实质解释时，视为稳健（张明、杜运周，2019；杜运周等，2020）。首先，将案例频数阈值从 1 提高到 2，产生 2 个组态与现有组态中的两个解基本一致。其次，把 PRI 一致性从 0.7 降低到 0.65，产生的组态基本上包括了现有组态。再次，调整校准锚点，将完全隶属、完全不隶属锚点调整为第 85 百分位数和第 15 百分位数，交叉点保持不变，得到的组态与现有组态基本一致。最后，调整交叉点的锚点，由中位数调整为第 45 分位数，重新校准后产生的组态与现有组态基本一致。上述稳健性检验显示本项研究结果比较稳健。

表 8-5　　　　　实现高全要素生产率的营商环境组态的定性比较

名称和对应组态	技术效率型市场驱动（S1a、S1b）	渐进创新型市场驱动（S2）	政府轻推的突破创新型市场驱动（S3）
营商环境组态	**高人力资源*高市场环境*非高创新环境*高金融服务*高法治环境***非高政务环境（S1a） 非高公共服务***高人力资源*高市场环境*非高创新环境*高金融服务*高法治环境**（S1b）	**非高公共服务*高人力资源*高市场环境*高创新环境*高金融服务***非高法治环境	**高人力资源*高市场环境*高创新环境*高法治环境*高政务环境**

名称和对应组态	技术效率型市场驱动（S1a、S1b）	渐进创新型市场驱动（S2）	政府轻推的突破创新型市场驱动（S3）
全要素驱动机制	引进和利用既有技术实现资源的高效率开发，促进全要素生产率	对技术进行渐进性创新，促进全要素生产率	政府降低制度性交易成本，建设法治环境，同时积极引导和服务市场主体开拓创新
代表城市	鄂尔多斯、大庆	三明	北京、广州、深圳、上海、杭州、苏州、宁波、南京、长沙、青岛、无锡等
定性证据	鄂尔多斯提出"以良好的营商环境，吸引境外人才、技术和资本落地，推动开放合作迈向高质量高水平"	三明市提出"营造良好的环境，更好地服务于转型升级、创新发展；深入推进技改升级，全力改造提升钢铁与装备制造、新材料两大工业主导产业"	深圳着力打造"有为服务型政府"和建设创新环境，从"政府端菜"到"企业点菜"，激发市场主体成为创新的主力军。在科技创新领域从"跟跑"转向"领跑"，涌现出一批世界级"领跑型"企业，第三产业比例已经相当高
优势与劣势	优势：利用成熟技术开发资源，技术风险小、成本低。 劣势：路径依赖和锁定在既有发展模式；缺乏新动能，转型压力和忽略新技术变革的机会	优势：沿着既有技术轨迹创新，风险小，方向明确。 劣势：创新潜力有限，锁定在既有发展模式；转型压力和忽略新技术变革的机会	优势：拓展生产前沿面和获得"领跑"机会。 劣势：高风险，如果引入新动能失当，且没有相应的市场机制、法律保护，或未平衡好新旧动能，可能陷入创新陷阱，产业结构失衡，经济发展波动

注："*"表示且，字体加粗表示为核心条件。

四、分析讨论

如何优化营商环境促进全要素生产率是经济高质量发展研究的焦点。更好地定位政府角色，发挥市场在资源配置中的决定性作用，是优化营商环境的关键。营商环境作为一个复杂的生态系统，其内部组成要素在目标和行为逻辑上都会出现竟争与共生；这些要素之间复杂的关系直接导致营商环境生态影响全要素生产率的路径和机制是复杂的。以技术进步为例，根据内生增长理论，技术进步是促进全要素生产率上升的唯一要素，但是根据复杂系统观，新技术是既有技术的组合，新技术与市场和制度相互影响（Arthur，2021），换言之，技术进步单独并不足以促进全要素生产率（唐未兵等，2014）。所以，探讨营商环境对全要素生产率的影响，需要统筹考虑营商环境生态中市场环境、制度、人才、金融等与技术的协同，以充分地使技术创新驱动全要素生产率。

本部分基于复杂系统视角，结合 NCA、QCA 和 DEA 方法，基于组态视角发现了营商环境生态如何促进全要素生产率水平的多元路径。首先，本部分发现单个营商环境要素并非产生高全要素生产率的必要条件，但是优化市场环境和提升人力资源水平对产生城市高全要素生产率水平发挥着更普适的作用。这体现出需要继续深化"放管服"改革，优化市场环境，发挥市场和人力资源及其知识溢出在推动中国城市提升全要素生产率和促进经济高质量发展中的重要作用。其次，本部分发现了产生高全要素生产率水平的三种营商环境生态。它们分别体现了不同城市基于自身环境通过技术效率型市场驱动、渐进创新型市场驱动、政府轻推的突破创新型市场驱动实现了城市高质量发展的多元路径，反映出中国城市还处于不同的发展阶段，其全要素生产率的驱动机制存在差异。再次，进一步对三种高质量营商环境生态的定性比较分析发现，它们在创新水平、政务和法治环境上存在差距，且创新水平高的城市，政务环境和法治环境也好，这说明虽然存在多种市场驱动的高质量发展路径，但是进入创新驱动的高质量发展，更需要健全的法治环境。在政务环境上，发挥政府"轻推之手"作用，通过政策引导，激活市场主体自发的创新创业活力，实现创新驱动的高质量发展模式。最后，非高全要素生产率的两个组态反映出在市场环境和金融服务为核心条件，法治、人力和创新环境为边缘条件均不高的营商环境下，即便政府"重手"增加支出和公共服务，也不能促使高质量发展实现，或若营商环境各方面表现都欠佳，市场主体活力自然不高，城市无法实现高质量发展。

第九章　研究总结、政策建议与未来研究展望

一、研究总结及改进营商环境评价指标体系的建议

进入新时代，党中央、国务院为了进一步优化营商环境，出台了一系列与之对应的政策，包括规范法律制度、增强国与国之间的联系以及简化程序等。营商环境作为市场主体在准入、生产经营、退出等过程中涉及的政务环境、市场环境、法治环境、人文环境等有关外部因素和条件的总和，其构成要素并非孤立，而是联动发展，在相互影响的过程中实现共同演化。

本项研究将制度理论、交易成本等引入中国营商环境的理论框架，并构建相应的概念模型，对营商环境影响企业行为进行系统的理论分析。根据我国当前城市经济发展状况，本项研究提出三级指标作为衡量营商环境的标准。具体地，一级指标包括公共服务、人力资源、市场环境、创新环境、金融服务、法治环境、政务环境七个方面，并在此基础上下设二级指标 18 个，三级指标 23 个。基于该指标体系评价了我国 289 个城市的营商环境，从重点城市群、南北区域角度分析了我国城市营商环境。

第一，本项研究从 6 个重点城市群出发，从不同角度对营商环境水平进行了比较，其中既包括该城市群内部的比较，也包括与其他城市群以及全国城市平均水平的比较。结果发现，粤港澳大湾区城市群的营商环境水平处于遥遥领先的状态，但是该城市群内部营商环境水平差异较大。长三角城市群、京津冀城市群以及长江经济带城市群城市营商环境水平均领先于全国平均水平以及 6 个城市群的平均水平，且同样面临内部不同城市之间营商环境发展不平衡的问题。城市群内部发展平衡、差异小的黄河流域与东北地区流域的营商环境水平相比之下较为落后。

第二，本项研究从南北区域的城市出发，对其营商环境水平以及营商环境分项指标进行对比。研究发现，在营商环境水平方面，南方城市整体水平较高且内

部城市之间差异较大,北方城市整体水平较低且内部城市之间差异较小。在营商环境分项指标方面,南方城市的各方面指数都处于领先状态,且除金融服务指数外,南方不同城市之间指数差异均大于北方地区城市。

进一步地,本项研究探讨了营商环境对城市高质量发展的影响。在目前我国经济转型过程中,多种制度逻辑相互依存,且在资源配置方面主要通过政府与市场两种路径来发挥作用。因此,从制度逻辑的视角来看,探讨多元化的制度逻辑以及制度逻辑之间的耦合形成不同的制度环境(Thornton 等,2012)对城市发展具有非常重要的作用。本项研究以制度组态为前提,结合当下时兴的 NCA 与 QCA 方法,以全要素生产率为切入点,在组态视角的基础上探索了营商环境生态对城市高质量发展的影响。具体地,在营商环境影响全要素生产率方面,本项研究得到如下结论。

第一,单个营商环境要素并非产生高全要素生产率的必要条件,但是优化市场环境和提升人力资源水平对产生城市高全要素生产率水平发挥着更普适的作用。这体现出需要继续深化"放管服"改革,优化市场环境,发挥市场和人力资源及其知识溢出在推动中国城市提升全要素生产率和促进经济高质量发展中的重要作用。

第二,有三种营商环境生态能够产生高全要素生产率水平。它们分别体现了不同城市基于自身环境通过技术效率型市场驱动、渐进创新型市场驱动、政府轻推的突破创新型市场驱动实现了城市高质量发展的多元路径,反映出中国城市还处于不同的发展阶段,其全要生产率的驱动机制存在差异。

第三,进一步对三种高质量营商环境生态的定性比较分析发现,它们在创新水平、政务和法治环境上存在差距,且创新水平高的城市,政务环境和法治环境也高,这说明虽然存在多种市场驱动的高质量发展路径,但是进入创新驱动的高质量发展,更需要健全的法治环境。在政务环境上,发挥政府"轻推之手"作用,通过政策引导,激活市场主体自发的创新创业活力,实现创新驱动的高质量发展模式。

第四,非高全要素生产率的两个组态反映出在以市场环境和金融服务为核心条件，法治、人力和创新环境为边缘条件均不高的营商环境下，即便政府"重手"增加支出和公共服务，也不能实现高质量发展，或若营商环境各方面表现都欠佳，市场主体活力自然不高，城市无法实现高质量发展。

根据本项研究，我们提出改进营商环境评价指标体系的建议。

第一，对标对表世界银行评价体系，构建中国特色营商环境评价体系。现有国内营商环境评价体系多以世界银行营商环境评价体系为依据，构建中国特色营商环境评价指标体系。随着世界银行宜商环境评价体系的提出，国内营商环境评价也应主动对接世界银行评价指标，在现有评价体系基础上，既关注法规制度方面的信息，也关注反映法规制度的实际实施情况，对营商环境监管框架、公共服务以及实际成效指标进行全方位评估。同时，突出中国特色，围绕打造市场化、法治化、国际化一流营商环境的总目标，开展营商环境评价工作，以评促改、以评促优。在评价体系研究方法方面，在各指标领域兼顾监管框架、公共服务、总体成效，推动来自政策法规、专家、企业、第三方评估机构等多方主体参与，案头分析、企业调查、实地调研、大数据监测等多种数据收集手段融合，以实现全面评价以及评价效率与评价准确性的进一步优化。并对应营商环境评价内容，选择适当的营商环境评价调查方法。针对评价体系中有关监管框架的评价内容，可选择对政策法规进行文本分析，针对公共服务的评价内容，可使用既有统计数据分析，针对实际成效指标，综合使用市场主体调查、实地调研与监测数据相结合的方式，既体现对政策实施效果的事实评价，也同时关注市场主体的满意度等主观感受。此外，数字化手段在提高营商环境政务服务效率的同时，也为营商环境评价数据收集提供了便利，未来营商环境评价应充分利用营商环境数字化建设带来的信息收集优势，推动营商信息共享，从而为营商环境评价提供准确信息，提高数据收集的效率与时效，同时减少数据收集中的资源浪费。

第二，维持现有评价体系的延续性，推动不同体系下评价信息的共享与整合。当前国内营商环境评价体系从不同方面、不同视角、不同层级对中国营商环境进行了全面评价，为优化营商环境提供了方向性指引，有助于推动各地方政府参照评价指标有针对性地优化当地营商环境。同时，已有评价体系丰富、多样、各具特色与评价重点，为了保证数据纵向可比性，应鼓励现有指标体系的延续性。当前营商环境评价指标针对各地营商环境中的存量进行评价，在此基础上，未来营商环境评价中也应重视对营商环境优化情况的评价，可通过对比不同年份评价结果，对各地营商环境优化的程度进行评价，为各地进一步优化营商环境提供更有针对性的指导。为实现这一目标，要求营商环境评价指标应统一统计口径，同时，评价指标应具有一定的延续性，从而保证不同年份评价结果的可比性。

值得注意的是，不同部门与机构主导的营商环境评价在内容上存在一定交叉，增加了评价主体的填报负担以及评价方数据收集与清洗的行政成本。未来应推动不同指标体系评价结果的信息共享，从而在实际应用中将不同指标体系的评价结果进行整合，推动对标世界银行 BEE 体系的营商环境多维度评价方案。

第三，建立分层分级营商环境评价体系，体现不同层级建设成效。未来营商环境评价应适当整合现有评价体系，围绕当前营商环境建设规划目标，建立适用于中央—省—市—县—乡等不同行政层级的国家规范化评价体系（宋林霖、陈志超，2022），从而针对不同分析层次，以及省级、市级、县域等不同层级政府关注点，有针对性提出营商环境优化建议。同时，针对不同地域、不同类型企业特点，在指标体系中加入个性化评价指标，在统一大市场指导下引导各地营商环境个性化、特色化发展。例如，对于上海、北京、深圳等城市，突出全球化城市的国际化特点。对于非一线城市，突出市场化、法治化，改善市场主体营商便利度特点。已有县域营商环境评价相比之下更为注重县域营商环境的投资吸引力、市场活力与可持续发展能力，在全面评价营商环境的基础上突出各县域营商环境的特色之处。

值得注意的是，县域营商环境离不开省级、市级营商环境与政策法规的系统性影响。与省级、市级营商环境评价注重地域间差异与可比性有所不同，县域营商环境评价的意义主要体现在充分利用当地资源禀赋，在参考县域营商环境建设先进典型做法的基础上，建设优化营商环境，形成当地特色，从而吸引企业，推动县域经济发展。

二、优化中国城市营商环境的政策建议

本项研究基于对中国城市营商环境的评价以及营商环境与创业活跃度、全要素生产率水平之间关系的研究，发现了不同营商环境要素之间的组合形成的多种营商环境生态对创业活跃度、全要素生产率的促进作用。所以，针对不同城市可能由于当地资源、技术禀赋、产业结构和营商环境生态现状不同，高质量发展路径也不同，需要重点把握优化营商环境要素的组合，发挥生态系统的合力。

（一）建立统一大市场，系统地优化营商环境

现阶段，中国仍然需要因地制宜地优化营商环境，支持有一定差序格局的多元均衡型高质量发展路径，平衡好新旧动能、产业结构、国家和区域的发展关系。与复杂经济观一致，本项研究发现不同区域内的不同城市的优化营商环境，促进经济高质量发展路径存在多元方案。第一，位于南方的城市需解决营商环境在不同城市间发展较不均衡的问题，通过在不同城市之间建立有关营商环境的比较机制，选取大湾区和长三角城市为标杆典范，以此形成优化以营商环境为内容的案例库，并吸取营商环境发展较为良好地区的经验教训。第二，核心城市应主动发挥自身的引领示范作用，例如成渝城市群地区，应当将核心区域选取为成都和重庆，进一步引领周围城市不断改革并释放经济活力；长江中游城市群以3个省会城市为核心，发挥武汉、南昌与长沙的驱动作用，对政务服务措施进一步创新，将政府部门的服务精神发挥到极致；京津冀地区以及山东省等部分城市为北方营商环境发展水平较高的地区，因此，北方城市应综合中央的协调发展战略，制定并不断发展优化各地区营商环境的政策。东北地区由于接壤俄罗斯、朝鲜与韩国等国，具有极大的地理优势，因此，该地区城市应主动加强与两国的交流合作，招商引资以不断释放经济活力，加强"一带一路"合作建设，充分发挥位置

优势。部分城市应积极贯彻"黄河流域生态保护"方针，通过生态保护发展新型产业，形成"绿色生态"驱动产业转型升级的新格局，进一步形成具有独特风格的地区营商环境。

（二）根据各地区资源禀赋，因地制宜探寻高质量发展道路

基于不同地域及城市间营商环境的差异以及不同营商环境要素组合产生的不同影响，各地在优化营商环境过程中，应针对当地资源与技术禀赋，依据当地产业结构与营商环境生态现状，寻求有针对性的高质量发展路径，重点把握营商环境要素的组合，以发挥生态系统的合力。未来各地可在国家整体优化营商环境目标指引下，持续关注市场主体与社会公众满意度，结合各地实际情况，在法治框架内积极探索形成更多原创性、差异化的优化营商环境具体措施，激发市场主体活力，增强内生动力，持续优化营商环境。

各省级政府可对照得分与排名，采取针对性措施优化营商环境。整体排名靠前、子环境均衡的省份继续深化改革，持续引领。排名次之的省份在保持整体优势的同时，着力补齐短板。整体排名靠后的省份，可聚力优化具有比较优势的子环境，以提升营商环境整体水平。加强省间交流，以营商环境评价为契机，实现以评促改、以评促优，从而推进高质量发展。

高新区营商环境评价在考虑产业基础、基础设施等体现经济基础的指标之外，同时会更多地考虑要素成本、科技创新方面更能突出高新区特色的指标。国家高新区作为中国高质量发展的第一方阵，更需要顺应新时代发展的要求，进一步加大"放管服"改革力度，在优化营商环境中发挥标杆引领作用。

国家级开发区的建设被证实能够有效促进企业营商环境改善（王晨等，2022）。国家级开发区通过降低市场准入成本，提高政府部门服务意识来推动企业营商环境改善，这种改善对非垄断行业的企业效果更大。因此，为进一步优化企业营商环境，应加大国家级开发区改革力度、探索行业差异化改革、深化制度集成创新，并推进国家级开发区的成熟模式向全国复制推广，发挥其标杆作用，推动优质省级开发区升级为国家开发区。

建议各城市应学习上海、成都、深圳等地的多年经验，将营商环境作为工作的头等大事，设立指标长，对标先进指标，持续改进，查找不足，为加快补短板、扬优势提供基础。在改善软环境方面，深圳、广州、杭州、西安、漯河等地双创经验值得学习，通过实施"放管服"改革，促进地方创新创业发展，进而带动经济活跃度提升。各城市应根据当地营商环境评价情况，在优势领域持续发力，同时针对弱势领域学习先进城市典型经验，加快补足短板。

（三）着重发挥市场和人力资源的普遍作用

本项研究发现，非高全要素生产率的组态反映出在市场环境、金融服务、法治环境、人力资源和创新环境不高的营商环境下，即便政府积极增加支出和公共服务，"重于"推动经济，也会导致高质量发展不能实现。这从另一个层面启发我们处理好政府与市场的关系，避免由于市场主体活力不强，不能实现高质量发展。同时，需要系统地优化营商环境。先前研究多聚焦于单一营商环境因素与全要素生产率的正向关系，但是本项研究发现营商环境要素需要有效地组合成生态系统，才能充分地实现高质量发展。即政策制定需要统筹优化营商环境生态，发挥核心营商环境要素协同促进全要素生产率的作用。

本项研究发现，优化市场环境和提升人力资源水平对城市高全要素生产率发挥着普适的作用，这说明要注意建立统一大市场，继续深化"放管服"改革，优化市场环境。同时，市场环境和人力资源对高全要素生产率发挥着普遍的支持作用，表明发挥市场和人力资源及其知识溢出在推动中国城市提升全要素生产率和促进经济高质量发展中的重要作用。城市决策者需要更加充分地优化市场环境，并积极吸引人才进入，发挥人才资源及知识溢出在高质量发展中的重要作用。同时，也要注重创新投入与产出，营造良好的创新环境，塑造有为服务型政府，发挥政府在降低交易成本、支持和引导探索性创新中的作用。把握政府与市场关系，合理运用"看得见的手"和"看不见的手"，利用有为政府治理市场的自毁倾向，激发市场主体活力，实现高质量发展。

（四）深化"放管服"改革，优化政务环境

在营商环境与创业活跃度之间关系分析中，发现提升政府效率对于促进营商环境优化、激发新创企业活力具有较为普适作用。本项研究提出持续提升政府效率、改善政务环境的建议。具体建议如下：提升政府效率，精简办事流程；改善政务环境，加强政府内部监管，确保办事流程透明化、公开化，建立健全政府工作评价体系；利用互联网技术提升办事效率、丰富反馈路径，实现数字化政务系统。

（五）促进地方创新环境改革，培育创新创业土壤

本项研究基于创新环境在实现高创业活跃度路径中占据着重大作用，提出需要加强建设地方创新环境这一政策建议。更具体地，从政府出发，在提供更快更好的公共服务基础上，为企业创新创业营造积极环境；鼓励高校、研究所、企业的创新研究工作，为持续创新打下理论基石；建立健全专利保护法律体系，打击侵犯知识产权行为，提高违法成本，鼓励企业创新。具体到城市群，需要加大力度对东北地区的营商环境进行改善，加强人才教育，提供创新创业的原动力。利用政策补助为企业提供创新创业方面的资金支持，减轻压力。促成企业与高校等科研机构的合作，在技术和理论良性耦合的基础上提高创新创业回报率，营造良好创新创业氛围。

（六）重视政府市场良性耦合，驱动金融和创新的
公共服务提升

企业的创新活跃度与政府和市场的有力支持密切相关。创新创业本身具有较大的风险和不确定性，同时回报具有滞后性，这就意味着资金支持必不可少。企业创新，需要进行政策扶持，政府补助和融资信贷都是解决企业资金问题的重要手段。商业银行的信贷政策得到进一步优化，企业的信贷流程更加快速便利，中

小微企业才有更大的动力和资源投入创新活动。政府与市场互利共生，政府效率的提高有利于市场繁荣发展，市场的良好经济活力也能帮助政府实现布局。在二者的良性耦合下，营商环境的提升会得到进一步的助力。例如，针对长江经济带城市群的城市，需要从制度入手，建立完善制度，提供良好法治环境，打好便利为民、便利为企的基础，在企业开办、融资、找人、办事等多个方面提供高效准确的服务，做好企业创新创业的"后勤工作"。

（七）发挥核心城市引领作用，并逐渐延展至周边城市

中央广播电视总台《中国城市营商环境年度报告》结果显示，中国城市营商环境创新也面临一些挑战。城市营商环境制度供给能力、城市间营商环境水平协调程度、市场主体关切领域举措创新力度均有待提升。各地政府应继续优化营商环境，推动当地高质量发展，发挥核心城市的引领作用，并逐渐延展至周边城市，在推动硬件环境改善的同时，充分发挥软环境对优化营商环境的作用。

（八）利用数字化优势，助推营商环境优化

"互联网＋政务服务"平台已成为政府与市场主体互动的重要载体，同时数字化水平作为营商环境评价的重要指标，对营商环境各要素均有一定程度影响。当前我国政府主体和市场主体动态参与度水平较低，抑制了信息交流互动对营商环境优化的效果。未来"互联网＋政务服务"平台可通过提升政务服务效能与降低交易成本发挥数字化优势，进一步优化数字营商环境。

三、未来研究展望

尽管我们做了很大的努力，本项研究依然不可避免地存在一些缺点、不足和局限性，值得未来进一步研究。

第一，在城市营商环境评价方面，以下几个方面是未来的开展方向。首先，延续城市营商环境的进一步评价工作，以使城市营商环境水平的衡量更为全面准确。其次，从生态系统视角出发，研究多样环境要素及其之间的相互作用对营商环境的影响，并从理论机制与实证分析上，对相关环境要素对营商环境的影响进行聚集。再次，随着对营商环境理解的逐步深入，应重新认识营商环境对企业行为的影响，特别是分角度剖析城市营商环境，能够直接决定营商环境影响企业经营管理行为的机制差异。最后，对区域之间逐渐扩大的营商环境差距，尤其是对南北区域的差距关注度日益增加，而这方面的理论研究较少，因此该领域值得深入探讨。

第二，在营商环境水平与企业创新、创业等方面，首先，本项研究对发现的组态的定性资料进行了补充分析，但是本项研究与其他大样本 QCA 研究面临着共同的挑战——质性分析的深化。其次，囿于城市数据的可得性，本项研究在城市研究样本选择上仅选取了创业活跃度较高的 98 个城市，可能对结论的可推广性在一定程度上产生影响。对于未来的研究，在城市营商环境和创业活动方面可扩大数据覆盖范围，进一步分析产生高创业活跃度的营商环境组态（路径）。再次，本项研究由于城市层面的营商环境和创业活跃度统计数据和研究的局限，仅获得静态数据。鉴于尚待完善 QCA 方法对动态时间变化的应用，未来研究可选择收集跨时间数据，合理改进 QCA 方法，对营商环境生态的变化"轨迹"如何影响创业活跃度的变化"轨迹"进行研究。最后，本项研究关注城市生态环境下的创业活跃度，未来可以研究创业生态对创业质量的异质性影响。

第三，在营商环境水平与全要素生产率方面，首先，受限于数据的可获得性，本项研究只能聚焦于分析营商环境水平与全要素生产率水平的静态关系，未来随着营商环境等数据的不断积累，研究者可以进一步动态地分析营商环境的改变如何影响全要素生产率的变动及其分解指标（如技术进步）的变动。这样有助于分析不同城市追赶速度的差异。其次，本项研究在定量分析的基础上，回到案例做了一定的定性分析，这有助于揭示定量研究发现背后的机制，但是大样本 QCA 研究难以像个案研究那样深入和丰富地开展定性分析，未来研究者可以针对全要素生产率的不同驱动模式进一步做深入的案例研究，揭示营商环境优化促进全要素生产率演化的过程。最后，本项研究聚焦于中国城市生态环境下如何促进经济高质量发展，未来还可以进行国际比较并纳入更多环境指标，统筹考虑市场主体满意度、统一大市场背景下的营商环境生态承载力、幸福感、效率和公平等指标，探究如何构建高承载力、高效率和高公平的国际化营商环境和统一大市场，激发市场主体活力，促进更全面的生态型、包容性高质量发展。

主要参考文献

[1] 程建青，罗瑾琏，杜运周，等 . 何种女性创业生态系统产生女性高创业活跃度——基于组态视角的 fsQCA 研究 [J]. 科学学研究，2021（4）.

[2] 程梦云 . 黑龙江省营商市场环境评价研究 [D]. 哈尔滨：哈尔滨商业大学，2020.

[3] 程启月 . 评测指标权重确定的结构熵权法 [J]. 系统工程理论与实践，2010（7）.

[4] 邓雪，李家铭，曾浩健，等 . 层次分析法权重计算方法分析及其应用研究 [J]. 数学的实践与认识，2012（7）.

[5] 邓忠奇，高廷帆，朱峰 . 地区差距与供给侧结构性改革——"三期叠加"下的内生增长 [J]. 经济研究，2020（10）.

[6] 丁鼎，范一品，李宪翔 . 我国城市营商环境实证测评 [J]. 统计与决策，2022，38（18）.

[7] 杜运周，刘秋辰，陈凯薇，等 . 营商环境生态、全要素生产率与城市高质量发展的多元模式——基于复杂系统观的组态分析 [J]. 管理世界，2022，38（9）.

[8] 杜运周，贾良定 . 组态视角与定性比较分析（QCA）：管理学研究的一条新道路 [J]. 管理世界，2017（6）.

[9] 杜运周 . 组织与创业领域：组态视角下的创业研究 [J]. 管理学季刊，2019（3）.

[10] 杜运周，刘秋辰，程建青 . 什么样的营商环境生态产生城市高创业活跃度？——基于制度组态的分析 [J]. 管理世界，2020，36（9）.

[11] 杜运周，李佳馨，刘秋辰，等 . 复杂动态视角下的组态理论与 QCA 方法：研究进展与未来方向 [J]. 管理世界，2021（3）.

[12] 杜运周，尤树洋 . 制度逻辑与制度多元性研究前沿探析与未来研究展望 [J]. 外国经济与管理，2013（12）.

[13] 范合君，吴婷，何思锦 . "互联网＋政务服务"平台如何优化城市营商环境？——基于互动治理的视角 [J]. 管理世界，2022，38（10）.

[14] 风笑天 . 方法论背景中的问卷调查法 [J]. 社会学研究，1994（3）.

[15] 顾元媛，沈坤荣 . 地方政府行为与企业研发投入——基于中国省际面板数据的实证分析 [J]. 中国工业经济，2012（10）.

[16] 广东粤港澳大湾区研究院，21 世纪经济研究院 .2020 年中国 296 个城市营商环境报告 [R].

[17] 郭晶 . 营商环境评价体系构建与运用 [J]. 现代商贸工业，2020（13）.

[18] 国家发展和改革委员会 . 中国营商环境报告（2020）[M]. 北京：中国地图出版社，2020.

[19] 黄志基，贺灿飞 . 制造业创新投入与中国城市经济增长质量研究 [J]. 中国软科学，2013（3）.

[20] 赖先进 . 改善营商环境会扩大收入差距吗 ?——基于跨国面板数据的实证分析 [J]. 云南财经大学学报，2021，37（1）.

[21] 李园园，柴雨辰，刘建华 . 基于营商环境视角的民营企业创新活力组态路径研究 [J]. 中国科技论坛，2022（10）.

[22] 李志军 . 2020·中国城市营商环境评价 [M]. 北京：中国发展出版社，2020.

[23] 李志军 . 中国城市营商环境评价 [M]. 北京：中国发展出版社，2018.

[24] 李志军 . 优化中国营商环境的实践逻辑与政策建议 [N]. 北京工商大学学报（社会科学版），2023（1）.

[25] 李志军 . 我国城市营商环境的评价指标体系构建及其南北差异分析 [J]. 改革，2022（2）.

[26] 李志军 . 促进营商环境迈向更高水平的重要举措 [N]. 中国经济时报，2021a-11-29（004）.

[27] 李志军 . 我国重点城市群营商环境评价及比较研究 [N]. 北京工商大学学报（社会科学版），2021，36（6）.

[28] 李志军，等 . 中国城市营商环境评价及政策建议 [J]. 发展研究，2021，38（9）：.

[29] 李志军，等 . 中国城市营商环境评价的理论逻辑、比较分析及对策建议 [J]. 管理世界，2021，37（5）.

[30] 李志军，等 . 我国城市营商环境及其评价 [J]. 发展研究，2019（3）.

[31] 李志军，等 . 中国城市营商环境评价及有关建议 [J]. 江苏社会科学，2019（2）.

[32] 李志军，等 . 我国城市营商环境及其评价 [R]. 国务院发展研究中心调研研究报告，2018.

[33] 李志军，等 . 关于进一步优化城市营商环境的几点建议 [R]. 国务院发展研究中心调研研究报告（择要），2018.

[34] 李平 . 提升全要素生产率的路径及影响因素 —— 增长核算与前沿面分解视角的梳理分析 [J]. 管理世界，2016（9）.

[35] 廖福崇 . 审批制度改革优化了城市营商环境吗? —— 基于民营企业家"忙里又忙外"的实证分析 [J]. 公共管理学报，2020（1）.

[36] 刘利 . 成本效用分析中效用值测量方法的应用研究 [J]. 北京中医药大学，2012.

[37] 刘志彪，凌永辉 . 结构转换、全要素生产率与高质量发展 [J]. 管理世界，2020（7）.

[38] 鲁晓东，连玉君 . 中国工业企业全要素生产率估计：1999—2007[J]. 经济学（季刊），2012（2）.

[39] 马光荣，樊纲，杨恩艳，等 . 中国的企业经营环境：差异、变迁与影响 [J]. 管理世界，2015（12）.

[40] 聂辰席 . 企业竞争力评价方法及其应用研究 [J]. 天津大学，2003.

[41] 秦冲 . 广东省营商环境评价研究 [J]. 华南理工大学，2018.

[42] 邱菀华 . 管理决策和应用熵学 [M]. 北京：机械工业出版社，2002.

[43] 饶华春 . 中国金融发展与企业融资约束的缓解 —— 基于系统广义矩估计的动态面板数据
分析 [J]. 金融研究，2009（9）.

[44] 任曙明，张静 . 补贴、寻租成本与加成率 —— 基于中国装备制造企业的实证研究 [J]. 管
理世界，2013（10）.

[45] 宋林霖，陈志超 . 中国营商环境治理：寻求技术逻辑与制度逻辑的平衡 [J]. 行政论坛，
2022，29（05）.

[46] 宋敏，周鹏，司海涛 . 金融科技与企业全要素生产率 ——"赋能"和信贷配给的视角 [J].
中国工业经济，2021（4）.

[47] 谭海波，范梓腾，杜运周 . 技术管理能力、注意力分配与地方政府网站建设 —— 一项基
于 TOE 框架的组态分析 [J]. 管理世界，2019（9）.

[48] 陶永明 . 问卷调查法应用中的注意事项 [J]. 中国城市经济，2011（20）.

[49] 唐磊磊 . 大连市中小企业营商环境分析 [D]. 大连：东北财经大学，2012.

[50] 唐未兵，傅元海，王展祥 . 技术创新、技术引进与经济增长方式转变 [J]. 经济研究，
2014（7）.

[51] 涂正革，肖耿 . 中国的工业生产力革命 —— 用随机前沿生产模型对中国大中型工业企业
全要素生产率增长的分解及分析 [J]. 经济研究，2005（3）.

[52] 王晨，罗丹，高自旺 . 国家级开发区对企业营商环境的影响：基于中国私营企业调查数据
的经验研究 [J]. 宏观经济研究，2022（9）.

[53] 王凤彬，郑晓杰，陈公海，等 . 管理要素联动效应与中央企业管理提升 —— 基于管理系
统网络特征的跨层比较分析 [J]. 中国工业经济，2014（5）.

[54] 王继伟 . 基于熵权法的房地产投资风险评价 [D]. 青岛：青岛大学，2007.

[55] 王晓东，邓丹萱，赵忠秀 . 交通基础设施对经济增长的影响 —— 基于省际面板数据与
Feder 模型的实证检验 [J]. 管理世界，2014（4）.

[56] 王小鲁，樊纲，胡李鹏 . 中国分省企业经营环境指数 2020 年报告 [M]. 北京：社会科学文
献出版社，2021.

[57] 王小鲁，樊纲，马光荣 . 中国分省企业经营环境指数 2017 年报告 [M]. 北京：社会科学文
献出版社，2018.

[58] 王小鲁，余静文，樊纲 . 中国分省企业经营环境指数 2013 年报告 [M]. 北京：中信出版社，
2013.

[59] 王一鸣 . 百年大变局、高质量发展与构建新发展格局 [J]. 管理世界，2020（12）.

[60] 魏国清.访谈法在企业人力资源管理中的应用与建议 [J].农村经济与科技，2018（20）.

[61] 夏后学，谭清美，白俊红.营商环境、企业寻租与市场创新 —— 来自中国企业营商环境调查的经验证据 [J].经济研究，2019（4）.

[62] 谢繁宝，樊瑶.营商环境对企业劳动生产率影响效应的实证检验 [J].统计与决策，2022，38（8）.

[63] 谢智敏，王霞，杜运周，等.创业生态系统如何促进城市创业质量 —— 基于模糊集定性比较分析 [J].科学学与科学技术管理，2020（11）.

[64] 徐秋栋.应用多元统计分析 [J].工业工程与管理，2013（4）.

[65] 徐现祥，毕青苗，周荃.中国营商环境调查报告（2022）[M].北京：社会科学文献出版社，2022.

[66] 许宪春，郑正喜，张钟文.中国平衡发展状况及对策研究 —— 基于"清华大学中国平衡发展指数"的综合分析 [J].管理世界，2019（5）.

[67] 颜鹏飞，王兵.技术效率、技术进步与生产率增长：基于 DEA 的实证分析 [J].经济研究，2004（12）.

[68] 杨传开，蒋程虹.全球城市营商环境测度及对北京和上海的政策启示 [J].经济体制改革，2019（4）.

[69] 杨涛.营商环境评价指标体系构建研究 —— 基于鲁苏浙粤四省的比较分析 [J].经济研究，2015（13）.

[70] 杨威.访谈法解析 [N].齐齐哈尔大学学报（哲学社会科学版），2001（4）.

[71] 叶珍.基于 AHP 的模糊综合评价方法研究及应用 [D].广州：华南理工大学，2010.

[72] 尹萌萌，李磊.基于 AHP 法与效用值法对建筑工程投标人的评定 [J].水利科技与经济，2010（11）.

[73] 袁富华，张平，刘霞辉，等.增长跨越：经济结构服务化、知识过程和效率模式重塑 [J].经济研究，2016（10）.

[74] 张大海，祝志川.因子分析与熵值法下我国营商环境评价 [J].财会月刊，2019（18）.

[75] 张三保，康璧成，张志学.中国省份营商环境评价：指标体系与量化分析 [J].经济管理，2020（4）.

[76] 张明，杜运周.组织与管理研究中 QCA 方法的应用：定位、策略和方向 [N].管理学报，2019（9）.

[77] 张鹏.基于主成分分析的综合评价研究 [D].南京：南京理工大学，2004.

[78] 张健，高明哲，李慧民.企业兼并后的人力资源整合综合评价模型及实证 [J].西安建筑科技大学学报（自然科学版），2011（2）.

[79] 张莉，朱光顺，李世刚，等.市场环境、重点产业政策与企业生产率差异 [J].管理世界，

2019（3）.

[80] 张绍伶 . 基于熵权法的水利工程工期方案评价研究 [D]. 大连：大连理工大学，2014.

[81] 张菀洺，杨广钊 . 营商环境对民营企业竞争力的影响 [J]. 财贸经济，2022（10）.

[82] 郑晶晶 . 问卷调查法研究综述 [J]. 理论观察，2014（10）.

[83] 郑震 . 社会学方法的综合 —— 以问卷法和访谈法为例 [J]. 社会科学，2016（11）.

[84] 中国国际贸易促进委员会 .2021 年度中国营商环境研究报告 [R].

[85] 中科营商环境大数据研究院 . 中国营商环境指数蓝皮书（2021）[M]. 北京：中国经济出版社，2021.

[86] 朱建军 . 层次分析法的若干问题研究及应用 [D]. 沈阳：东北大学，2005.

[87] 朱磊 . 湖北汉江生态经济带城市营商环境总体分析 [D]. 武汉：湖北省社会科学院，2015.

[88] 朱平芳，李磊 . 两种技术引进方式的直接效应研究 —— 上海市大中型工业企业的微观实证 [J]. 经济研究，2006（3）.

[89]“中国城市营商环境评价研究”课题组 . 中国城市营商环境评价的理论逻辑、比较分析及对策建议 [J]. 管理世界，2021（3）.

[90] Adner，R.and Kapoor，R.，2010，"Value Creation in Innovation Ecosystems: How the Structure of Technological Interdependence Affects Firm Performance in New Technology Generations"，Strategic Management Journal，Vol. 31，pp.306–333.

[91] Aldrich，H. E. and Ruef，M.，2006，Organizations Evolving，London: Sage.

[92] Alfaro L，Chari A. Deregulation，Misallocation，and Size: Evidence from India [J]. Journal of Law and Economics，2014（4）: 897–936.

[93] Allcott H，Collard-Wexler A，O'Connell S D. How Do Electricity Shortages Affect Industry? Evidence from India [J]. American Economic Review，2016，106（3）: 587–624.

[94] Aminzade，R.，1992，"Historical Sociology and Time"，Sociological Methods and Research，Vol. 20，pp. 456–480.

[95] Arthur，W. B.，1999，"Complexity and the Economy"，Science，Vol. 284，pp. 107–109.

[96] Arthur，W. B.，1994，"Inductive Reasoning and Bounded Rationality"，The American Economic Review，Vol. 84，pp. 406–411.

[97] Arthur，W. B.，2021，"Foundations of Complexity Economics"，Nature Reviews Physics，Vol. 3，pp. 136–145.

[98] Bacon，E.，Williams，M. D. and Davies，G.，2020，"Coopetition in Innovation Ecosystems: A Comparative Analysis of Knowledge Transfer Configurations"，Journal of Business Research，Vol. 115，pp. 307–316.

[99] Barley，W. C.，Treem，J. W. and Kuhn，T.，2018，"Valuing Multiple Trajectories of

Knowledge: A Critical Review and Agenda for Knowledge Management Research", The Academy of Management Annals, Vol. 12, pp. 278–317.

[100]Bartelsman, E. J. and Doms, M., 2000, "Understanding Productivity: Lessons from Longitudinal Microdata", Journal of Economic Literature, Vol. 38, pp. 569–594.

[101]Barro, R. J., 1990, "Government Spending in a Simple Model of Endogeneous Growth", Journal of Political Economy, Vol. 98, pp. 103–125.

[102]Boulding, K., 1956, "General systems theory: The skeleton of science", Management Science, Vol.2, pp.197–208.

[103]Bluestone, B. and Harrison, B., 1982, The Deindustrialization of America: Plant Closings, Community Abandonment and the Dismantling of Basic Industry: Basic Books.

[104]Caren, N. and Panofsky, A., 2005, "TQCA: A technique for adding temporality to qualitative comparative analysis", Sociological Methods and Research, Vol.34, pp.147–172.

[105]Chakraborty P. Judicial Quality and Regional Firm Performance: The Case of Indian States [J]. Journal of Comparative Economics, 2016, 44（4）: 902–918.

[106]Chemin M. Judicial Efficiency and Firm Productivity: Evidence from a World Database of Judicial Reforms [J]. Review of Economics and Statistics, 2018, November 2.

[107]Coase, R. H., 1937, "The Nature of the Firm", Economica, Vol. 4, pp. 386–405.

[108]Coase, R. H., 1960, "The Problem of Social Cost", Journal of Law and Economics, Vol. III, pp. 1–44.

[109]Cohen, B., 2006, "Sustainable Valley Entrepreneurial Ecosystems", Business Strategy and the Environment, Vol. 15, pp.1–14.

[110]Crilly, D., Zollo, M. and Hansen, M. T., 2012, "Faking It or Muddling through? Understanding Decoupling in Response to Stakeholder Pressures", Academy of Management Journal, Vol. 55, pp. 1429–1448.

[111]Delery, J. E. and Doty, D. H. 1996, "Modes of theorizing in strategic human resource management: Tests of universalistic, contingency, and configurational performance predictions", Academy of Management Journal, Vol.39, pp.802–835.

[112]Demenet A, Razafindrakoto M, Roubaud F. Do Informal Businesses Gain from Registration and How? Panel Data Evidence from Vietnam [J]. World Development, 2016（8）: 326–341.

[113]Djankov S, Georgieva D, Ramalho R. Business regulations and Poverty [J]. Economics Letters, 2018, 165（April）: 82–87.

[114]Douglas, E. J., Shepherd., D. A. and Prentice, C., 2020, "Using Fuzzy-set Qualitative Comparative Analysis for a Finer-grained Understanding of Entrepreneurship", Journal of

Business Venturing, Vol. 35, pp.1–17.

[115] Du, Y. and Kim, P. H., 2021, "One Size Does not Fit All: Strategy Configurations, Complex Environments, and New Venture Performance in Emerging Economies", Journal of Business Research, Vol. 124, pp. 272–285.

[116] Dul, J. , 2020. Conducting Necessary Condition Analysis. Thousand Oaks, CA: Sage.

[117] Dul, J., 2016, "Necessary Condition Analysis (NCA): Logic and Methodology of "Necessary but Not Sufficient" Causality", Organizational Research Methods, Vol.19, pp.10–52.

[118] Dul, J., van der Laan, E. and Kuik, R., 2020, "A Statistical Significance Test for Necessary Condition Analysis", Organizational Research Methods, Vol. 23, pp. 385–395.

[119] Fernandes A P, Ferreira P, Winters L A. The Effect of Competition on Executive Compensation and Incentives [J]. Journal of Human Resources, 2018 (3): 783–824.

[120] Fischer, M. and Maggetti, M., 2017, "Qualitative comparative analysis and the study of policy processes", Journal of Comparative Policy Analysis, Vol.19, pp.1–17.

[121] Fiss, P. C., 2011, "Building Better Causal Theories: A Fuzzy Set Approach to Typologies in Organization Research", Academy of Management Journal, Vol. 54, pp.393–420.

[122] Frye, T. and Shleifer, A., 1997, "The Invisible Hand and the Grabbing Hand", American Economic Review, Vol. 87, pp.354–358.

[123] Furnari, S., Crilly, D., Misangyi, V. F., Greckhamer, T., Fiss, P. C., and Aguilera, R. V. 2020. Capturing causal complexity: Heuristics for configurational theorizing. Academy of Management Review, Vol. 46, pp.778–799.

[124] Gerrits, L. and Verweij, S., 2018., The evaluation of complex infrastructure projects: A guide to qualitative comparative analysis. Cheltenham: Edward Elgar.

[125] Goldstein M, Houngbedji K, Kondylis F, O'Sullivan M, Selod H. Formalization without Certification? Experimental Evidence on Property Rights and Investment [J]. Journal of Development Economics, 2018, 132 (5): 57–74.

[126] Greckhamer, T. and Gur, F. A., 2021, "Disentangling Combinations and Contingencies of Generic Strategies: A Set-theoretic Configurational Approach", Long Range Planning, Vol. 54, 101951.

[127] Gupta, K., Crilly, D. and Greckhamer, T., 2020, "Stakeholder Engagement Strategies, National Institutions, and Firm Performance: A Configurational Perspective", Strategic Management Journal, Vol. 41, pp. 1869–1900.

[128] Hino, A. 2009, "Time-Series QCA: Studying temporal change through Boolean analysis",

Sociological Theory and Methods, Vol.24, pp. 247–265.

[129] Hsieh, C. T. and Klenow, P. J., 2009, "Misallocation and Manufacturing TFP in China and India", Quarterly Journal of Economics, Vol. 124, pp. 1403–1448.

[130] Karas A, Pyle W, Schoors K. A "de Soto Effect" in Industry? Evidence from the Russian Federation [J]. Journal of Law and Economics, 58 (2): 451–480.

[131] Karwowski, M., Dul, J., Gralewski, J., Jauk, E., Jankowska, D. M., Gajda, A., Chruszczewski, M. H., and Benedek, M., 2016, "Is creativity without intelligence possible? A necessary condition analysis", Intelligence, Vol.57, pp. 105–117.

[132] Kreiser, P. M., Marino, L. D., Dickson, P. and Weaver, K. M., 2010, "Cultural Influences on Entrepreneurial Orientation: The Impact of National Culture on Risk Taking and Proactiveness in SMEs", Entrepreneurship Theory and Practice, Vol. 34, pp. 959–983.

[133] Litrico, J. B. and David, R. J., 2017, "The Evolution of Issue Interpretation within Organizational Fields: Actor Positions, Framing Trajectories, and Field Settlement", Academy of Management Journal, Vol. 60, pp. 986–1015.

[134] Lucas, R. E., 1988, "On the Mechanics of Economic Development", Journal of Monetary Economics, Vol. 22, pp. 3–42.

[135] Mahoney, J., 2004, "Comparative-Historical Methodology", Annual Review of Sociology, Vol. 30, pp. 81–101.

[136] Martincus C V, Carballo J, Graziano A. Customs [J]. Journal of International Economics, 2015, 96: 119–137.

[137] Mckenny, A. F., Short, J. C., Ketchen, D. J., Payne, G. T. and Moss, T. W., 2018, "Strategic Entrepreneurial Orientation: Configurations, Performance, and the Effects of Industry and Time", Strategic Entrepreneurship Journal, Vol. 12, pp. 504–521.

[138] Mcknight, B. and Zietsma, C., 2018, "Finding the Threshold: A Configurational Approach to Optimal Distinctiveness", Journal of Business Venturing, Vol. 33, pp. 493–512.

[139] Miller, D. 1986, "Configurations of strategy and structure: Towards a synthesis", Strategic Management Journal, Vol.7, pp. 233–249.

[140] Moore, J. F., 1993, "Predators and Prey: A New Ecology of Competition", Harvard Business Review, Vol. 71, pp.75–83.

[141] Moyo B. Power Infrastructure Quality and Manufacturing Productivity in Africa: A Firm-Level Analysis [J]. Energy Policy, 2013, 61 (10): 1063–1070.

[142] Norgaard, R. B., 1985, "Environmental Economics: An Evolutionary Critique and a Plea for Pluralism", Journal of Environmental Economics and Management, Vol. 12, pp. 382–394.

[143] North, D. C., 1984, "Transaction Costs, Institutions, and Economic History", Zeitschrift für die gesamte Staatswissenschaft/Journal of institutional and theoretical economics, Vol. H.1, pp.7–17.

[144] North, D. C., 1990, Institutions, Institutional Change and Economic Performance, Cambridge: Cambridge University Press.

[145] Park, Y. and Mithas, S., 2020, "Organized Complexity of Digital Business Strategy: A Configurational Perspective", MIS Quarterly, Vol. 44, pp. 85–127.

[146] Ponticelli J, Alencar L S. Court Enforcement, Bank Loans, and Firm Investment: Evidence from a Bankruptcy Reform in Brazil [J]. Quarterly Journal of Economics, 2016, 131 (3): 1364–1413.

[147] Quine, W. V. O., 1951, "Two dogmas of empiricism", The Philosophical Review, Vol.60, pp.20–43.

[148] Ragin, C. C. 2000, Fuzzy-set social science, Chicago: University of Chicago Press.

[149] Ragin, C. C. and Strand, S. I., 2008, "Using qualitative comparative analysis to study causal order: Comment on Caren and Panofsky (2005)", Sociological Methods and Research, Vol.36, pp. 431–441.

[150] Rihoux, B. and Ragin, C. C. 2009, Configurational comparative methods: Qualitative comparative analysis (QCA) and related techniques, Thousand Oaks: Sage Publications.

[151] Schneider, C. Q. and Wagemann, C. 2012, Set-theoretic methods for the social sciences: A guide to qualitative comparative analysis, Cambridge: Cambridge University Press.

[152] Simon, H. A. 1996. The sciences of the artificial. Cambridge: MIT Press.

[153] Speldekamp, D., Knoben, J. and Sakahelmhout, A., 2020, "Clusters and Firm-level Innovation: A Configurational Analysis of Agglomeration, Network and Institutional Advantages in European Aerospace", Research Policy, Vol. 49, 103921.

[154] Romer, P. M., 1986, "Increasing Returns and Long-Run Growth". Journal of Political Economy, Vol. 94, pp. 1002–1037.

[155] Tansley, A. G., 1935, "The Use and Abuse of Vegetational Concepts and Terms", Ecology, Vol. 16, pp. 284–307.

[156] Thornton, P. H., Ocasio, W., and Lounsbury, M. 2012, The institutional logics perspective: A new approach to culture, structure, and process. London: Oxford University Press.

[157] Täuscher, K., 2018, "Using Qualitative Comparative Analysis and System Dynamics for Theory-Driven Business Model Research", Strategic Organization, Vol. 16, pp. 470–481.

[158] Verweij，S. and Vis，B.，2018，"Qualitative comparative analysis and time: A comparison of strategies to include the temporal dimension in QCA with empirical demonstration"，International QCA Expert Workshop in Zurich，November 28–29.

[159] Vis，B.，Woldendorp，J.，and Keman，H.，2013，"Examining variation in economic performance using fuzzy-sets"，Quality and Quantity，Vol.47，pp.1971–1989.

[160] World，Bank.，2018，Doing Business 2019 Training for Reform，The World Bank.

[161] World Bank Group. Doing business 2020. https://archive.doingbusiness.org/en/reports/global-reports/doing-business-2020.

[162] World Bank Group. Business Enabling Environment Pre-concept Note 2022. https://www.worldbank.org/content/dam/doingBusiness/pdf/BEE-Pre-Concept-Note---Feb-8-2022.pdf.

附录　营商环境评价方法、组态理论与 QCA 方法介绍

本项研究属于营商环境评价的理论基础和研究方法，是营商环境评价体系构建、营商环境优化与研究的基础。

一、营商环境评价方法

目前，国内学者基于主成分分析法、熵权法、层次分析法、问卷调查法、访谈法和效用值法等方法，从不同维度构建营商环境的评价指标体系，同时使用多种评价方法展开研究。本附录详细介绍用于评价的几种方法。

（一）主成分分析法

1901 年，Karl Parson 首先引入了主成分的概念，不过此时对于主成分的讨论只是局限于非随机变量。1933 年，Hotelling 将这一概念及方法推广到随机变量而发展成为多元分析的重要方法，即主成分分析法。在一些研究中，一个指标可能存在多种影响因素，而每个因素对该指标的影响程度不同，并且影响因素之间又可能存在线性相关性，如何在这些影响因素中提取关键信息进而准确描述原有指标是问题的核心。主成分分析法通过将问题从高维空间向低维空间进行转化，从原有指标的各个影响因素中提取尽可能多的、不具相关性的信息，既能准确地反映原有指标的特征，又能弥补原影响因素之间相关性程度较高的缺陷，使得问题更加简洁直观。作为多元统计方法之一，主成分分析法广泛运用于经济、管理等社会科学以及地质勘测、生化实验等自然科学，其核心思想即化繁为简，通过代数上的正交变换，将原始的、具有高相关性的随机变量转换成不具相关性的、具有高解释能力的新变量（张鹏，2004）。在营商环境评价过程中，主成分分析法可以减少研究总体指标的个数，并且减少指标提供信息的交叉和冗余，有利于分析评价，其中的基本原理在于，主成分分析法不仅降低了多变量数据的维度，而且还可以简化变量系统的统计特征（张鹏，2004），同时提供较为重要的系统信息。主成分分析法有别于综合指数法，其所具有的客观性特征能够解决综合指数法所不能解决的问题。

在进行研究时，往往需要多方面考虑以使事物的自身规律以及客观特征表达更为完整，这也产生了如下的问题：一方面，为了如实反映所有信息，不遗漏关键变量，人们往往会加入更多的指标进行研究；另一方面，考虑过多维度的指标会使问题更加复杂，并且多维度指标往往都是为了解释同一现象，这就导致了信息的大量重复，事物的内在真实特征被隐藏，进而使研究的速度和效率大幅度降低。基于以上问题，人们希望在指标数量和质量之间找到一个平衡点，使该研究既可以全面地反映要表达的所有信息，又尽可能地使这些综合指标之间两两不相关，以此来降低指标的数量。

主成分分析法是通过正交变换得到一组线性不相关变量的统计方法，该方法的核心便是选取尽可能少的综合指标来反映最为全面的信息。通常所研究的问题会涉及多个指标，而这些指标之间存在着一定的内在联系，也就是说，我们可以利用最初的研究变量，将相互之间存在关系的多余重复变量删去，建立尽可能少的新变量，使得这些新变量是两两不相关的，而且这些新变量在反映研究的信息方面尽可能保持原有的信息。即选择少数几个综合指标分析和解决问题，以达到简化和降维的作用，进而可以抓住复杂研究问题的主要矛盾。计算部分参考徐秋栋（2013），当一个变量只取一个数值时，这个变量提供的信息是非常有限的；当这个变量取一系列不同数值时，可以读取最大值、最小值、方差等信息。主成分分析法中的信息就是指标的变异性，用标准差和方差表示。假设该研究对象共有 p 个指标，分别为 X_1，X_2，…，X_p，那么其 p 维向量可以表示为 $X=(X_1, X_2, \cdots, X_p)'$。设 Σ 为 X 的协方差矩阵，μ 为 X 的均值向量。新的 X 的综合变量可以通过线性变换得到，我们将其记为 Y，也就是说 Y 可以通过最初的变量线性表示，符合：

$$
\begin{cases}
Y_1 = u_{11}X_1 + u_{12}X_2 + \cdots + u_{1p}X_{p'} \\
Y_2 = u_{21}X_1 + u_{22}X_2 + \cdots + u_{2p}X_{p'} \\
\qquad\qquad \cdots \\
Y_p = u_{p1}X_1 + u_{p2}X_2 + \cdots + u_{pp}X_{p'}
\end{cases}
$$

上述线性变换拥有多种组合方式，不同的组合方式可以得到不同特征的综合变量 Y。所以，为了在不同线性变换中得到一个较好的结果，我们往往希望 Y_i 之间两两不相关且 var（Y_i）=var（u'_iX）=$u'_i \sum u_i$. 的方差尽量最大，由于

$$
\text{var（}Y_i\text{）=var（}u'_iX\text{）=}u'_i \sum u_i.
$$

而对任意的常数 c，有

$$
\text{var（}cu'_iX\text{）=}cu'_i \sum u_i c = c^2 u'_i \sum u_i.
$$

可见，如果 var（Y_i）在 u_i 不加约束的情况下就可以无限变大，那么问题将没有探讨的价值。故而，我们需要在满足下述三个条件的前提下进行线性变换。

①u'_iu_i=1，即 $u_{i1}^2 + u_{i2}^2 + \cdots + u_{ip}^2$=1（$i$=1，2，…，$p$）；

②Y_i 与 Y_j 不相关（$i \neq j$；i, j=1，2，…，p）；

③Y_1 是 X_1，X_2，…，X_p 的一切满足 1 的线性组合中方差最大者；Y_2 是与 Y_1 不相关的 X_1，X_2，…，X_p 的一切满足 1 的线性组合中方差最大者；……；Y_p 是与 Y_1，Y_2，…，Y_{p-1} 不相关的 X_1，X_2，…，X_p 的一切满足 1 的线性组合中方差最大者。

基于上述三个条件所得的综合变量 Y_1，Y_2，…，Y_p 分别叫作原始变量的第 1，第 2，…，第 p 主成分。在实际的应用中，为了达到降维的目的，我们通常只选择前几个方差最大的主成分（聂辰席，2003）。主成分分析法通过将多维指标转化为较少的且互不相关的综合指标来反映原始指标提供的绝大部分信息。该方法具有一定的客观性，可以在很大程度上避免评价过程中人为因素的干扰，进而反映出实际信息。其原因在于，主成分分析的过程会自动生成各主成分的权重，可以较好地保证评价结果的客观性。主成分分析法有助于完善综合评价理论系统，可以为管理活动和经营决策提供客观依据，进而在很大程度上避免一些不良现象的产生。

（二）熵权法

1856 年德国物理学家克劳修斯在《热之唯动说》中提出了熵的概念，其目的是将热力学第二定律进行格式化。熵被广泛应用在热力学领域中，通常能量在物质系统中的衰竭程度用熵来表示。基于分子运动论，奥地利物理学家玻尔兹曼在 1870 年的研究中发现，不同能力状态的分子个数越多，其熵值越大。该研究使得人们对于熵的理解更加微观和全面，玻尔兹曼所提出的"熵是分子运动的无序程度"假说和美国物理化学家、数学物理学家吉布斯所提出的"熵是分子运动的混乱程度"假说也逐渐流行起来。此外，熵不仅在热力学领域对热机效率方面的研究起到了推动作用，而且在理论化学领域也有所贡献（王继伟，2007），具体地，德国物理学家亥姆霍兹等人通过研究，探索了熵与其他热力学函数之间存在的关联以及熵如何用于预测化学反应的进行程度与方向。

维纳和香农在 1948 年首次提出了信息论这一概念。其中香农将信息熵用于描述信息源各可能事件发生的不确定性，信息则是能够用来消除不确定性的东西。基于信息论基本原理，信息衡量系统有序程度，熵用于衡量系统无序程度。用信息熵的概念来统计某个指标的离散程度，信息熵与指标的离散程度和综合评价中的权重呈反向变动，且某项指标的值相等，则该指标在综合评价中不起作用。所以，可以利用信息熵来计算各个指标的占比，从而进行多指标综合评价（秦冲，2018）。信息量是度量一个未知事物需要查询的信息的多少，单位是比特。随机变量取某个值时，其概率倒数的对数就是信息量。通俗地说就是，事物所含信息量与其发生的概率负相关。一件事物出现的概率决定了它的不确定性大小，也就决定了所含信息量的大小。出现的概率越大，不确定性越小，所含信息量也就越小。

$$I_i = \log_2 \left(\frac{1}{p_i} \right) = -\log_2 p_i$$

信息熵也就是信息量的期望。可以把信息熵理解成不确定性的大小，不确定性越大，信息熵也就越大。

$$H(X)=\sum_{i=1}^{n} pi\times\log_2\left(\frac{1}{p_i}\right)$$

其中，X 表示的是一个信源。信息量是对信源发出的某一个信号所含信息的度量，信息熵是对一个信源所含信息的度量，也就是信息量的期望。

熵权法通过指标变异性的大小来度量客观权重（程梦云，2020）。一般而言，一个指标的信息熵较小，说明指标值的变异程度较大，提供的信息量就较多，在综合评估时所要发挥的意义就越大，其权重也就越大。反之，一个指标的信息熵越大，则说明指标值的变异程度较小，提供的信息量也就较少，在综合评估时影响程度更弱，其权重也会更小。本部分参考程启月（2010）的计算方法，熵权法的具体计算过程如下。

（1）由于不同因素指标影响方向不同，数据矩阵表示为 $X=\{x_{ij}\}_{m\times n}$，其中 m 表示公司数理，n 表示评价指标个数。x_{ij} 为待处理的指标，y_{ij} 为处理后的指标。由于不同指标的影响效果不同，所以数据预处理分为正向指标和负向指标两种情况分别处理。

对于正向指标，计算公式为：

$$y_{ij}=\frac{x_{ij}-\overline{x}_j}{\max\ (x_{ij})\ -\ \min\ (x_{ij})}.$$

对于负向指标，计算公式为：

$$y_{ij}=\frac{\overline{x}_j-x_{ij}}{\max\ (x_{ij})\ -\ \min\ (x_{ij})}.$$

（2）计算第 i 年份，第 j 项指标所占的比重

$$p_{ij}=\frac{x_{ij}}{\sum_{i=1}^{m} x_{ij}}.$$

（3）指标信息熵

$$e_j=-\frac{1}{\ln(n)}\sum_{i=1}^{m} p_{ij}\ln p_{ij}.$$

（4）第 j 项指标的权重

$$g_j=1-e_j$$

（5）各指标的熵权

$$w_j=\frac{g_j}{\sum_{i=1}^{m} g_j}.$$

（6）计算各个方案的综合评分

$$Z_j = w_j X_{ij}$$

熵权法可以在没有专家权重的前提下，依据被评价对象的指标值构成的判断矩阵来确定指标权重。被评价方案的合理性与准确性通常与判断矩阵所确定的指标权重直接相关，因此我们需要着重关注各指标熵值和熵权在熵权法计算时的转换（张绍伶，2014）。系统的无序化程度可以通过信息熵数据来加以判断，换言之，熵权法可以通过原始评价方案指标值构成的判断矩阵计算得到指标权重来判断系统的无序化程度。这样就能尽量避免人为因素的影响，使得评价结果更加符合客观事实和实际情况。

熵已经广泛应用于工程技术、社会经济等领域。人们通常会在项目评估和多目标决策时给各指标赋予权重，来比较各指标或者目标、属性的相对重要性。除此之外，为了使评价尽可能合理与客观，我们可以先确定评价对象，再利用熵权对评价指标做出增减变动的调整。与此同时，部分评价指标的精度也可以通过熵权来调整，必要时，评价指标的精度可以重新衡量（王继伟，2007）。相较于德尔菲法、层次分析法等主观赋权法，熵权法更具有客观性，能够更好地对结果进行解释，熵权法赋权是通过信息之间的差异性进行的，但其前提是需要样本量来计算权重，最后再进行新事物的分析。

熵原理在管理学中的应用是以管理学理论为基础的，管理熵理论分别统计了信息与能量交换效率的关系、不可逆性和不确定性，而且邱菀华（2002）的研究发现信息熵在提高管理的组织效能方面起到了重要作用。内部结构各要素与外部结构各要素之间的相互作用关系，提高了组织的开放性，促进了组织内部的运行效率，在一定程度上降低了信息的不对称与不完全所导致的不确定性。此外，这种互动关系还可以提升组织与环境之间的物质交换能力和能量补偿能力，加强组织在系统信息与新模式等方面的自创能力，并且完善组织内部的结构。《中国城市营商环境报告》（由粤港澳大湾区研究院发布）中的评价指标体系，将 GDP 总量、GDP 增长率、人均 GDP、净出口总额和社会消费品零售额作为衡量广东省营商环境中市场环境的指标，通过熵权法对各个指标进行赋值，最后对比分析广东省各个城市的营商市场环境（秦冲，2018）。张大海和祝志川等（2019）首先从评价体系中选出二级指标，然后通过因子分析法从二级指标中提取公共因子并且计算其得分，运用熵值法对这些公共因子进行赋权，最终得到我国营商环境从2005年到2007年得分的综合排名。

（三）层次分析法

20世纪70年代初，美国匹兹堡大学运筹学家托马斯·塞蒂提出了层次分析法，该方法是研究"电力依据各个工业部门对国家福利的贡献比例来进行分配"课题的成果，简称AHP。它是一种层次权重决策分析方法，是网络系统理论和目标综合评价方法的应用。从1987年9月我国召开了第一届层次分析法的学术册以来，层次分析法一直在不断发展完善理论和应用。

层次分析法的主要特征是将定量决策与定性决策合理结合，现已成为经济系统决策中的有效工具（朱磊，2015），是系统科学中常用的一种系统分析方法。由于它在处理复杂的决策问题上具有实用性和有效性的优点，因此能在行为科学、经济计划和管理、能源政策和分配等多个领域发挥作用。在解决社会、经济以及管理领域的问题时常会遇到众多因素交织构成的复杂系统，层次分析法针对这一系统，提供了一种定量、定性相结合的方案，首先从管理者经验的角度出发判断目标实现标准的相对重要程度，然后确定方案中标准的权数，最后按权数大小进行排序，从而有效地解决难以量化的问题（郭晶，2020）。

层次分析法解决复杂问题的基本思路是将其看成一个大系统，分析其中的多个因素，区分出各因素间的有序层次，再由专家对各层因素进行专业判断，量化各因素的相对重要性，然后建立数学模型，对各层因素进行相对重要性的权数计算并排序，最终根据结果来进行决策或解决问题。用层次分析法分析问题，需要将问题分为目标层、准则层和方案层三个层次，想要得到的理想结果或预定的目标为最高层，被称为目标层，一般只有一个元素。所有为实现目标关联的中间环节包含于中间层，也被称为准则层，囊括各因素和子要素。最低层为方案层，也称因子层，包括为达成目标的各种途径与方案等。各层元素既受上层元素支配，也能支配下一层元素。层次分析法将复杂问题分解为各个元素，再根据属性和关系划分层次，将各因素的权重按不同层次从上到下排列，分析结构模型从而得以构建。这种方法的思路是计算在总目标中最底层因素所占的权重。参考邓雪等（2012）的计算方法，给出层次分析法的计算步骤如下。

（1）建立合理的递阶层次结构。明确决策目标，厘清主要因素，将其分层，建立分层结构模型。在此模型下，各元素由于属性及相互关系的不同被划分为最高层、中间层和最低层。每层元素由下层元素构成，并能支配下层元素。

（2）建立递阶层次结构，就是在明确各层次内容的前提下，将各层次连接起来。为防止带来判断上的困难，一般各层级中的元素所支配的下层元素不超过9 个。

（3）构造、赋值判断（成对比较）矩阵。层次结构，就是因素间的关系。由于各因素在体系中的权重不同，即对目标的影响程度有差异，导致判断矩阵中两个准则的重要性标度需要被确定。在确定判断矩阵的过程中，主要的难点在于准则因素难以量化、结果与重要性程度相矛盾。此时，可以用因子两两比较的结果来建立对比矩阵，解决此问题。

（4）进行层次单排序与一致性检验。为分析判断矩阵的合理性，需要明确每个影响因素相对于准则的权重，并进行一致性检验。

（5）层次总排序与一致性检验，通过自上而下的顺序逐步合成的方式，算出各影响因素相对于总目标的权重，同时，为判断整体的一致性，对最终结果进行一致性检验。

层析分析法是一种科学的计算权重的方法，在分析过程中可以规范、量化人们的思维方式和主观判断（叶珍，2010），帮助决策者保持思维和决策原则的同一性，减少不确定因素的影响，简化工作过程，最终可以解决难以全部量化的管理问题。

层次分析法有以下特征（朱建军，2005）。

（1）灵活实用性。层次分析法将经验和决策与相对标度测度方法有机结合起来，实现了定性和定量相结合的分析方法，被广泛应用于资源分配、方案评比、系统分析以及规划问题之中。

（2）简单、易于理解性。层次分析法的步骤简单，决策过程清晰。需要输入的是决策者的选择与判断，决策过程充分反映决策者对问题的认识，从而改善了以往决策者难以沟通的状况，显著提升了决策的有效性。

（3）系统性。决策的方法分为两种。一是因果推断方式，这种方式简单、基础，是日常生活处理问题的思维基础；当遇到不确定因素时，决策者会根据各因素出现的概率，结合因果推断的方式对这种包含不确定因素的随机过程进行决策。二是运用系统方式，大多系统具有递阶层次关系，该方式是解决复杂问题的一种有效思维，将问题视作系统，并根据系统所处环境，结合构成系统的各组成部分进行决策。层次分析法在决策过程中体现了很强的系统特征，可以进一步扩展，用于更复杂的系统问题的研究。

在营商环境评价中，可以将营商环境分为四个方面，具体包括行政审批流程、要素成本以及社会与市场环境（朱磊，2015）。本书主要采用因子分析与层次分析法对收集的数据进行深入的实证研究，以此来探析湖北汉江生态经济带相关城市的营商环境综合情况。此外，也可以使用层次分析法，从生活、政策、创新三个层面构建中小企业面临的营商环境评价体系（郭晶，2020）。

（四）问卷调查法

1. 问卷调查法的含义

问卷调查法由英国人类学家高尔顿最先提出。受达尔文进化论的影响，1882年高尔顿在伦敦设立人类学测验实验室研究人类遗传变异问题，该研究需要搜集大量反映人类学心理特征和生理特征的数据，但高尔顿觉得，相比于当时常用的访问调查，直接把需要调查的问题印成问卷发出去更能够节约资金和时间。问卷调查法在该实验中取得了巨大的成功，之后这种方法在世界各国广为流传，最早用于西方国家的民意测验，后来逐步运用到社会调查的各个领域并获得广泛发展。近20年来，问卷调查法在我国也日益普及，并且应用广泛（唐磊磊，2012）。问卷是一种以设问的方式表述问题来获取可靠资料的表格，它为统计和调查提供支持。研究者运用这种统一设计的问卷向被调查对象了解情况、对所研究的问题进行度量，从而收集到可靠资料的方法就叫作问卷调查法。风笑天（1994）认为，问卷调查法的产生和广泛运用不仅使得社会学研究从定性走向定量，也为人们探索和认识社会现象提供了一种新的工具。

问卷调查法是现代社会研究中最常用的资料收集方法之一。研究者会采用多种方式（如邮寄、个别分送或集体分发等）将问卷发送给调查者，由调查者根据表格提出的问题来选择答案。杨涛（2015）认为，问卷调查法能有效对个人意见、态度、看法和行为进行测量和统计。在进行问卷调查时，研究者会以书面形式给出一系列事先设计好的、与研究目的相关的问题，并对调查者的答案进行回收、整理、分析来获取有关信息和资料，问卷的设计要求具有规范性并且可以量化。因此与访谈相比，问卷调查法的主要优点在于成本低、详细完整，且格式趋于标准化，易于控制。问卷调查法是现代社会研究中最常用的资料收集方法之一。问卷调查法在很多领域都有着广泛的应用，掌握好问卷调查的方法与技术，对于更好地展开社会研究具有十分重要的意义。

2. 问卷调查法的一般程序

问卷调查的一般程序主要包括以下几个方面：摸底探索、设计调查问卷、选择调查对象、分发问卷、回收和审查问卷。在完成问卷调查的一般程序的基础上，调查研究者就可以对问卷调查结果进行统计分析和理论研究。

（1）摸底探索。所谓摸底探索，是指调查问卷设计之前，要先熟悉了解被研究问题和被调查对象的基本情况，以便对问卷设计和问卷调查遇到的各种问题有一个初步的考虑。具体的做法是：对少量对象进行初步的非结构式访谈，以所要调查的问题为核心，自然随意地与所选对象进行交流，交谈过程中留心观察所选对象的特征，并记录他们对研究问题的态度和行为。通过交谈，常常可以避免在设计问卷时出现许多含糊的问题，避免设计出不符合客观实际的答案来摸底探索。还可以让调查研究者对即将调查的对象所在的地域环境等因素有一个初步的了解，为合理设置问卷调查的方案提供方便（张健等，2011）。作为问卷调查的基础，在问卷设计完成后，问卷调查开始前，摸底探索所发挥的作用不可忽视。

（2）设计调查问卷。作为一种较为普遍的调查工具，调查问卷的设计过程与其他调查工具（如提纲、表格、卡片等）类似，在开始阶段也需要进行选择调查课题、进行初步探索、提出研究假设等几个步骤。但进入设计阶段之后，调查问卷要花费比其他调查工具更多的时间，这是因为设计问卷工作量大且复杂程度高。以自填问卷为例，在设计时需要按照相关性、同层性、完整性、互斥性和可能性等原则，把随意的口头语言转换成标准的书面语言。封闭型调查问卷的设计难度更大，要根据调查问卷的目的估计可能的阻碍因素，答案的设计需要花费很多精力。

在设计调查问卷时一般要经历以下几个过程。首先，要考虑本次问卷调查的目的。不能仅从调查者的角度考虑问题，还需要考虑相关的阻碍因素，郑晶晶（2014）认为，只有清楚地认识了调查过程中可能出现的阻碍因素，才能有效地提高问卷调查的质量。其次，确定调查问卷的内容。一般来说，问卷调查常常用于了解个人对某一特定事物的态度或具体行为，为了解不同群体对同一问题的态度和选择，研究者在制作问卷时都会涉及个人基本情况这一内容，因此调查问卷的内容一般包括个人基本资料、事实问题、行为态度三部分。再次，编制具体问卷。问卷设计最重要的是要确定研究问题，这需要研究者对调查的内容和目的有比较清楚的了解，之后可以采用卡片法确定问卷的提纲、设计问卷初稿，形成较为规范的调查问卷，或者两种方法的结合。为使调查活动顺利进行，问卷题目的数量不宜过多，一般来讲，一份问卷的题目数量不宜超过 70 题，如果提出的问题较难回答，应适当减少题目的数量。一份问卷的作答时间应保持在 30 分钟左右，时间太短使得调查的内容和范围并不能完全在问题中展现，时间太长会使被调查者产生厌烦心理和随意作答现象，这都会影响问卷调查的结果。最后，问卷的适用与修改。风笑天（1994）指出，设计好的问卷一般要经过多次修改才能完成初稿。问卷调查过程中发现的错误无法弥补，试用和修改是连接问卷设计和问卷调查必经的两个环节。问卷的试用是在正式调查的总体中抽取一部分进行试探性调查，以便弄清问卷内容和形式是否正确，了解题目能否全面展示研究问题以满足调查要求，判断问卷的编码、录入、汇总过程是否准确等。除了试用外，也可以请有关专家、研究人员以及典型的被调查者检查和分析问卷初稿，根据自身经验和认识评价问卷、指出问题并给出修改意见。研究人员根据最终的试用情况以及有关专家、研究人员提出的意见确定问卷的信度和效度，对问卷初稿进行全面的修订，最终定稿、按调查样本数量付印。

（3）选择调查对象。可以通过抽样法选择问卷调查对象，也可以只选择一定范围内的调查对象，如一个厂、一个村、一个班级或一个居委会的全部成员。由于问卷调查不可能做到100%的回复，所获答案的有效率也不能确定，因此选择的调查对象多用于研究对象，确定调查对象数量的计算公式为：调查对象＝研究对象／（回复率×有效率）。

（4）分发问卷。分发问卷有随报刊投递、从邮局寄送、派人分发、严格安排访问员通过电话访问、登门访问或通过互联网分发等多种方式。如果选择派人分发、电话访问或登门访问三种方式，访问员应对被调查者做出口头说明。分发问卷可以由调查者本人亲自到现场发放，也可以委托他人发放问卷，问卷发放时必须注意问卷的填答质量和回收率。亲自发放和委托发放两种方法各有优缺点：委托其他人出面发放问卷能够节约时间，比较方便；但是如果调查者亲自到场发放问卷，能够在被调查者填写问卷时亲自做解释、解决他们的疑问，这有利于提高问卷的填写质量和回收率。另外，不管使用哪种方法，征得有关组织的同意、配合与支持都是送发调查问卷能否成功的一个重要条件。

（5）回收和审查问卷。回收问卷是问卷调查的重要环节，其目的在于提高问卷的回复率。一般来说，访问问卷（电话访问和登门访问）和派人分发问卷的回复率可能较高，而报刊问卷、邮政问卷和互联网问卷的初始回复率一般较低，因此在超过规定回复时间后，调查者可以每隔一段时间（一般为一周）向被调查者发送一次提示通知，经过一到两次的提示或催付，一般可以使回复率达到一定的高度。

问卷回收时要及时对被调查者的填写质量进行粗略检查，主要关注问卷填写是否有遗漏或较为明显的错误。调查问卷收回后无法更正错误的特性使得调查质量受到严重影响，在收回问卷时及时与被调查者沟通并纠正错误能大幅提升问卷的有效率，但这要求问卷发放工作最好由调查者本人在场，或者调查者向委托人提出明确要求。陶永明（2011）发现，影响问卷回收的因素主要有组织工作的状况、科学的吸引力、问卷填写的满意度、对问卷回收的把握等。回收的问卷中总会有一些回答不合格的无效问卷，尤其是报刊投递、邮政寄送和通过互联网分发的问卷，如果对回收的问卷直接进行加工整理，不仅会降低调查质量，还可能造成中途被迫返工的严重后果。因此，为保证调查结论的可靠性和科学性，调查者应该对每一份回收的问卷进行严格审查，坚决淘汰不合格问卷，在有效问卷的基础上进行资料的整理和分析。

（五）访谈法

1. 访谈法的含义

访谈是一种不同于问卷调查的资料收集方式，问卷调查法是让受访者亲自阅读并填写问卷，访谈是由研究者派遣访谈者直接向受访者口头提问，并记录受访者的回答。魏国清（2018）认为，访谈是一种研究性的交谈，是访谈者与受访者之间有目的的谈话。为达到调查目的，了解被调查对象对某个事物的行为和态度，访谈者会通过询问的方式来引导受访者回答。访谈不仅会对事实进行调查，也会涉及对受访者意见的征询。目前访谈主要有两种方式：一种是面对面访谈，另一种是电话或互联网访谈，但使用较多的是面对面的个别访谈以及小型座谈会、调查会形式的团体访谈。

访谈法是一种常用的调查方法，通过访谈者与受访者之间的沟通获得研究所需资料。访谈可以不受时间地点的限制，了解过去以及现在各地发生的社会现象，在访谈过程中，访谈者可以了解受访者的主观动机、态度、感情、价值观以及其行为、事实等方面的问题。访谈方式主要有标准化访谈方式和非标准化访谈方式，研究者可以针对两种访谈结果分别进行定量研究和定性研究。访谈调查收集资料主要是通过访谈者与受访者之间直接的交谈来实现的，可以避免受访者不善阅读或文字表达导致无法参与调查的问题。相对于调查问卷来说，访谈具有灵活性和适用性强、简单易行等特点，因此被广泛运用于教育调查、心理咨询、意见征求等个别化研究。如果存在调查问题深入、调查对象差别较大、调查样本较小或调查的场所不易接近等情况，访谈这种方式会比调查问卷更加合适，但大规模访谈由于需要投入较多的人力、物力、财力和时间而受限制。总体而言，访谈和问卷的本质目的都是通过沟通获取研究所需的第一手资料。不同的是，访谈通过口头的交流和问答进行直接的言语接触来收集信息，受访者是先听后说；问卷则是以书面语言问答通过间接言语接触来收集信息，受访者是先读后写。

科学研究方法中的"访谈"具有目的性、个性化特征，其不同于日常生活中的交谈。这种"访谈"方式主要依靠交谈双方通过口头谈话的方式从受访者处获得第一手资料。作为科学研究方法的一种，无论是访谈者还是受访者，访谈双方均应当将访谈本身当成对社会事件的一种理解进而作出提问与回答。于受访者言，访谈者的提问为受访者的意义建构提供了契机，而无论受访者是回忆式回答还是对现实的叙述，实质都是对事实或意义的再现。通过访谈得到的资料并非访谈者单独从受访者处"收集"来的，乃是对话各方在访谈这一特殊社交情景下共同"构筑"起来的。尽管访谈做不到真正意义上的"客观"，但需要充分强调集体建构社会现实的真实性。访谈过程中言语交流是形成访谈资料的重要组成部分，且这一交流过程具有一定的逻辑性。在访谈过程中，访谈者向受访者提问，受访者不仅从问题本身进行阐述，而且还需要结合访谈的整体情境。访谈的效果在一定程度上受限于参与访谈各方的社会角色、访谈目的以及个人兴趣等。此外，受访者接受访谈的动机同样也会影响访谈的内容和方式（杨威，2001）。总而言之，作为科学研究方法中的重要方法，访谈是参与访谈各方相互作用、共同构筑"事实"的过程，并非访谈者"客观"地向受访者了解现实情况的过程。实质上，访谈氛围和整体情境也是访谈各方共同营造的结果。

2. 访谈法的特点

与其他调查方法相比，访谈法的特点主要体现在以下几个方面。第一，访谈法更为直接，面对面的直接调查形式决定了其比其他间接调查法能了解到更加具体、生动、现实的社会情况。第二，访谈者与受访者的相互作用、相互影响贯穿整个调查过程的始终，并对调查结果产生影响。口头交谈是访谈法的调查方式之一，这为受访各方多次探讨相关社会情况提供了便利性，有助于深入分析某些社会问题。第三，访谈法是一种访谈双方双向传导的互动式调查，这种互动式调查有利于访谈双方充分发挥其主动性和创造性。第四，访谈法是需要一定访谈技巧的。第五，环境具有可控性，访谈者可以根据受访者对问题的理解程度做出引导，如若受访者未能完整地回答问题，访问者可以追问等。第六，整体具有计划性，具体什么时间、什么地点进行访问，找什么类型的人等，都需要事先计划好，整体而言计划性比较强。

3. 访谈法的适用范围

作为一种以沟通为主的调查方法，可以从以下四个方面理解访谈法：第一，访谈者通过与受访者沟通，针对某 社会现象，访谈者可以了解到过去以及未来的相关信息；第二，访谈方式灵活，如标准化的定量研究和非标准化的定性研究相结合；第三，面对面的沟通方式有助于访谈者观察受访者的主观动机及其情感等问题，同时还能甄别其行为和事实等问题（郑震，2016），同时也可能获取一些意外的信息；第四，访谈法简单易行，对受访者的要求不高，即使受访者不善文字表达，但也可以口头交流。基于上述四个层面的理解以及访谈法本身简单易行的特点，一方面说明访谈法中受访者的适用面较广，尤其适用于文化程度不高人群或者儿童；另一方面该方法广泛适用于教育调查、心理咨询、征求意见等，更多用于个别化研究。访谈法尽管简单易于操作，但是同样受限于人力、物力、财力和时间等，不宜用于需要大规模访谈的调查活动，对于诸如调查问题比较深入、调查对象差别较大、调查样本较小等情况更为适用。

4. 访谈法的优点和缺点

访谈调查法的优点。第一，能够了解各种社会现象，深入探讨各类社会问题。访谈调查是一种口头调查，可以了解过去、现在的社会现象，可以调查事实、行为和情感态度等方面的额外难题。调查内容广泛，访问者和受访者面对面直接或者通过电话、互联网等间接交流，访问者通过引导和追问，可以探讨较为复杂的问题，获得深层次的信息。同时，面对面的交流方式帮助访问者通过观察受访者的动作、表情等非语言行为鉴别回答内容的真伪。这些都有助于深入探讨各类社会问题。第二，具有很强的灵活性。访问者可以根据调查研究的需要，针对不同类型的受访者灵活地选用调查方式以及调查问题。第三，可以提高访谈的成功率以及可靠性。一般情况下，访问者可以通过和受访者的直接交流，帮助受访者消除疑虑，在放松的环境下进行回答，再加上访谈流程速度较快，受访者的回答往往是自发性的反应，这样使得访问更加真实可靠。第四，环境具有可控性。访问者可以适当控制事先确定好的访谈环境，从而有益于避免其他因素的干扰。同时，还可以通过安排访谈内容、时间以及次序等把握访谈节奏，有利于受访者做出更客观的回答。第五，回收率有保障。和调查问卷相比，访谈调查基本是面对面的交流，访问者可以及时掌握受访者的动态，有利于收集信息。

访谈调查法的缺点。第一，成本较高。鉴于访谈调查通常采用面对面的形式，因此必须寻找受访者，往返路程以及访谈次数的不确定性使得花费成本增加。另外，如果受访者数量过多，则对应的访问者数量也随之增加，无形中增加了访问费用，且需要付出更多的人力、物力和财力。因此，访谈调查的样本一般都比较小。第二，非匿名性调查的方式使得结果存疑。由于是面对面的调查方式，使得受访者在接受访问时会因为缺乏隐秘性而做出不实的回答，尤其是在面对敏感问题时。第三，访问员自身因素影响较大。不同的访问员去采访被访问者，由于个人特征、价值观、谈话水平的不一致性，相应的结果也会产生偏颇，并且访谈双方往往是陌生人，被访问者不可避免地对访问者产生不信任感，这些都会影响访谈结果。第四，记录困难。访谈双方一般进行言语交流，如果不被同意使用录音笔等辅助工具，则记录对一般访问者来说无疑是巨大的挑战，事后再进行追记和补记也可能造成信息的遗漏。而培养具有专业数据速记能力的访问者无疑又增加了成本。第五，难以做定量分析。访问调查具有灵活性的特征，同时调查的随意性也被体现出来。面对受访者多种多样的回答，标准化程度低，在对其进行处理和分析时就显得复杂。

在对营商环境进行研究时，通过访谈法对企业等市场主体进行调研，获取与企业经营直接相关的"软环境"指标数据，对营商环境进行评价。特别是需要根据中国特有的经济发展背景，通过关键事件法进行半结构化访谈并结合问卷调查法，针对中国背景下企业的创业典型特质进行定性研究，为进一步构建符合中国国情的营商环境评价指标体系提供支持和方向。

（六）效用值法

经济学中，效用和偏好是相近的概念，即越偏好某个健康状态，与之相应地，产生的效用值越大，因此，效用值法又被称为偏好。可以将效用分为两类：一类是序数效用，其实质为按照最偏好的到最不偏好的顺序对健康状态进行简单排列（刘利，2012）；另外一类是基数效用。近年来，效用值法广泛应用于管理学量化计算。在计算具体指数时，首先需要运用效用值法对数据进行无量纲化处理，效用值在 0 ～ 100 内波动，数值越大，效用越优。假定指标用 i 表示，区域用 j 来表示，则 i 指标 j 区域的指标获取值由 x_{ij} 代表，该指标的最大值为 $x_{i\max}$，最小值为 $x_{i\min}$，相应地，i 指标 j 区域的指标效用值由 y_{ij} 代表。

（1）数据预处理。对于正向指标，计算公式如下：

$$y_{ij} = \frac{x_{ij} - x_{i\min}}{x_{i\max} - x_{i\min}} \times 100$$

对于逆向指标，计算公式为：

$$y_{ij} = \frac{x_{i\max} - x_{ij}}{x_{i\max} - x_{i\min}} \times 100$$

（2）权重选取。权重的确定不仅涉及主观方法，还运用了变异系数法的客观方法，思路设计为：假设有 n 个指标，则这 n 个指标变异系数的计算公式为：

$$V_i = \frac{s_i}{\bar{x}}$$

其中，$\bar{x}$ 表示样本均值，第 i 个指标的标准差用 S_i 表示，则权重的计算方式为：

$$w_i = \frac{V(i)}{\sum_{i=1}^{n} V(i)}$$

（3）加权综合。最终的指数由无量纲化处理后的基础指标再分层逐级加权计算得出。

以估算营商环境指数为例。首先，计算营商环境评价指标得分之前，可以采用效用值法对数据进行预处理，效用值越接近 100，说明该指标得分越高（李志军，2019）。其次，在计算营商环境一级指标要素的得分之前，需要从各市获取各一级指标下面对应的二级指标的数据，并且要利用效用值法对各个二级指标数据进行无量纲化处理（杜运周等，2020）。最后，对处理过的二级指标进行加权平均，计算出其所对应的一级指标得分。基于效用值法，李志军（2022）从七个维度构建了城市层面的营商环境评价指标体系，涵盖了政务环境、法治环境、市场环境、创新环境、公共服务、人力资源以及金融服务等，该指标体系有助于更加全面系统地评价中国城市营商环境情况。此外，在混合方法方面，尹萌萌和李磊（2010）结合层次分析法和效用值法，建立建设工程的综合评价模型，该评价模型具有系统性、灵活性和简洁性的特点，用具体的数据来表达和处理个人的主观判断情况，这样不仅可以增强决策结果的准确性也可以增强其直观性。

二、组态视角与相关研究方法

考虑到营商环境生态的复杂性、系统性特征，以及各生态要素之间复杂的互动和相互作用，从组态视角进行分析可以更好地揭示营商环境生态的多元驱动机制（杜运周、贾良定，2017；杜运周等，2020，2021；Furnari 等，2020），需要使用或发展符合营商环境优化激发市场主体活力机制研究的复杂、动态方法，包括：定性比较分析方法（QCA）、动态定性比较分析方法以及必要条件分析方法（NCA）。下面将首先介绍组态视角；其次，分别对 QCA 方法、动态 QCA 方法以及 NCA 方法进行阐述。

（一）组态视角

组态理论（configuration）产生于系统思想，基于复杂的系统视角，Boulding

（1956）将组织定义为系统。为解决还原论思维不能有效根据单一组成要素判断结果的问题，组态分析方法被提出，该方法旨在分析组态问题以及回应传统线性回归分析方法在解决这一问题上的局限。组态理论强调社会现象的因果复杂性，认为多重因素并发导致结果，因而不能通过单个部分研究整体，而应基于整体的观念看待社会现象（Ragin，2000；Delery、Doty，1996）。一方面，组态理论认为，构成组态的属性之间相互关联，通过复杂、整合的方式形成组合。即各个组成部分在相互影响下共同发挥作用，整体可以看作"不同条件要素密切耦合"形成。另一方面，对于整体而言，每一个构成部分之间互相补充、互相增强，以组态方式对整体产生影响（Rihoux、Ragin，2009）。总之，组态理论强调现象之间的相互依赖性和因果复杂性，多因素并发导致结果的产生，因而需要将研究现象视作不可分割的统一体（Ragin，2008），使得研究对象更加系统化和一体化（Miller，1986）。下面我们将进一步阐述组态视角与传统分析中权变视角的区别，梳理组态视角在多个重要管理学研究领域中的研究进展，并简要介绍动态组态理论的前沿研究。

1. 组态视角与权变视角

权变视角认为自变量与因变量间存在非简单的线性关系。杜运周和贾良定（2017）认为结果变量也与自变量间的相互关系相关，即其他变量会对自变量与因变量间的关系强度或方向产生影响。而组态视角强调因果关系的复杂性，基于整体视角，分析要素组态与结果变量之间的关系。下面我们将着重探讨两种视角在研究模式、组织属性间关系、概念模型、分析层次、分析方法方面的差异，以明确区分两种研究视角。

研究模式方面，权变视角采用还原论研究模式，把整体、复杂的对象分解成独立、简单的对象来分析；而组态视角采取整体分析的模式，认为组成整体的部分之间的互动决定了其意义（Miller，1986），因而整体现象不能通过解构为孤立的部分的方式进行分析研究（杜运周、贾良定，2017）。组织属性间关系方面，权变理论认为组织外部环境和内部属性之间存在线性和单向因果关系，这是基于简单因果假设得出的结论；组态视角则认为二者之间为非线性和双向因果循环关系，即组织属性间存在复杂的非线性互动和因果关系。概念模型方面，权变视角依赖于变量概念，并测量案例是否拥有经验属性以及拥有经验属性的程度；而组态视角依赖集合概念，测量案例契合集合边界的程度（杜运周、贾良定，2017）。分析层次方面，权变视角在变量层面进行分析，而组态视角关注整体，强调分析要素如何通过相互作用共同影响结果。考虑到上述基本假设和底层逻辑的差异性，两种研究视角在分析方法方面也存在较大不同。权变视角基于牛顿的物理学思想，认为世界是稳定、有序、均衡主导的，采用边际分析法及其简单延伸（引入交互项），因而缺乏对自变量间相互作用的分析；而组态视角认为世界是不稳定、无序、非均衡的，采用布尔代数和集合分析要素间的相互依赖作用，探索要素相互组合而形成的等效的多个"解"（Rihoux、Ragin，2009；杜运周、贾良定，2017）。

综上所述，组态视角与权变视角在本质上存在较大差异，但在实际研究中，经常采用适用于权变视角的研究方法，如交互效应模型，来研究组态效应，容易造成理论和方法不匹配（杜运周、贾良定，2017）。基于布尔代数和集合分析产生的定性比较分析工具关注非线性以及要素之间的组态效应，如 fsQCA 技术（Ragin，2000；Rihoux、Ragin，2009；杜运周、贾良定，2017），与组态视角在底层逻辑上更为契合，能够有效提升组态分析理论与方法的匹配。

2. 重点管理学领域中组态视角的研究进程

组态视角已广泛运用于许多重要的管理研究领域。首先，战略管理领域较早采用这一方法（Miller，1986）。早期的战略管理研究忽视了战略层面，对于战略和环境等要素间的组态效应了解不足（Kreiser 等，2010；Miller，1986），而是立足于原始的、刻板的认识论，试图达到最优的均衡状态，即将侧重点放在"最优区分"上（Norgaard，1985）。而在战略管理研究领域引入组态视角，有助于分析战略组态与复杂环境的匹配效应，摆脱"最优区分"的机械思维模式，构建等效的战略组态（杜运周、贾良定，2017）。根据 QCA 等效性原理，达到同一结论有多个方法，并非只有"最优区分"这个单一解。Mckenny 等（2018）、Du 和 Kim（2021）、Mcknight 和 Zietsma（2018）以及 Gupta 等（2020）学者的研究为组态视角在战略管理领域的应用提供了良好的实践。其次，集群和企业创新之间复杂的因果关系可以用组态视角进行很好的阐释。传统意义上，集群研究对于内外部资源间的关系关注不足，而着重分析线性关系，这引发了一些争议。比如，知识外溢现象在集群内的出现对创新起到的是推动还是抑制作用？在集群的专业化与多元化两者间，到底是哪个推动了创新？对于上述问题，组态视角能够揭示企业内外部资源之间复杂的互动关系，基于等效性原理认为并不存在"非此即彼"的结论，有助于回答既有集群研究中的相关争论。典型例子是由 Speldekamp 等（2020）提出的，具体是采用 QCA 方法和组态视角研究了企业内外部不同资源的组态效应，揭示了企业内外部资源之间复杂的互动关系，发现了实现高创新的多元等效的路径。最后，杜运周等（2020，2021）提出组态视角在研究营商环境生态系统、数字生态系统、创业生态系统、创新生态系统等多种复杂的系统问题时能够发挥有效作用。复杂系统研究以超越还原论为方法论特征，揭示和解释复杂系统运行规律，强调从整体视角探究系统的产生和变化规律。近年来，生态系统问题深受管理学研究领域的关注，但大多数研究仍然采用还原论的方法，无法全面展示系统且完整的生态系统。而组态视角与 QCA 方法以并发因果假设为依据，从整体上揭示生态系统中诸多要素之间互动的复杂原理。通过上述文献梳理，组态视角能够为解决多重并发因果、等效性以及非对称性等问题提供新的视角，而这是传统理论无法做到的，而且可以通过与之契合的 QCA 方法对复杂系统中多要素间的组态效应提供细粒度的分析。

3. 动态组态理论

考虑到静态视角忽略时间特征和长期变化过程（Aminzade，1992），越来越多的学者开始关注过程轨迹的研究（Litrico、David，2017；杜运周等，2021）。Aminzade（1992）提出了四种时间概念，具体包括速率、持续时间、周期、轨迹。其中，轨迹是由一系列相互关联的事件序列组成的累积性、顺序性和方向性的过程，这对发展动态组态理论具有积极的借鉴意义。

要把握事件在时间上的关联，将时间维度纳入因果关系中（Aminzade，1992）。实践中，复杂现象的结果往往由多个轨迹共同决定，这就必须考虑多重轨迹的动态共演化（Barley 等，2018），即多重轨迹的交叉或并发共同促成结果的产生并可能产生多种耦合模式（Mahoney，2004；Aminzade，1992），从而加剧实践现象的复杂性和动态性。动态组态理论以及动态 QCA 方法则根据研究对象在整个研究期间内的阶段性特征或者自然时间本身将研究期间划分为多个时期，关注研究对象在各个时期内的变动和在整个时期间的变化规律（整体轨迹的阶段性演化），有助于分析多重轨迹决定组织结果的复杂因果关系。

基于系统思想，营商环境是"市场主体在准入、经营和退出等过程中所面临的外部环境的一个综合性的生态系统"（李志军，2021；李志军等，2019；杜运周等，2020）。不同营商环境生态要素密切耦合，通过组合（组态）的方式影响区域创业活跃度、全要素生产率等结果。基于组态视角探究营商环境生态影响不同结果的复杂机制，有助于揭示促进营商环境优化的多元化路径，实现理论与实践的匹配。

（二）QCA方法相关研究

运用 QCA 方法研究多要素间的组态效应是十分契合的，其原因在于组态理论与 QCA 方法均采用与还原论相对的整体论视角。整体论（holism）源自希腊文"holis"，指"视自然为整体"的思想（Simon，1996）。20 世纪 50 年代，还原论思想开始在西方科学哲学界受到批判，与之相对的，整体论的哲学思潮涌现。整体论的观点认为，"人们对外部世界的系列表述并非单个的对感官经验的检验，而应是整体的"（Quine，1951）。顺应整体论的哲学思潮，QCA 方法应运而生，采用整体论视角，认为导致社会现象发生的原因是相互联系、相互依赖的，需要以整体、组合的方式对社会发生的现象进行解释（Ragin，2000）。下面我们将简要介绍 QCA 方法的相关知识，并进一步梳理 QCA 方法在管理学领域的研究进展。

1.QCA 方法简介

QCA 方法根植于组态理论，摒弃了传统回归分析方法中的"净效应"分析方式，认为导致结果的前因条件之间是互相依赖的。在 QCA 方法中，"要素"即为"条件"，而多要素间的相互作用则表现为多个条件间相互依赖、密不可分的组合关系（杜运周、贾良定，2017）。具体地，QCA 方法基于整体视角，将每个案例解释为条件的组合（组态）以更好地理解案例（Rihoux、Ragin，2009）。通过跨案例的比较和分析，QCA 方法可以发现不同组态与结果之间的因果关系，回答"哪些组态可导致结果的出现？""哪些组态又会导致结果变量的不出现？"等营商环境实践中普遍存在的非对称问题，并进一步在因果复杂性这一前提下识别多重组态的协同作用（杜运周、贾良定，2017）。

与一般的定性和定量研究方法不同，考虑底层逻辑，QCA 方法具有三个适于分析因果复杂性的重要假设。其一为并发因果关系假设，即 QCA 方法不同于还原论视角下的研究方法，它推翻了"可加性"假设，不再认为不同前因变量相互独立地对结果产生影响，而是认为多个原因同时出现，共同构成促进结果出现的组态（Rihoux、Ragin，2009）。基于并发因果关系假设，营商环境不同要素并发地对结果产生影响，即组合起来构成营商环境组态，从整体层面上影响结果。其二为等效性假设，即不同于传统研究方法中寻找均衡的唯一最优解的方法，QCA 方法认为多个组态可以产生相同的结果（杜运周、贾良定，2017）。基于等效性假设，营商环境要素可以有产生相同结果的若干组合，即形成不同组态通过不同机制产生相同结果。等效性假设也说明，不同区域的不同营商环境生态具有差异化但是等效的营商环境优化路径。其三为非对称性假设。非对称性假设包含两个层面。一是因果的非对称性（Ragin，2008；Rihoux、Ragin，2009），即导致结果出现和不出现的原因组合不同，解释机制也存在差异。传统的回归分析认为，X 与 Y 正相关，则高 X 导致高 Y，低 X 导致低 Y，而在 QCA 中，高 X 导致高 Y 并不意味着低 X 导致低 Y，这便是因果的非对称性。二是条件的非对称性，即同一条件在不同组态中发挥的作用可能存在差异，即同一条件在某一组态中与其他条件组合可能导致结果出现，但在另一组态中可能导致结果不出现。因果非对称性表明，导致结果出现和不出现的营商环境生态以及驱动机制不同。而条件非对称性假设可以进一步分析某一营商环境要素在组态中的具体作用，得到更细粒度的解释。此外，通过比较分析不同案例，QCA 方法可以结合统计方法的系统定量分析与定性研究对案例的深入洞察的分析优势，进而建立起符合理论逻辑的因果关系（王凤彬等，2014；杜运周、贾良定，2017）。

2.QCA 方法在重要管理领域的研究进展

近年来，QCA 方法在学界的发展日新月异，除了社会学领域外，管理学、营销学、管理信息系统等领域的相关文章也如雨后春笋，大量涌现。具体地，QCA 方法作为一种基于整体论分析多要素组态效应的范式，为分析案例间的并发条件、非对称关系、异质性和等效性路径等难题提供了更为细致的方法，现已广泛应用于数字转型和信息系统、战略管理、创业研究、商业模式、创新生态系统、营商环境生态系统和公共管理等多个管理学领域（Park、Mithas，2020；Du、Kim，2021；Douglas 等，2020；Täuscher，2018；Bacon 等，2020；杜运周等，2020；谭海波等，2019）。例如，谢智敏等（2020）采用 QCA 方法通过将创业生态系统领域的互联网、人力资本、金融资本、硬件设施、市场规模和政府规模等六大要素纳入考察范畴，研究这六要素如何影响协同作用于城市创业质量，最终得出如下因果关系，即城市创业生态系统通过组态方式进行多要素互动进而对创业质量产生影响；程建青等（2021）通过组态视角与 QCA 方法探究较高的女性创业活跃度如何驱动由金融资本、政府政策、人力资本、市场环境、基础设施和社会规范构成的创业生态系统。此外，随着数字转型的快速发展和数字技术的广泛渗透，数字创新生态系统和数字创业生态系统逐渐成为学术界和实践界共同关注的热点问题。数字时代，面对日趋复杂的经营环境和管理信息系统，企业创新能力和经营业绩受到数字技术、组织和环境因素的共同影响。组态视角和QCA 能够从独特的视角解释这类复杂的数字现象，有助于深入开展数字环境中组织复杂性的相关研究（杜运周等，2021）。

综合考虑 QCA 方法的本质特征和应用领域，QCA 方法适用于解决营商环境生态系统相关的复杂性、系统性问题。一方面，根据复杂系统观，营商环境是一个区域内的市场经营主体生存发展赖以依存的综合性生态系统（杜运周等，2020；李志军，2019）。在这个系统中，要素之间相互联系，高度互动，存在竞争、互补等复杂关系。另一方面，营商环境生态作为一个复杂系统，对结果的影响机制是复杂多样的。而组态视角和 QCA 方法论认为，系统内要素组合在一起，通过类似"化学反应"的综合效应影响结果的性质改变。因此，QCA 适用于研究营商环境生态系统这类复杂影响相关问题（杜运周、贾良定，2017；杜运周等，2020、2021；Furnari 等，2020）。

（三）动态定性比较分析方法相关研究

除了静态复杂因果分析外，动态视角下动态 QCA 方法的发展也有助于探索营商环境生态这一类复杂系统所表现出的突变、涌现、隐没、演化等复杂动态性。下面简要介绍目前学术界已有的将时间引入 QCA 方法的几种策略。

1. 多时段定性比较分析

多时段 QCA 方法包括多时段单次 QCA 和多时段多次 QCA 两种策略。前者以时间为边界划分案例，将多时段案例放入同一次 QCA 分析中（Rihoux、Ragin，2009；Verweij、Vis，2018）。这种策略只是根据时间进行分割，并不会改变案例的社会和空间性质（Gerrits、Verweij，2018），即案例的社会和空间描述保持不变，但被分割在不同的时间段进行分析；后者将相同时间段内的空间单元分别进行 QCA 分析，探究案例如何在时间上变化，随时间变化而变化或随时间变化相对稳定的条件（Verweij、Vis，2018）。一个典型的例子是 Vis 等（2013）开展的关于 1975—2005 年中央银行独立性、左翼党派、社团主义、开放程度对19 个经合组织国家经济绩效的影响研究。该研究利用多时段多次 QCA 策略，分别对 1975—1979 年、1985—1989 年、1995—1999 年、2001—2005 年的案例进行QCA 分析，进而通过对比不同时间段的分析结果，发掘时间的影响。对于不同时间段的分析结果，一般有两种比较方式。第一种方式较为简单，即通过检查

QCA 解公式，发现不同时间段内分别出现了哪些路径，及其对应的案例以及这些情况是如何在时间上产生变化的（Verweij、Vis，2018）。第二种比较方式更为精确，即通过串联不同时间段的解公式创建一个包含导致结果的最小化组态的时间序列。通过这个时间序列，研究者可以发现随着时间变化而变化的或者相对稳定的条件（Verweij、Vis，2018），或者通过条件的不同判断时期（Fischer、Maggetti，2017）。

多时段 QCA 方法有助于研究者发现某个案例随着时间变化的组态变化，或者观察各时间段内不同案例的不同组态，在一定程度上突破了 QCA 方法难以解决时间问题的限制。但多时段 QCA 方法也具有一定局限性。该方法对每个时间段内的案例数量均有一定的要求，当各时间段案例数量分布相对均匀且数量足够时，结果更容易观察和比较。反之，当各时间段案例数量分布不均匀时，案例数量较少的时间段的结果观察性较差，对时间变化的可比性会有影响。这一点对多时段多次 QCA 来说，影响更为显著。

2. 时序定性比较分析

时序定性比较分析（TQCA）通过打破 QCA 中逻辑"AND"或"OR"连接的多个集合间无序性的设定，探究条件发生的顺序对结果的影响（Schneider、Wagemann，2012）。然而该方法在将时序纳入 QCA 方法分析的同时也产生了大量的逻辑余项，这对研究者提出了更高的要求。

TQCA 由 Caren 和 Panofsky 于 2005 年开发，并由 Ragin 和 Strand 进一步发展。具体地，Caren 和 Panofsky（2005）引入"—"这一符号（读作"then"）表示变量间的时序，与逻辑"AND"和"OR"一起作为运算符进入研究。"A—B"读作"A 然后 B"，指 A 发生在 B 之前。由于考虑变量间的时序，与传统 QCA 方法相比，TQCA 方法具有很多不同之处。首先，对于额外的变量间的排序步骤，研究人员需要有足够的理论或现实依据作为支撑。其次，传统 QCA 中条件组合数量是 2k 个，但是在 TQCA 中增加到了 k!×2k 个。由于纳入时序分析，TQCA 显著增加了逻辑余项的数量。为了限制逻辑余项的数量，Caren 和 Panofsky（2005）设置了两条规则：一是只有两个条件都存在时，它们之间才会存在先后的关系；二是研究人员可以通过现实情况判断并固定某一条件出现的顺序。最后，在进行传统 QCA 的布尔最小化之前，TQCA 需要先检测某些变量间的时序是否可以被移除。即当两种表达式只有两个条件的顺序不同，但在结果上达成一致时，说明这种条件顺序与结果无关，时序可以被移除。此外，在 TQCA 中，除了特定情况外，最小化过程只能在一个时区内进行，不能跨越时间界限。

在 Caren 和 Panofsky（2005）研究的基础上，Ragin 和 Strand（2008）提出了优化 TQCA 方法策略，以尽量避免由于条件数量过多而导致人为错误。具体做法是，Ragin 和 Strand（2008）在真值表中加入了定义时序的新变量，如 A_before_B，意为 A 发生在 B 之前，赋值为 1；相反，若 A 发生在 B 之后则赋值为 0。若 A、B 中至少有一条件缺失，则直接赋值为"don't care"，在真值表中则填列为"—"。为了限制产生更多无意义的列，Ragin 和 Strand（2008）认为最多只能有 4 个需要排序的变量。

从总体上看，尽管 TQCA 可以解决两个变量的时间序列问题，但是应用难度较大。它要求研究者能够深入洞察案例，了解两个条件在每一个案例中发生的先后顺序。同时，它还可能会由于产生大量的逻辑余项而加深研究的复杂性（Hino，2009）。由于 TQCA 极具挑战性，目前使用该方法的研究成果较少。

3. 时间序列定性比较分析

前文我们论述的 TQCA 方法主要关注的时序问题只涉及时间研究的一个方面，且具有组态数量的急剧扩大以及无法处理的跨时间问题等劣势，较难解释各时点间变量的变化会对最终结果产生何种影响。进而学者 Hino（2009）提出了时间定性比较分析方法（TSQAC），企图通过这种方法将 QCA 的应用扩展到跨时间维度，在 CSTS 和标准 QCA 之间架起桥梁。TSQCA 主要包括汇总型 QCA、固定效应型 QCA、时差型 QCA 三种形式。它们之间的区别在于案例的划分范围和赋值（二分法或模糊校准）步骤（Hino，2009）。下面我们将进一步阐述 TSQCA 的三种形式。

（1）汇总型 QCA（Pooled QCA）。汇总型 QCA 对所有时点的所有空间单元案例进行统一校准，即将所有案例汇总在一起统一设置阈值（Hino, 2009）。Hino 以西欧地区极右翼政党选举的清晰集数据为例，认为将均值和中位数作为二分阈值可能会面临敏感性问题，即原始值若非常接近，则因分布在阈值两侧而被赋予为不同的布尔值（0 或 1），所以他建议通过 TOSMANA 软件的"thresholds"函数用聚类分析结合案例知识和理论经验确定阈值。进一步地，考虑清晰集只能处理二分变量的技术局限性以及现实问题多产生为模糊集数据且模糊集 QCA 同时具备定量和质性分析的特性的优势（Ragin, 2008），专家建议在可能实现的情况下可以通过模糊集 QCA 将原始数据校准为分布在 0～1 的隶属度分数，进而进行相应的分析（杜运周、贾良定，2017）。

（2）固定效应型 QCA（Fixed Effects QCA）。固定效应型 QCA 将空间单元固定，分别针对每个空间单元，将其在每个时点的案例集合在一起进行赋值，可以解决汇总型 QCA 出现的空间单元异质性忽略时间变化的问题（Hino, 2009）。即固定效应型 QCA 通过"固定"空间单元效应，消除不同空间单元之间的异质性，关注各空间单元内的时间变化。

借鉴 TSCS（时间序列与截面数据模型）中的"Fixed Effects"模型，固定效应型 QCA 将固定效应建模的思想应用到布尔分析中。TSCS 中，固定效应模型通过变量减去组内均值的处理，仅考虑每个空间单位组内的变化，消除了空间单位异质性导致的组间影响。以这种思想为基础，固定效应 QCA 通过对每个空间单元分别进行案例处理和赋值来消除异质性影响，进而动态地分析每个空间单元内的时间变化。最能体现与 TSCS 固定效应模型同根同源的阈值选择是均值，通过衡量案例和组内均值之间的偏离程度来达到校准的目的。

（3）时差型 QCA（Time Differencing QCA）。时差型 QCA 将同一空间单元内两个给定时点之间的差值作为一个案例，并根据"增加"、"减少"或者"不变"（多值 QCA）分别进行赋值。本质上来说，时间差值来自单一的空间单元，是对同一空间单元内的条件进行校准（Hino, 2009），所以从这个角度来看，时差型 QCA 是固定效应型 QCA 的扩展。具体来看，首先，时差型 QCA 计算某条件两个或多个时间段之间的差值；其次，根据两个或多个时间段之间的增减（差值的正负）对案例进行赋值；最后，将重新赋值差值后的案例汇总，进行标准的 QCA 分析。在清晰集中，1 表示该条件在两个时间点内增加，0 表示减少；类似地，在多值集中，2 表示增加，1 表示减少，0 表示不变。这种先验性质的"增加"和"减少"避免了阈值设置的不稳定性。

总体来看，TSQCA 的三种形式各有优劣势。在比较不同空间单元时，汇总型 QCA 不擅长处理异质性，但固定效应型 QCA 和时差型 QCA 分别针对每个空间单元进行赋值，更擅长处理此类问题。在探究两个确定时间点之间的增减变动时，采用关注两个给定时间点之间相对变化的时差型 QCA 方法更为合适。在每个空间单元情况不同，研究目标是分析条件组态随时间的变化时，关注条件和组态在不同时间点上的变化的固定效应型 QCA 更为适用。

TSQCA 与 TQCA 也存在显著差异。前者将给定时间点之间条件组态的变化视为影响结果的原因，侧重于分析数据的跨时间变化，而后者将条件发生的顺序视为影响结果的原因，更强调条件发生顺序的重要作用。局限性方面，TQCA 面临的主要挑战之一是组态数量的显著上升。在 TSQCA 中，虽然组态数量与标准 QCA（2k）保持相同，但由于许多时间点与许多空间单位相乘后案例数量扩大，布尔结果中得到"矛盾组态"的可能性增加。因此，TSQCA 也需要一些简化的假设来解决矛盾问题。

（四）必要条件分析

NCA 方法着重研究必要性因果关系，以"对于结果的发生，条件可能是必要但不充分的"为逻辑基础（Dul，2020），是一种针对必要条件的研究和数据分析方法。NCA 方法与 QCA 方法具有明显的差异。虽然 QCA 方法也可以运用于必要性分析，识别类别型必要条件，即某一条件的出现或不出现是不是导致结果出现或不出现的必要条件，但其无法识别程度型必要条件，即什么程度的 X 是导致特定程度的结果 Y 的必要条件。而 NCA 可以提供类别型和程度型两类必要条件分析。在 NCA 操作中，类别型必要条件可以通过效应量判断，程度型必要条件可以通过瓶颈表所列示相关信息甄别。从底层逻辑来看，NCA 方法可以采用诠释主义框架，通过必要性逻辑解释实在的意义，也可以基于实证主义框架，通过经验数据检验研究所提出的必要性理论假设（Dul，2020）。从实际应用来看，NCA 方法既可以应用于小样本（通常少于 20 个案例）的定性研究，也可以应用于大样本的定量研究，如 Karwowski 等（2016）学者通过针对 12255 个案例的研究表明智力是创造力的必要条件。

基于必要性逻辑，应用 NCA 方法有助于探究哪些营商环境要素对提升创业活跃度、全要素生产率等结果是必要的，从而进一步发现制约结果出现的关键要素，有针对性地优化营商环境。